趣味导游知识丛书

趣味导游
地理知识

第2版

《趣味导游知识》编辑部 主编

北京·旅游教育出版社

图书在版编目（CIP）数据

趣味导游地理知识 /《趣味导游知识》编辑部主编. -- 2版. -- 北京：旅游教育出版社，2025.4
（趣味导游知识丛书）
ISBN 978-7-5637-4697-2

Ⅰ．①趣… Ⅱ．①趣… Ⅲ．①旅游地理学－基本知识－中国 Ⅳ．①F592.99

中国国家版本馆CIP数据核字(2024)第029285号

趣味导游知识丛书
趣味导游地理知识
（第2版）
《趣味导游知识》编辑部　主编

策　　划	丁海秀　李荣强
责任编辑	李荣强
部分图片提供	微图网
出版单位	旅游教育出版社
地　　址	北京市朝阳区定福庄南里1号
邮　　编	100024
发行电话	（010）65778403　65728372　65767462（传真）
本社网址	www.tepcb.com
E - mail	tepfx@163.com
排版单位	北京旅教文化传播有限公司
印刷单位	唐山玺诚印务有限公司
经销单位	新华书店
开　　本	710毫米×1000毫米　1/16
印　　张	17.75
字　　数	255千字
版　　次	2025年4月第2版
印　　次	2025年4月第1次印刷
定　　价	49.80元

（图书如有装订差错请与发行部联系）

编委会

主　编：刘国华
副主编：刘玉叶
编　委：（排名不分先后）
　　　　李　静　刘树娜　葛秀昀　林学龙
　　　　陈庆芬　赵彩芹

前言

有人说,我们的一生要一直在路上,要么是身体,要么是心灵。唯有在路上的人生才会有实际价值。在路上,磨砺的不仅仅是我们的身体,更多的是不同文化对我们心灵的冲击和洗礼。在某种意义上,导游就是旅途中的实践者。也许,他们的一生都在探寻,探寻美丽、神秘的风景,探寻丰富、广博的知识。

文化知识的海洋是无边无际的。我们穷尽毕生精力,也无法通晓所有的知识。为了让导游在最短的时间里尽可能多地了解相关的旅游文化知识,我们编写了这套《趣味导游知识丛书》。本丛书共分八本,从历史、地理、国学、民俗、宗教、美食、特产、文物等诸方面提炼最典型、最有趣的知识点,以飨读者。有了这些丰富而又趣味十足的知识,旅途中的您不仅能尽享风景背后的底蕴,而且更能体验文化盛宴、智慧之旅;不仅可获得轻松阅读之愉悦,亦可永存奇特探秘之回忆!

本丛书内容丰富,浅显易懂,语言流畅。您可以在最短的时间内,获取尽可能多的营养。另外,丛书中还配置了数百张精美图片,让您在轻松学知识的趣味阅读中,充分感受到中华旅游文化的底蕴和魅力,独享一桌超级视觉盛宴!

一个故事,一段历史;一种文化,一份传承……但愿本丛书能成为您领略文化、品味人生的窗口;能成为您休闲生活中不可或缺的文化快餐、知识读本……

《趣味导游知识》编辑部

目录

趣味地名之谜

南京为何又被称作"金陵" 2
菜市口因何得名 2
苏州一名有何由来,其为何又称"姑苏" 4
山东省为何又称齐鲁 5
成都因何得名 6
上海"十里洋场"的称谓有何来历 7
云南一名有何由来,为何又简称"滇""三迤" 8
昆明一名有何由来,其为何又被称为"春城" 9
大理一名有何由来 10

广州有什么别名,有何由来 11
深圳因何得名,为何又被称为"鹏城" 12
广西为什么简称"桂" 13
南宁为何别称"五象城" 14
桂林一名由何而来 15
钦州为何被称为"天涯" 16
西安一名有何由来,西安城是如何形成的 17
关中之名因何而来 18
宝鸡因何得名 19
河南一名有何来历,其为何又简称"豫" 20
济南为何又称泉城 21
武汉一名有何来历 22
湖南为何又称"三湘""芙蓉国" 24
长沙一名有何来历 25

神奇地域之谜

敦煌魔鬼城之谜 28
鬼城地府丰都之谜 31
鄱阳湖魔鬼水域之谜 32
新疆的"魔鬼城"建造之谜 35

奉节天坑未解之谜 36
香格里拉真实存在之谜 39
塞外雄关玉门关之谜 40
悬空寺悬空千年之谜 44
罗布泊为什么号称"魔鬼之域" 45
内蒙古"扎汉宫"吞噬人畜之谜 47
民国黑竹沟恐怖案之谜 49
巴马长寿之乡之谜 51
中国矮人村之谜 53
神奇的可可西里之谜 54

趣味宝藏之谜

神奇人面鱼纹彩陶盆之谜 58
勾践剑千古不锈之谜 60
帝王九鼎下落之谜 63
秦始皇陵兵马俑"失色"之谜 65
西汉巨量黄金下落之谜 68
黑城宝藏之谜 70
张献忠宝藏之谜 72
石达开宝藏之谜 74
清东陵宝藏之谜 76
大清宝藏之谜 78

野人水怪之谜

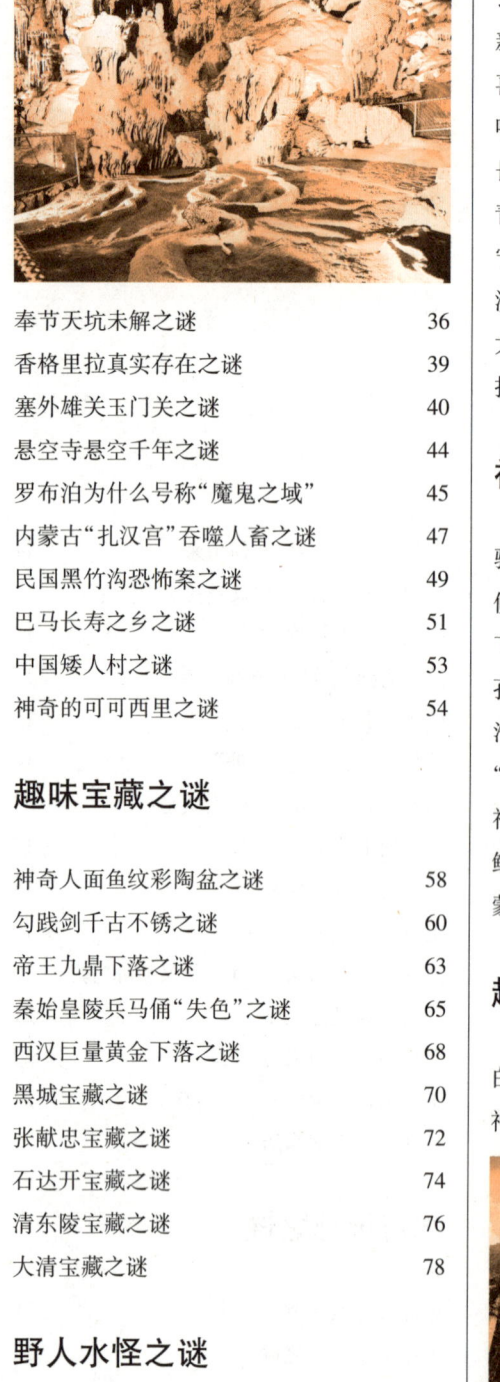

神农架"野人"之谜 82

云南沧源"野人"之谜 89
新疆阿尔金山"大脚怪"之谜 91
喜马拉雅"雪人"之谜 93
喀纳斯湖水怪之谜 96
长白山天池水怪之谜 100
青海湖水怪之谜 102
宁夏西吉震湖水怪之谜 103
洪湖"尼斯湖怪"之谜 105
大金湖水怪之谜 107
抚仙湖"水怪"之谜 111

神异动物之谜

骡子无法繁殖后代之谜 114
候鸟迁飞之谜 115
飞蛾扑火之谜 117
孔雀开屏之谜 118
汗血宝马"流血""消失"之谜 119
"新疆虎"灭绝之谜 121
神农架白色动物之谜 122
鲸鱼集体自杀之谜 124
蒙古死亡之虫存在之谜 127

趣味大自然之谜

白夜奇观之谜 130
神奇的"海火"之谜 133

明朝风动石悬立千年之谜	135
"响山"之谜	137
奇风洞"呼吸"之谜	138
巫山唱歌洞之谜	140
荧荧"鬼火"之谜	142
海市蜃楼之谜	144
"雾凇"和"雨凇"之谜	146
唐山大地震"怪"在何处	148
极光形成之谜	150
神奇的夜明珠之谜	153
梅雨形成之谜	156
光线雨形成之谜	157
幻日之谜	158
东营的海水黄蓝之谜	160

神奇古迹之谜

茶马古道的由来之谜	162
金源故地之谜	164
云南水下城之谜	167
舞阳贾湖遗址之谜	170
海上丝路沉船之谜	172

趣味文明之谜

夜郎古国之谜	176
楼兰古城消失之谜	178
"女儿国"消失之谜	179
巴人王朝湮没之谜	182
南越王国宫殿之谜	183
古滇国之谜	185
扶桑国究竟在哪里	187
吐谷浑王国消失之谜	189
三星堆文明突然消失之谜	192

江河湖海山川之谜

白石海子血色湖水之谜	196
钱塘江涌潮"有信"与"无信"之谜	199
长江源头之谜	203
长江断流之谜	205
黄河源头之谜	207
黄河呈"几"字形之谜	208
金沙江拐弯形成之谜	210
喀纳斯湖水变色之谜	211
黄果树瀑布成因之谜	212
黄河下游出现"假潮"之谜	216
大理蝴蝶泉未解之谜	217
间歇泉之谜	219
月牙泉为何没被风沙埋没之谜	220
云南四大毒泉之谜	221
昆仑山"地狱之门"之谜	223
阿尔泰山通天石人之谜	224

新疆草原石人之谜	227
黄土高原形成之谜	229
神堂湾深谷之谜	231
神奇的高原地热现象	233
喜马拉雅山之谜	234
新疆坎儿井之谜	235
罕王井数百年不枯之谜	237
为什么能在青藏高原上发现海洋生物的化石	239
古代碣石之谜	240
长白山上"干饭盆"之谜	242
大清龙脉鹿鼎山存在之谜	243

人文景观之谜

衡山禹王碑之谜	246
斩蛇碑有何特异之处	248
惊马槽幽灵惊魂之谜	250
龙兴寺神秘脚步声之谜	253
扬州二十四桥之谜	254
泰山上无字碑之谜	256
沧州铁狮子铸造之谜	259
花山谜窟未解之谜	262
岳阳楼谁人建造之谜	264
黄鹤楼命名之谜	266
绍隆禅寺"活地"之谜	267
景山坐像之谜	269

趣味地名之谜

QUWEI DIMING ZHIMI

南京为何又被称作"金陵"

金陵,南京的别称。而关于"金陵"之称的由来,千百年来一直有着多种说法。

其一,"因山立号"说。 金陵原本是钟山的名字。由于当时长江流经清凉山西麓,因此地地势险要,楚威王便选此地置金陵邑。他是想以长江天堑为屏障而图谋天下。唐代《建康实录》明确记载了楚威王"因山立号,置金陵邑",即以山名作邑名。

南京中山陵

其二,"帝王埋金"说。 相传金陵这个名字是因为秦始皇在金陵岗"埋金"以镇王气而得,即"金之陵墓"。《景定建康志》载:"父老言秦(始皇)厌东南王气,铸金人埋于此。"且有传说秦始皇在金陵岗立有石碑,其上镌刻:"不在山前,不在山后,不在山南,不在山北,有人获得,富了一国。"也有说秦始皇并没有"埋金"在此处,而是声称山中埋金,好让寻金之人"遍山而凿之,金未有获,而山之气泄矣",以此凿断山脉风水地形,泄露王气。另外,还有传说"埋金"的是楚威王本人。楚威王认为南京"有王气",遂在龙湾(今狮子山北)江边"埋金"。

其三,"金坛得名"说。 南京地接华阳金坛之陵,故称金陵。

菜市口因何得名

辽代时,菜市口是安东门外的郊野;金代时,这里是施仁门里的丁字街。到了明朝,由于此地位置优越,人流比较大,比别处热闹许多,人们便在此做起了蔬菜生意。渐渐地,菜市兴隆起来,成为京城最大的蔬菜市场,多种多样的菜摊、菜店沿街分布。来此买菜的人越来越多,于是菜市最集中的街口便被称为"菜市街"。清代时,改称"菜市口",后来一直沿用至今。

因为北京胡同众多,所以街口也就有很多。当然,名气最大的街口还要数菜市口。在清代,菜市口是杀人的法场,其位置大约在今北京市西城区菜市口百货商场附近。在历史上有不少名人在这里被斩首。比如,1861年,慈禧太后发动宫廷政变夺得政权,实行"垂帘听政",受咸丰皇帝遗诏的八位赞襄政务大臣中的肃顺就在此被杀。再如1898年,"戊戌变法"失败后,"戊戌六君子"谭嗣同、林旭、杨锐、杨深秀、刘光第、康广仁等也被慈禧下令杀害于此。

菜市口刑场

其实,人们经常会在戏文中听到"推出午门斩首"的唱词。这里的"午门"指的就是拉到菜市口砍头,俗称"出红差"。诗人许承尧(1874—1946年)写过一首《过菜市口》诗,真实地反映了刑场的情况:"薄暮过西市,踽踽涕泪归,市人竟言笑,谁知我心悲?此地复何地?头颅古累累。碧血沁入土,腥气生伊蹶。愁云泣不散,六严闻霜飞。疑有万怨魂,逐影争啸啼。左侧横短垣,茅茨复离离。此为陈尸所,剥落墙无皮。右侧坚长杆,其下红淋漓。微闻决囚日,两役异囚驰。高台夹衢道,刑官坐巍巍。囚至匋匐伏,瞑目左右欹。不能指囚颈,一役持刀锋。中肩或中颅,刃下难邃知。当囚受刃时,痛极无声噫。其旁有亲属,或是父母妻。泣血不能代,大踊摧心脾。"

清朝时,政府将杀人的刑场从明朝时的西市(今西四牌楼)移至宣武门外的菜市口。这是菜市口名声大振的主要原因。那时,每到冬至前夕,政府就会在此对"秋后问斩"的死囚执行死刑。在天亮前,死囚被推入囚车,经过宣武门走宣外大街,最后到菜市口。斩首时,囚犯从东往西排好,刽子

在菜市口问斩的肃顺

手手执鬼头刀也依次排列。当囚犯的头被砍下来后,通常会被挂在或插在街中的木桩子上示众。后来,"菜市口"逐渐成了"刑场"的代名词。1912年,中华民国成立,清王朝覆灭,刑场被转移。新中国成立后,这一带逐渐成为宣外大街最繁华的商业街和交通枢纽。

菜市口附近过去有一家西鹤年堂药店,相传建于明代嘉靖年间。店号的匾额是当时的宰相严嵩写的。因为"鹤"字笔画较多,与另外三字并写时虽难以匀称,但布局巧妙,几百年来一直为人称道。据说,当时凡是进京的人,都要到这家药店去瞻仰一番。清代时,菜市口刑场监斩官的高座位常设于西鹤年堂店门口。通常而言,它的形式为:上搭一席蓬,下放一长方形桌子,桌上摆有朱墨、锡砚和锡制笔架,笔架上搁放几支新笔。一般有几个犯人,公案上的笔便要预备几支。这是因为每杀一个人,刽子手提上头来,监斩官就照例用朱笔在犯人头上点一个红点。因为传说这种笔可以压邪驱魔,所以就会被别人出许多钱买去。也就是说,一个犯人用一支笔,刽子手和差役们就可以借此生财了。

苏州一名有何由来,其为何又称"姑苏"

苏州,古称吴郡,位于江苏省东南部,历史悠久,人文荟萃。它是"中国首批历史文化名城"之一和"中国十大重点风景旅游城市"之一,也是江苏省重要的经济、对外贸易、工商业中心和重要的文化、艺术、教育和交通枢纽,还是中国最具经济活力城市、国家卫生城市、国家环保模范城市和全国文明城市之一。

苏州姑苏台外景

公元前514年,古城始建,距今已有2500多年的建城史。隋开皇九年(589

年),根据地处城西南的姑苏山,更城名为苏州。苏州自古有两个名称,吴县的"吴"和苏州的"苏"。

夏朝时,有一位谋臣叫胥,他不但有才学,而且精通天文地理。大禹治水时,他还立过功劳,因而名望很高,深受敬重,并受封于江东。此后,江东便被称为"姑胥"。当时,"姑"在荆蛮语中是拟声词,无任何意义。又因为"胥"字不常用,于是人们就改用近音字"苏"("苏"的繁体字是"蘇",由草、鱼、禾组成,寓意"鱼米之乡")代替了"胥"。这样一来,"姑胥"就变成了"姑苏"。

春秋时期,吴王阖闾在灵岩山建造了一座姑苏台,于是灵岩山就成了姑苏山。如今,苏州一带还有胥江、胥门、姑胥桥等地名。隋时,朝廷改大批的"郡"为"州"。苏州本在"吴郡",起先要升格为"吴州",但由于"吴州"已为其他地方所用,所以就按姑苏山的名字将本地取名为"苏州"了。

苏州被称为"吴郡"的来历,有这样一个传说。相传商代末年,周国古公亶父有三个儿子,长子为泰伯,次子和幼子为仲雍、季历。亶父喜欢幼子季历,但是按照嫡传制度,君位必须传于长子。于是,泰伯、仲雍为了尊重父意,就来到了当时荆蛮人居多的江东隐居,并入乡随俗。有一种传说认为,当时江东人有边跑边呼喊的习惯,泰伯就给他们造了一个"吴"字,后来这也与"吴郡"名称的由来存在一定关联。后来,泰伯还被拥立为君长,国号为"勾吴"。"勾"也是当时荆蛮语的拟声词,没有具体意义。

此外,苏州城河道纵横,又有"水都""水城""水乡"的别称。13世纪,意大利旅行家马可·波罗在《马可·波罗游记》中将苏州赞誉为"东方威尼斯"。法国启蒙思想家孟德斯鸠则称赞苏州古城是"鬼斧神工"。

山东省为何又称齐鲁

山东省东临渤海和黄海,是华东地区一个物产丰富的沿海省份,是中华文明重要源头之一的东夷文化的发源地。夏禹将天下分为"九州"时,其中的青州和兖州就属于现在的山东省。

山东省与河南、河北、安徽、江苏接壤,简称鲁,别称齐鲁,这个称呼大多数人都知道,为什么山东别称齐鲁呢?究其原因,我们就要从西周谈起。

西周初期,东部沿海区域的殷人和东夷人

荀子像

势力比较强大,多数不服从西周的统治,经常发动叛乱。周王为了镇抚殷人和东夷人,派周公姬旦带兵去征服东方诸侯国,之后将周公姬旦和姜太公姜子牙分别分封于商奄和薄姑旧地,建立了鲁和齐两个诸侯国。

我们先说鲁国,周公姬旦虽然受封于商奄,但是自己要留在京都辅佐周天子,于是让其长子伯禽代为赴任,建立鲁国,定都曲阜。起初鲁国疆域较小,后来陆续吞并了周边的小国,并夺占了曹、莒、宋等国部分土地,成了疆域辽阔的大国。周公作为周王室的开国功臣,又是王室宗亲,从辅佐周武王开始,为周王室鞠躬尽瘁。周公旦薨,成王下令,让周公旦的鲁国拥有郊祭文王、奏天子礼乐的资格。鲁国是姬姓"宗邦",诸侯"望国",世人称"周礼尽在鲁矣"。鲁国最为强盛的时期,一度与齐国争夺东方的霸主,直到战国初期,仍有数个诸侯国朝觐鲁国。鲁国先后传二十五世,三十四位君主,历时795年。公元前255年,鲁国为楚考烈王所灭。

再说齐国,公元前1046年,姜子牙受封建立齐国。齐国分为姜齐和田齐两个时代,疆域位于现今山东省大部,河北省南部。自姜子牙受封建国以来,煮盐垦田,富甲一方,齐桓公更是成为春秋五霸之首。姜齐传至齐康公时,大夫田和将齐康公吕贷放逐于海岛,田和自立为国君,是为田齐太公。公元前221年,齐国被秦国所灭,齐国历时825年。

齐国和鲁国都是周朝时期著名的大国,而最早将齐鲁作为的统一地域概念提出的是战国末期的荀子,他的名作《性恶篇》中有"天非私齐、鲁之民而外秦人也"一段话。这段话一方面说明在战国时期齐、鲁两国就已经融合成了统一的文化实体,成为天下向慕的"礼仪之邦";另一方面也明确指出"齐鲁"作为地域概念指今天的山东地区,山东别称"齐鲁"就是这样形成的。

山东的旅游景点非常多,著名的景点有趵突泉、大明湖、泰山、孔府、蓬莱阁、崂山等。山东人杰地灵,诞生了很多的历史名人,如:孔子、孟子、墨子、孙子、诸葛亮、王羲之、戚继光、李清照、辛弃疾等等。

成都因何得名

成都平原海拔450~720米,是由岷江、沱江及其支流冲积而成的冲积扇平原。其得益于都江堰水利工程,河网密布,且土地肥沃,是中国最重要的粮食产区之一。平原上也零星分布着一些浅丘,如成都近郊的凤凰山、磨盘山。"成都"成为一座城市的名字已经有很悠久的历史了。至迟在秦代,"成都"的名称就已频频见诸典籍。西汉扬雄(前53—前18年)《蜀王本纪》说:"蜀王据有巴、蜀之地,本治广都樊乡,徙居成都。"《华阳国志·蜀志》也说:"九世有开明帝……开明王自梦郭移。乃徙治成都。"

关于"成都"一名的由来,最早可追溯到三皇五帝时期。《山海经·海内经》记:"西南黑水之间,有都广之野,后稷葬焉。其城方三百里,盖天地之中,素女所出也。爰有膏菽、膏稻、膏黍、膏稷,百谷自生,冬夏播琴。鸾鸟自歌,凤鸟自舞,灵寿实华,草木所聚。爰有百兽,相群爰处。此草也,冬夏不死。""都广之野"当指成都平原。到公元前4世纪的周代末年,当时蜀国的国都在郫县(今成都市郫都区)。郫县今地处川西平原腹心地带,位于成都市西北近郊,东靠金牛区,西连都江堰市,北与彭州市和新都区接壤,南与温江区毗邻。由于当时的成都地区土地肥美,少有战争,人民安居乐业,蜀国开明九世便把国都由郫县迁至今成都地区。宋朝乐史《太平寰宇记》取周太王从梁止岐:"一年成邑,二年成都。因名之曰成都。"

虽然还有其他几种说法,但"都广之野"和"一年成邑,二年成都。因名之曰成都"这两种说法最有内涵,影响也最广。

成都俯瞰

上海"十里洋场"的称谓有何来历

"十里洋场",顾名思义,与"洋"或者说洋人的租界是分不开的。1845年,英租界在洋泾浜北岸成立;1848年,美国人在苏州河北岸的虹口划定租界;1849年,法国人又在洋泾浜和上海城墙之间划定租界。当时,清政府为了避免"华洋杂居"情况的发生,规定租界内只准洋人居住。中国古代对周边外族有不同称谓,称东边的外族人为"夷",因此当时上海人就称外国人居住的租界为"夷场"。1862年,上海知县王宗濂发布告示,规定日后对外国人不得称"夷人",违令者严办。于是,上海人改"夷场"为"洋场"。

而"十里"的含义,一般认为其只是一个虚拟词,表示其范围很大。也有人认为美租界沿苏州河两岸发展,英租界和法租界南起城河(今人民路),西至周

泾和泥城河（今西藏南路和西藏中路），北面和东面分别为苏州河与黄浦江，三个租界的周长约十里，因而称其为"十里洋场"。虽然日后租界的面积扩展了若干倍，但"十里洋场"之名却一直沿用了下来。

后来，上海日渐繁华，即使在租界之外也是如此，于是人们逐渐以"十里洋场"来指代旧上海市区，但这一名称多含贬义。

老上海"十里洋场"

云南一名有何由来，为何又简称"滇""三迤"

云南，简称滇或云，位于中国西南边陲，总面积约39万平方千米。与云南相邻的省份有四川、贵州、广西和西藏4个，邻国有缅甸、老挝和越南3个。北回归线在该省南部穿过。云南是人类重要的发祥地之一，距今170万年前，云南元谋人就已在这里生息繁衍，被认为是迄今发现的我国和亚洲地区最早的人类。

云南：关于它的得名由来，有两种说法。

第一，据《云南通志》记载："汉武帝元狩间（前122—前117年），彩云现于南中，遣史迹之，云南之名始此。"另据《祥云县志》记载："汉元狩元年（前122年），彩云现于白崖，遂置云南县。"（"白崖"，即现在的弥渡县红岩；"云南县"，即现在的祥云县）

第二，新编纂的《辞海》对"云南"一词这样解释："旧以在云岭之南得名。"云岭，也称大雪山，是横断山脉的南段在云南面积最大的一列山地，为澜沧江、金沙江的分水岭。

对比这两种说法，一是按照史书记载，一是从地理空间范围来说明。但是"云南"二字始见于史是在元代，元朝置云南行中书省，明朝置云南布政使司，清朝称云南省。

滇：滇是云南的简称，最早是指我国古代时西南夷地区滇池畔的一个部族名称。战国末期，楚将庄蹻率众来到滇池、抚仙湖附近，并在这里建立了古滇国（前278—115年）。滇部族和古滇国都因滇池而得名，那么，滇池是怎么得名的呢？对此，人们主要有三种观点。

昆明滇池日出风光

第一,"高山之巅有池,而名巅池";第二,"源广末狭,有似倒流,谓之颠池";第三,云南古夷语称山间平地为甸,甸中有池,曰滇池。这里,"巅""颠""甸"都是"滇"的谐音字,这样一来,因滇池而称滇部族、滇国,进而演变为云南的简称。但是,真正以"滇"来概称云南全省,则是从明代开始的。

三迤:清雍正年间(1723—1735年)、乾隆年间(1736—1795年),朝廷先后在云南设置了3个道,即迤东道、迤西道、迤南道,分别驻在甸城、永昌城、普洱城。道以下,分管若干府。自此,人们常把云南称为"三迤"。

昆明一名有何由来,其为何又被称为"春城"

昆明作为云南省会,是云南的政治、经济、文化、科技、交通中心,也是云南唯一的特大城市和西南地区第三大城市(仅次于成都、重庆),还是首批"中国历史文化名城"和国家级风景名胜区。

昆明:关于"昆明"一词的起源,众说纷纭,莫衷一是。大多数学者认为,昆明最初是指我国古代时期西南地区一个民族的族称;在中国古代文献中,"昆明"写作"昆""昆弥"或"昆淋"。所以,它并非指城市名称,而是居住在今云南西部、四川西南部的一个古代民族。

"昆明"见诸文字记载,最早可追溯到汉武帝时期(前140—前87年)。据史学家司马迁在《史记·西南夷列传》中记载:"西自同师(今保山)以东,北至叶榆,名为嶲、昆明,皆编发,随畜迁徙,毋常处,毋君长,地方可数千里。"由此可见,"昆明"是古代云南地区一个少数民族的族称。

"昆明"真正作为地名出现,则是在唐代。据载,唐高祖"武德二年(619

年),于镇置昆明县,盖南接昆明之地,因此为名"。这句话是说,因为此地接近昆明,故而以此命名。由此来看,这里的"昆明"指的仍是昆明族。在汉唐以前,昆明族大都定居于云南西部地区。到了南诏(738—902年)、大理国时期(937—1254年),他们居住的地方被新兴起的乌蛮、白蛮占据,所以才被迫东迁至滇池周围,聚居生活。

南宋宝祐二年(1254年),元灭大理后在鄯阐设"昆明千户所"。元世祖至元十三年(1276年),云南行中书省正式建立,置昆明县,并把治所从大理迁到了昆明,"昆明"正式命名即始于此时。此后,昆明一直是全省的政治、经济、文化中心。

昆明城市雕塑

春城: 昆明之所以被称为"春城",与它的地理、气候等自然环境有关。昆明位于北半球亚热带,四季温度始终保持在3℃～29℃,是全国年温差最小的地方;每月晴天平均在20天左右,雨天4天左右,日照230小时左右。

这里的气候特点是:春季温暖,干燥少雨,日温变化大,月平均气温多在20℃以下;夏无酷暑,平均气温22℃,雨量集中,降雨量占全年雨量的60%以上;秋季温凉,天高气爽,雨水减少,霜期开始;冬无严寒,日照充足,天晴少雨。综上,昆明夏无酷暑、冬无严寒,气候十分宜人,因为四季如春而被称为"春城"。

大理一名有何由来

大理白族自治州位于云南省中部偏西,总面积29 459平方千米,辖大理市和祥云、弥渡等8个县及漾濞、巍山、南涧3个自治县。这里因秀丽的山水和少数民族风情名扬海内外,境内著名景点有蝴蝶泉、洱海、崇圣寺三塔等。

大理历史悠久,据文献记载,4世纪时白族祖先就已在这里繁衍生息,史称"昆明之属"。公元前221年,秦朝在西南地区建行政机构,大理自此受中央王朝管辖。西汉时(前109年),汉武帝在此置叶榆县,使其成为"南方丝路"的重要中转站。

三国时期,云、贵、川称"南中",属蜀汉管辖。后来,诸葛亮平定孟获叛乱,在此建云南郡。隋开皇十七年(597年),昆明发生叛乱,史万岁平之。贞观年间(627—649年),设置戎州都督府,大理地区归其管辖。

公元7世纪,洱海周围出现了6个"诏"(部落),即蒙嶲、越析、浪穹、邓赕、施浪和蒙舍。其中,蒙舍诏因在诸诏之南,故称"南诏"。公元8世纪,在唐朝廷的支持下,南诏政权建立。后来,南诏与唐朝矛盾日趋激烈。749年和754年,双方发生了大规模战争,史称"天宝战争"。794年,双方举行"苍山会盟",重归于好。

南诏后期,宫廷内乱,最终于902年分崩离析,就此消亡。937年,通海节度使段思平(893—944年)联合滇东37部落进军大理,建立了大理国,疆界基本承自南诏。

大理古城南城门

至此,"大理"始见于史,并作为专有地名沿用至今。大理国统治云南达300多年,其间曾受宋王朝的"云南八国都王"等封号。

1253年,元世祖忽必烈率军南下攻占大理,大理国王段兴智被俘,大理灭亡。至元十一年(1274年),云南行省建立;至元十三年(1276年),改大理府为大理路,云南正式成为省级区划。明洪武十五年(1382年),明军破大理城,复改大理路为大理府,并设大理、鹤庆、蒙化3府。清朝基本沿袭明制。

1911年,昆明爆发"重九起义",后成立了云南省军政府。此时,大理地区属滇西道,后属腾越道。1950年2月1日,大理专员公署建立,辖下关、大理等15县市。1956年11月22日,大理白族自治州建立,首府驻于下关。截至2010年,自治州共辖1市8县3自治县,即大理市、祥云县、宾川县、弥渡县、永平县、云龙县、洱源县、剑川县、鹤庆县、漾濞彝族自治县、南涧彝族自治县、巍山彝族回族自治县。

广州有什么别名,有何由来

广州简称"穗",穗的意思为"稻谷",为什么会有这样的称号,这还要从一个传说故事开始说起。

公元前9世纪,在周夷王时,周朝的楚国在如今的广州建造了一个城邑,名叫"楚庭"。有一年,楚庭发生旱灾,连年灾荒,民不聊生。一天,南海天空飘来五朵彩色祥云,上有身穿五色彩衣、分骑五只不同毛色仙羊的仙人。仙羊口衔一棵一茎六穗的稻子，徐徐降落在这座城市。仙人们把稻穗分赠给广州人民，并祝福此地今后永无饥荒。说完，五位仙人腾空飘然离去，仙羊化为石羊，好像要永久地保佑楚庭风调雨顺，幸福吉祥。从此，这里风调雨顺、五谷丰登。后来人们将稻穗撒播大地，广州成了岭南最富庶的地方，这里年年五谷丰登。于是，此地开始有了"羊城""五羊城""穗城"之称。中国有句古话，民以食为天，这个传说故事说明了广州是个鱼米之乡，是个物产富饶的地方。

1959年，著名雕塑家尹积昌等人设计了作为羊城市徽的雕塑——五羊像。五只羊神态各异。站在高处的老羊雄劲有力，嘴里衔着一束饱满的稻穗，昂首望着远方。老羊脚下是一对亲密依偎的小羊。还有一对母子羊，母羊回首倾盼正在安静吸乳的幼羊，深厚母爱溢于言表。

广州越秀公园内五羊石雕

另外，广州又号称"花城"，这是因为广州天气温暖，一年四季鲜花不断。而且到了冬天春节前后，还有大型的花市，人们到年三十晚上还要逛花市，家家户户都用鲜花来装点节日气氛。

深圳因何得名，为何又被称为"鹏城"

深圳有6700多年的人类活动史，早在新石器时代中期，就有原住居民在这片土地上繁衍生息。夏、商、周时期，深圳是百越部族远征海洋的一个落脚点。公元前214年，秦始皇在岭南置南海、桂林、象三郡，深圳时属南海郡。东晋咸和六年（331年），朝廷置宝安县，即深圳的前身。明洪武二十七年（1394年），今深圳境内设立了东莞守御千户所及大鹏守御千户所。清朝初年，因为这里水泽密布，且田间有一条大水沟，所以建深圳墟，历史上始有深圳之名（"圳"在广东方言中是田间的水沟）。1979年3月，中央和广东省决定把宝安县改为深圳市。1980年8月26日，全国人大常委会批准在深圳设置经济特区。至2004年，深圳已成为无农村的城市。

深圳东部有座古城，叫大鹏所城，位于深圳东部的大鹏镇。此城大约建于明洪武二十七年（1394年），至今已有600多年的历史。这是明代为了抵抗倭寇海贼而设立的古城，有着"大鹏守御千户所城"的美誉，简称为大鹏所城。因此,深圳被称为"鹏城"就是源于此了。

深圳是全国四大一线城市(北京、上海、广州、深圳)之一,国际化大都市,中国华南第二城,与广州并称"南粤双雄"。该市位于珠江三角洲东岸,与香港仅一水之隔,是中国最早对外开放的城市。它是中国第一个经济特区,也是副省级城市、计划单列市。土地面积1953平方千米。

深圳大鹏所城

2010年8月,深圳特区扩容至全市,经过30年的发展,它已成为拥有一定国际影响力的国际化城市,创造了举世瞩目的"深圳速度"。深圳是中国金融中心之一(仅次于我国香港、上海、北京),是信息中心、高新技术产业基地之一,也是华南商贸中心及旅游胜地,是我国重要的海陆空交通枢纽城市。由于此地毗邻香港,所以市域边界设有全国最多的出入境口岸。

广西为什么简称"桂"

广西称"桂""八桂"由来已久。经考证,"八桂"之美称是从古代《山海经》中"桂林八树,在贲禺东"演变而来的。晋代文学家郭璞说:"八树成林,言其大也。"孙绰撰写的《游天台山赋》中有"八桂森挺以凌霜"的诗句。六朝梁代诗人也有"南中有八桂,繁华无四时"的记载。但作者并无与广西相连之意。那么,"桂"是怎样与广西发生了联系的呢?

在民间诗人中,最早使广西与"桂"正式挂钩定位的是唐朝诗人韩愈。他在其诗《送桂州严大夫》中云:"苍苍森八桂,兹地在湘南。"湖南称"湘"。广西在湖南之南部。韩愈诗题中的桂州,治所在今广西桂林市内。宋朝诗人杨万里有"来从八桂三湘外,忆折双松十载前"的诗句。元朝黄镇成也云:"八桂山川临鸟道,九嶷风雨湿龙滩。"可见八桂之名已深入人心,在民间广泛流传。据官方纂修的《大明一统志》记载:"八桂,广西桂林府郡名。"当时广西省会驻桂林,以桂林代表广西。从此广西称"八桂"正式在官书中固定下来。

桂是"八桂"的简称,并非桂林或柳州的简称。桂树包含药用的肉桂和八月飘香的桂花树,自古以来广西便是这两种树的主要产地,堪称标志性土特产。早在秦始皇时广西已名为桂林郡。广西的简称历来称桂,新中国成立前,广西历代首府均以桂树成林之意而命名为桂林。从桂林至梧州与西江汇合之水称桂江等,都是以桂命名的。虽然迄今以土特产为地方文化命名者不多,但对广西来说,以桂命名已经地域化、地名化、水名化,已经约定俗成、历史悠久,而且又能较贴切地体现本地的经济和地域特色、人文精神、文化特质等,实为难得。

桂林山水风光

以桂为广西文化之标志和总称,除有传承历史、尊重俗成之好处外,尚可较形象而充分地体现广西人的精神气质与文化特质。

南宁为何别称"五象城"

广西首府南宁城南有五座相连不断的土坡,这就是——五象岭。《南宁府志》中有这样一段对五象岭的描述:"五峰相倚,如五象饮江,故名五象岭……"位于五象岭的景观"象岭烟岚"更是古邕州八景之一。而南宁也因为五象岭而被称为"五象城"。

南宁自古以来就是一个山水秀美、人杰地灵的宝地。生活在这片土地上的人们勤劳勇敢,过着幸福快乐的生活。但是,美丽富饶的南宁城却时常遭到野兽的侵扰。后来,有五头神象来到邕江饮水,它们不仅帮助人们耕耘,而且还帮人们赶走了野兽。从此,在五头神象的帮助下,南宁变得更加妖娆多姿。不久,一只美丽的凤凰被这片土地深深地吸引,定居于此。为了防止野兽再次侵袭,神象们决定派凤凰在邕江对岸观察野兽出没的动向。凤凰也很乐意帮助神象和南宁城的子民们,于是,便飞到青山顶上承担起了瞭望的职责。过了一段相安无事的时光,不幸又悄然降临到神象和凤凰的身上。一个贪官十分喜爱南宁这片土地,一心想要霸占它。有一天,这个贪官对南宁的子民们说:"多亏了有神佛的保佑，你们才会生活得如此幸福、快乐。所以，只有修建一座宝塔感谢神佛的恩德，你们的生活才会更好。"百姓们不知其中有诈，便应允了贪官。于是，这个贪官就在凤凰站立的地方修建了一座宝塔。凤凰被宝塔压住，再也飞不起来了。而五头神象日夜为人们耕种，有一天才想起好久没有听到凤凰的叫声了，便扭头向青山顶上一望，只见映在河里的宝塔倒影像一条鞭子一样向它们抽来。此后，在这条神鞭的强逼之下，神象做了贪官的家奴。五头神象中有三头被鞭子打伤，或蹲或趴，还有两头在逃跑时回望这片被它们深深眷恋的土地。于是，邕江对岸多了五座形如大象的山，它们依旧保护着南宁城，保佑它风调雨顺。

在南宁人民的心目中，五象岭是南宁城的守护之山。因此，南宁的别称"五象城"也就自然而然地形成并声名远播了。

南宁邕州老街

桂林一名由何而来

一句流传了800多年的千古绝句"桂林山水甲天下"使桂林一举扬名。作为广西第三大城市、世界著名的风景游览城市和历史文化名城，如今的桂林已成为中国在世界旅游业中一张重要的名片。那么，"桂林"这一名称是由何而来的呢？

其实，关于桂林名称的由来，有着很多种说法。其中，有三种说法最具代表性。

其一，桂林以种植桂树而闻名。 八月桂花香，满城尽芬芳。桂林，此乃"桂树成林"也。

其二，源于秦始皇三十三年（前214年），秦始皇统一南岭，设南海、桂林、象三郡。 虽然其郡治不在今天的桂林市，但这是历史记载的"桂林"这一名称的最早来源。此后，"桂林"这一名称便一直沿用下来，至隋开皇九年（589年）撤销桂林郡后，"桂林"这一地名才暂时停止了使用。明洪武初年改静江路为府，"桂林"这个地名才又在临桂（今桂林市）恢复使用，称为"桂林府"。1913年废"桂林府"设桂林县，1940年由临桂县改置桂林市。"桂林"这个地名才一直沿用至今。

其三，桂林这一名称来源于一个美丽的传说。 很久以前，桂林这片土地不

桂林日月双塔

仅无山无水,人烟稀薄,而且连"桂林"这个地名都还没有。那么,桂林是如何从蛮荒之地变为山水秀甲之地的呢?这还要从王母娘娘的蟠桃盛会说起。因为孙悟空的破坏,蟠桃盛会不能顺利举行。于是嫦娥、织女、麻姑和元女四大仙女便一同前往瑶池欣赏仙山琼阁去了。谁知,这四位仙女不满足于只欣赏美丽的仙家胜景,竟还想要凭自己的法力造出几座美丽的园林来。于是,四位仙女商定好要比比赛,看谁能三天之内在人间造出赛过瑶池的园林来。第一天,麻姑造出了云南石林。第二天,织女造出了西湖美景。第三天,元女劈出了龙门石窟。只有嫦娥,一直举棋不定,甚是为难。眼看为时不多,嫦娥只好匆忙奔走人间。她路过如今叫桂林的这片土地,因见这里如此荒凉,百姓生活苦不堪言,便动了恻隐之心。于是,嫦娥马不停蹄地从月宫取来桂花树,从观音那里求来净瓶之水,从北方运来造山洞之石,把这片本来荒芜的土地变成了人间仙境。为了纪念嫦娥,百姓们就用嫦娥宫中的桂花树将这片土地命名为"桂林",意为"桂树成林"之地。

如今,山青、水秀、洞奇和石美的桂林正以新的姿态欢迎着来自五湖四海的朋友!

钦州为何被称为"天涯"

海南三亚是尽人皆知的传说中的"天涯"。但人们所不知的是,在广西也有一个"天涯"——钦州。那么,这里为何会被称为"天涯"呢?

说起钦州这个"天涯"的称号,就不得不提起位于钦州市中山公园的"天涯亭"。提到"天涯亭",就不得不提一位诗人——陶弼。

陶弼出身于宋朝的一个文学世家、官宦之家,少喜兵法,持论纵横,有"左诗书,右孙吴"之誉。北宋嘉祐八年(1063年),其出任钦州知州。陶弼曾说:"钦地南临大洋,西接交趾,去京师万里,故以天涯名,与合浦之称为海角者一也。"因此,他选择在风景秀丽的城外渡头处建造了一座"天涯亭"。此外,他把在钦州所写的诗词汇编成册,并将其命名为《天涯诗集》,分赠给各地的诗友。后来,历代官吏、游子不断前来参观"天涯亭",并不断题诗、吟词、传抄,使得钦州是"天涯"一说越传越广。

其实,自隋朝开皇年间到明朝嘉靖年间的近千年中,钦州一直被当政者作为流放罪臣、文人之地。这些远离故土的文人志士不免长期怀有"思念故土"的情绪。但钦州远离京师万里,这不得不让他们发出钦州犹如"天涯"的感慨。

钦州孙中山铜像

1962年春,著名诗人、词作家田汉游览钦州天涯亭后,赋诗曰:"词客分明怀故土,钦州何必是天涯?"这使得钦州的"天涯"之名广为流传。

西安一名有何由来,西安城是如何形成的

西安是中华民族和中国文明的发祥地之一,它有着6000多年的建城史和1200年的国都史。其被称为"世界四大古都"(西安、罗马、开罗、雅典)之一,"中国四大古都"(洛阳、南京、西安、北京)之首。同时,它也是中国建都最早、建都最久、建都朝代最多的城市。西周时,此地称"丰镐",是周文王和周武王分别修建的丰京和镐京的合称。汉代至明代以前,这里被称作"长安"或"京兆"。据《明史》记载,洪武二年(1369年),朝廷设立了"西安府",自此这一名称沿用至今。

在漫长的历史进程中,经过历朝历代的建设和完善,西安城才形成了今天的规模。

汉高祖五年(前202年),刘邦置长安县,由宰相萧何主持营造新城,名为"长安城",意思是"长治久安"。以后又修建了宫殿长乐宫和未央宫。汉惠帝元年(前194年),开始修建长安城城墙,至惠帝五年(前190年)竣工。汉武帝时期,长安城得以大规模扩建,先后兴建了北宫、桂宫和明光宫,并在城西扩充了上林苑,开凿昆明池,兴建建章宫等。

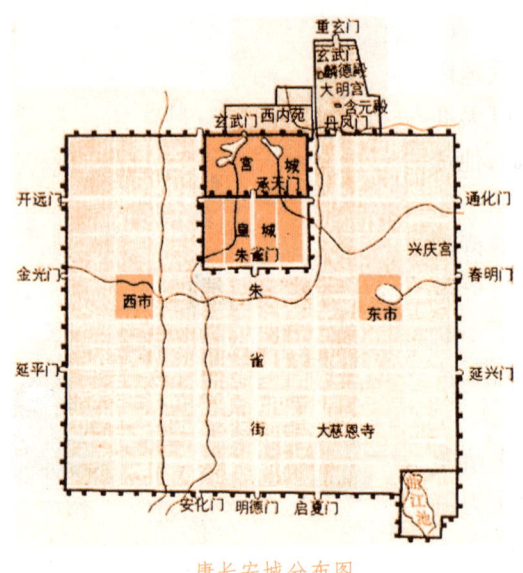

唐长安城分布图

到了隋朝开皇二年（582年），隋文帝打算在长安城东南建造新都，定名为"大兴城"。大兴城由年仅28岁的建筑学家宇文恺主持规划和建设。他在修建此城时，将整个城区设计成南北八条、东西十四条大街，纵横交错如棋盘。此外，他还将宽度达155米的朱雀大街作为整个城市的中轴线，南北贯通，至承天门形成一个巨型广场。这种棋盘式格局不仅成为以后历代王朝设计都城的典范，而且也在国外产生了重要影响，如日本的京都和奈良均仿照其设计而建。大业九年（613年），隋炀帝动用10万余人修筑大兴城外郭城，大兴城的总体格局至此形成。

关中之名因何而来

关中地区，物华天宝，人杰地灵。早在四五千年以前，中华民族的始祖轩辕氏和神农氏就在这里生活，所以这里可以被看作华夏族的发祥地之一。

关中之名，从战国晚期开始为人们所称道。古人习惯上所称的关中，泛指函谷关（东汉以后被潼关取代）以西的地方。那时候，渭河平原（也叫渭河谷地）被"四关"包围，称为"秦之四塞"。它们是大散关（今宝鸡市南郊）、函谷关（今河南灵宝市境内）、萧关（今宁夏固原市境内）、武关（今陕西丹凤县东南）。因为渭河平原地处四关之中，故称"关中"。在地理学上，渭河平原也被叫作"关中平原"或"关中盆地"。

关中地区自然环境十分优越，是中国最早被称为"天府之国"的地方。由于这里四面都是重要关隘，再加上陕北高原和秦岭两道天然屏障，其自古以来就

大散关

是"帝王州"和兵家必争之地。西汉贾谊的著名政论文章《过秦论》里说:"始皇之心,自以为关中之固。"

关中平原是由河流冲积和黄土堆积而成的,地势平坦,土壤肥沃,水源充足,机耕、灌溉条件都很好,因而这里交通便利,物产丰富,经济发达,其粮油产量和国民生产总值约占陕西全省的三分之二,是全省的政治、经济和文化中心。所以,这里又被称为"八百里秦川"。

宝鸡因何得名

宝鸡享有"炎帝故里""青铜器之乡""民间工艺美术之乡"的盛誉。此地在古代叫作陈仓、雍州、大散关。唐至德二年(757年),唐肃宗改陈仓为宝鸡,此名沿用至今。关于宝鸡一名的来源,有这样一个美丽的传说。

在春秋时代,有个陈仓人抓到一只像羊又像猪的怪兽,他准备进献给秦国国君。当时,有两个小孩劝他不要这样做。因为这个怪兽名叫"媦",刚一出生,就张口吃母,等到长大后,会吸人脑浆。陈仓人听后,赶紧用力打怪兽的头,想要把它杀死。但是,媦却开口说话了:"你不要杀我,快放了我,去抓那两个小孩。他们是龙凤胎,都叫陈宝,得了男的可以称霸,得了女的可以称王。"陈仓人一听,认为这是件奇事,于是就放下媦去抓那两个小孩。然而,那两个小孩突然变成了两只神鸡。其中一只飞到了河南南阳,千年之后转世为汉光武帝刘秀。

宝鸡市市政广场雕像

另一只飞到了陈仓山顶,化为石鸡,体大如羊,光洁如玉。陈仓人因为放了媦,媦为了感谢他的恩德,从此就衔草掩护石鸡。在石鸡的福泽之下,陈仓山草木茂盛,周围百姓安居乐业。唐至德二年(757年),本地人又听到了神鸡的啼鸣,声音传遍了附近十余里的范围。这时正值安史之乱,唐玄宗避乱四川,太子李亨(史称肃宗)在灵州提前登了基,亲自挂帅平叛。令人奇怪的是,当听到了神鸡鸣叫后,唐军开始节节胜利,而叛军从此一蹶不振。肃宗认为神鸡是国宝,鸡鸣乃是吉祥之兆,遂改陈仓为宝鸡。

河南一名有何来历，其为何又简称"豫"

河南，古称中原，位于我国的中东部、黄河中下游，与山东、河北、山西、陕西、湖北、安徽6省接壤，是我国承东启西、联南望北的十字交叉地带，地理位置十分重要。与此同时，这里还是中华文明发祥地、我国历史文化的中心，曾经在长达5000多年的时间里作为我国的政治、经济、文化和交通中心而存在。那么，河南之名是怎么得来的呢？

河南省的行政区域大部分位于历史上的黄河中下游以南地区，也就是说在黄河以南，所以在历史上被叫作河南。西汉时，朝廷在这一地区设有河南郡，"河南"作为行政区划的名字开始使用；唐代时，现在河南省的大部分地区都属于都畿道和河南道管辖；宋代时，朝廷在此设立京畿路和京西北路，金又改为南京路；元代时，这一地区设有河南江北省和河南江北道；到了明代，中央政府在这里设置河南省，后来又改为河南布政使司；清代时，恢复使用河南省，并一直沿用到今天。众所周知，河南省的简称是"豫"，那么，这个简称是由何而得来的呢？

关于河南省简称"豫"的由来，直到今天学术界也没有找到一个准确的答案。有人认为，河南简称豫，与大象有关。河南省在古代时曾被称为豫州，据有关学者研究，黄河流域至迟在殷代时仍然有较多的大象，河南古称"豫州"，就是因为这里产大象，意思是"产象之地"。据文字学家考证，"豫"这个字在甲骨文和金文中都没有出现过，应该是后来"象""邑"二字的合体，也就是说，"豫"字的来历和大象有关。当然，虽然以上两种不同角度的观点都有自己的依据，但毕竟都只是一种猜测，并没有得到最终的证明。

还有一种说法认为，河南简称"豫"与夏禹有关。大禹治水成功后，将天下分为九州，中原地区被称为豫州。一些专家学者经过数年考证，得出了这样的结论：河南简称"豫"与上古时期的人类为指导农耕生产而仰观天象、制定历法有关。他们认为"凡大皆称豫"，只要是大都可以称为"豫"；"唯天为大"，天就是大、就是"豫"。由此可以看出，"豫"并不是指大象，而是指天象。又因为当时夏朝的都城在今河南一带，为了体现大自然的天象和天子的威严，

大禹治水图

所以就将中原地区称为"豫州"了,从而体现了夏代先民天人合一的思想观念。此后,"豫"字一直沿用,就成了现在河南的简称。

当然,以上两种说法毕竟都只是推测,虽然它们都有依据,但都不能完全解释这一问题,所以都不能作为河南简称"豫"由来的合理解释。历经几千年的发展,河南产生了洛阳、开封、安阳

河南嵩山少林寺武术表演

等举世闻名的古都,培育了中原文化、河洛文化、根亲文化、三商文化、圣贤文化等源远流长的文化形态,而且还促进了道家、墨家、法家、名家、纵横家等思想的发端和发展,为中国传统文化的发展作出了重要的贡献。因此,当代人有责任去研究河南的历史,关注河南的发展,相信随着有关研究的不断深入,关于河南的一系列谜团都会被解开。

济南为何又称泉城

"四面荷花三面柳,一城山色半城湖",这是清代乾隆年间探花刘凤诰对大明湖的描写,古往今来有多少文人墨客在这里留下了佳句,使得济南有了深厚的文化底蕴。济南最大的特点是泉水喷涌,在盛水时节,呈现出"家家泉水,户户垂柳""清泉石上流"的绮丽风景。元代地理学家于钦称赞"济南山水甲齐鲁,泉甲天下",济南泉水众多,水量丰富,被誉为天然岩溶泉博物馆。久负盛名的有趵突泉、黑虎泉、五龙潭、珍珠泉四大泉。除了这四大名泉外,济南还有其他众多泉水,共有大小100多处泉水,济南也正因泉水众多而被称为泉城。

泉水是如何形成的呢?泉水来自地下水。地下水分为三类,一类包气带水,包括土壤水和上层滞水。在近地表的上层岩土中,土石的孔隙未被水充满,含有相当数量的气体。包气带水层是地表水同地下水发生联系并进行水分交换的地带。另一类是位于地表以下第一个稳定隔水层以上具有自由水面的地下水,我们称为"潜水",比如我们挖井的深度没有打破第一隔水层,也会有水渗出来,这个地下水属于潜水,潜水很少形成喷涌的泉水。还有一类是位于两个隔水层之间的地下水,我们称为"承压水",由于承压水没有自由水面,因此承受一定的压力,一旦出露地表,就会使压力释放,喷涌而出形成泉水。济南的泉水大多都是由承压水形成的。

趵突泉观澜亭

济南的泉水来自哪儿呢？有的人认为济南泉水来源于河南的王屋山。宋代沈括在《梦溪笔谈》中说：济水（发源于河南省济源市王屋山，1855年，黄河夺济水河道入海）自王屋山东流，有时隐伏地下，至济南冒出地面而成诸泉。现代地质工作者通过考察研究认为，济南的众多泉水并非来自济水，而是和当地独特的地形地质构造有关。济南地势南高北低，自南而北从高山逐渐变为丘陵，到达城区又变为山前倾斜平原和黄河冲积平原，这种地势，有利于地表水和地下水向城区汇集。在地质构造上，岩层以3~15度倾角向北倾斜，至市区埋没于第四纪沉积层之下。南部山区岩石又是由易渗透的碳酸盐组成，大量的大气降水和地表径流渗入地下，形成地下潜流顺岩层倾斜方向北流，至济南城区遇到侵入岩体阻挡，在强大的静水压力下，形成承压水，承压水遇到孔隙涌出地面形成了泉水。

正是济南城内有着大量的泉水分布，这里才有了"泉城"的别称，趵突泉更被称为天下第一泉。济南不但泉水闻名，也拥有唇齿留香、丰富多样的特色小吃，如煎饼、糖画、千层糕等。您可以品尝当地的美食，领略济南独特的饮食文化。济南属于温带季风气候，四季分明，春季和秋季是最宜人的旅游季节，此时气温适宜，风景优美，是游览济南的最佳时机。

武汉一名有何来历

武汉是长江中游的国际性港口城市、长江中下游的特大城市，也是中国内陆最大的水陆空交通枢纽，还是内地的商业、金融、贸易、物流、文化中心之一，被誉为世界开启中国内陆市场的"金钥匙"。因为长江及其支流汉江横贯市区,所以出现了武昌、汉口、汉阳三镇分立的格局。1927年,国民政府迁到武汉,首次将"武汉三镇"合并,定名为"武汉",武汉作为首都。这就是"武汉"一名的由来。

武汉历史悠久,文化源远流长。据文献资料记载和考古发掘,早在距今8000—6000年前的新石器时代,这里就已有先民生息繁衍。春秋战国时期,该地区发展成为楚国兴起的军事、经济中心。西汉时期,樊哙受封于武昌,死后葬于江夏灵泉山下。自汉代起,此地就形成了灵泉古市,"形胜甲于一邑"。

东汉末年,今汉阳地区建却月城,成为一大港市。三国吴黄武二年(223年),孙权在黄鹄山(今蛇山)近江处筑黄鹤楼。西晋末到南北朝期间,大量人口的南迁为武汉地区带来了充足的劳动力和生产技术,使这里的冶炼、制瓷、造船、纺织和贸易都得到了较大发展。南朝陈永定二年(558年),萧庄在郢州城称帝,武汉首次成为国都。

武汉江汉关建筑

隋大业二年(606年),汉津县改名为汉阳县。"汉阳"一名始见于史。由于江夏(武昌)和汉阳同为州治,等级相同,这就初步确立了武汉的双城格局。自唐以来,汉阳被誉为"东南巨镇"。宋时,江夏的制瓷业特别发达,尤以青白瓷最具特色。南宋绍兴四年(1134年),岳飞曾驻军鄂州(今武昌),使武昌一度成为全国水师基地。

元世祖至元十八年(1281年),设湖广行省省治于武昌,武汉首次成为一级行政单位治所。元末,徐寿辉建天完政权,后迁都汉阳。至正二十二年(1362年),陈友谅迁都武昌,死后葬于蛇山。明洪武四年(1371年),江夏侯周德兴在武昌建楚王(朱桢)府,成为长江流域规模最大的宫殿建筑群。

明成化年间(1465—1487年),汉口从汉阳析出,仍属汉阳府。万历年间

创建汉阳铁厂的张之洞

· 23 ·

（1573—1620年），汉口镇与景德镇、佛山镇、朱仙镇并称"四大名镇"。当时，汉口已成为全国性水陆交通枢纽和中国内河最大港口，被誉为"货到汉口活""楚中第一繁盛处"。清初至清中期，汉口的茶叶出口为世界第一，因而被欧洲人誉为"茶叶港""世界茶叶贸易之都"。

1858年，中英《天津条约》签订后，汉口被增辟为通商口岸。1889年，张之洞在汉阳创建了汉阳铁厂、汉阳兵工厂等，使其成为我国最早的钢铁工业、军火工业基地；在汉口修建了芦汉铁路、后湖长堤；在武昌建成了湖北织布局；此外还开办了自强学堂、两湖书院等新式学堂。至此，汉口成为中国的首要经济中心之一。

20世纪初叶，汉口成为中国第二大对外通商口岸，仅次于上海，被称为"东方之芝加哥"。1911年，武昌起义爆发，成为辛亥革命的中心。1927年，国民政府将武昌、汉口和汉阳三镇合组为京兆区，定名武汉。同年8月7日，"八七会议"在汉口召开。1949年，武汉市由中央直辖，成为新中国第一个直辖市。1954年又改为湖北省省会。1982年，武汉成为对外开放地区；1992年成为沿江对外开放城市。

湖南为何又称"三湘""芙蓉国"

"三湘"和"芙蓉国"都是湖南的别称，这与当地的地理环境、历史风物密切相关。

三湘：据《山海经·中山径》载："帝之二女居之，是常游于江渊。澧沅之风，交潇湘之渊。"早在六朝时期，"三湘"一词便已出现在文人的诗文中。例如，东晋著名诗人陶渊明在《赠长沙公族祖并序》中写道："伊余云遘，在长忘同。笑言未久，逝焉西东。遥遥三湘，滔滔九江。山川阻远，行李时通。"又如，南朝宋文学家颜延之在《始安郡还都与张湘州登巴陵城楼作》一诗里写道："江汉分楚望，衡巫奠南服。三湘沧洞庭，七泽蔼荆牧……"此外，南朝梁沈约所撰的《宋书》中也屡见"三湘"一词。宋代以来，人们多以"三湘"代指湖南。但是，"三湘"作为湖南省的别称，其来历众说纷纭、莫衷一是。

第一种说法认为，"三湘"指漓湘、潇湘和蒸湘。在湖南，湘

潇湘水库

水、漓水分流后，湘水向东北流去，漓水向西北流去，人们称其为漓湘。湘水在湖南零陵与潇水汇合后，被称为潇湘。潇、湘二水流到衡阳与蒸水合流，被称为蒸湘。这种说法把漓湘、潇湘、蒸湘统称为"三湘"，但没有涵盖湘西北的大片土地。

第二种说法认为，湘潭、湘乡和湘阴合称"三湘"。由于这"三湘"分布在湘北、湘中，也没有概括湖南全省。

第三种说法认为，"三湘"是湘北、湘西、湘南三地区的总称。此说法虽涵盖的地域范围要广，却遗漏了湘中、湘东，也不能概括湖南全境。

第四种说法认为，"三湘"指潇湘、资湘和沅湘。此说去掉了漓、蒸二湘，保留了潇湘。湘水北流至临资口与资水汇合，称为"资湘"，其继续北流至中州与沅江汇合后称"沅湘"。这种说法真正包括了湖南全省。

芙蓉国： 唐宋时期，因湖南湘、资、沅、澧水流域广植木芙蓉而得名"芙蓉国"。如五代谭用之在《秋宿湘江遇雨》一诗里写道："江上阴云锁梦魂，江边深夜舞刘琨。秋风万里芙蓉国，暮雨千家薜荔村。乡思不堪悲橘柚，旅游谁肯重王孙。渔人相见不相问，长笛一声归岛门。"1961年秋天，毛主席写了《七律·答友人》一诗，其中有"我欲因之梦寥廓，芙蓉国里尽朝晖"之句。现在，木芙蓉是湖南省的省花。

长沙一名有何来历

长沙为湖南省省会，别称星城，素有"中国工程机械之都"的美誉。其有文字可考的历史已达3000多年之久，是首批国家历史文化名城之一。

长沙之名的来历一直众说纷纭，概括起来主要有三种说法。

其一，得名于长沙星。 古代天文学家创立了二十八宿之说。此说认为，天有星象，地有与之对应的"星野"，二十八宿中"轸宿"有一附星名为"长沙"。古人按星象分野的理论，以长沙之地对应长沙星，故长沙又有"星沙"之称。该说法在后世影响最大，流传最广。

其二，得名于万里沙祠。 "万里沙祠"一说最早见于阚骃所著《十三州志》："有万里沙祠，西自湘州，至东莱万里，故曰长沙也。"后有唐代李吉甫《元和郡县

长沙天心阁

志》援引《东方朔记》云:"南郡有万里沙祠,自湘州至东莱可万里,故曰长沙。"至后代,各地方志多引该说法作为长沙一名的来源,并加以阐释,认为长沙在古代有祭祀沙土之神的活动。据《史记·孝武本纪》记载:汉武帝曾到山东东莱祈祷"万里沙"。东汉应劭注曰:万里沙,神祠也。长沙与东莱相隔万里,后人将此事和两地联系起来,便有了"长沙者,所谓万里长沙也"的说法。

其三,得名于"沙土之地"。 长沙的地质结构以石英砂岩、砂砾岩、粉砂岩及页岩等为主。后来,在外力作用下坍塌的岩石经风雪雨水的侵蚀冲刷,大量砂石积于地表。每当枯水时节,裸露的地面便出现了成片的砂土。在自然环境仍保持在原始状态的古代,这种"白沙如霜雪"的砂土层是格外引人注意的。故此,典籍中多称长沙为沙乡或沙土之地。

神奇地域之谜
SHENQI DIYU ZHIMI

敦煌魔鬼城之谜

在距敦煌185千米、玉门关以西85千米的地方,有一处风蚀地貌群落,敦煌人俗称其为魔鬼城。在一条东西长25千米、南北宽4~5千米的干涸河床地带上,雅丹地貌密布,丘峰林立,形态各异,不论是个体还是整体,其规模之宏大,气势之雄浑,均属世界罕见。目前,这里已经建成了国家地质公园。

敦煌至玉门关距离近百千米,驱车1个小时便可到达,然后再从玉门关沿古疏勒河谷西行,有连片的沼泽、湖泊、草甸,水草丰茂,牛羊成群。途中经过汉长城、烽燧等古迹再西行10千米,到达后坑子,之后疏勒河谷的沼泽逐渐干涸,草甸渐渐消失,河谷被戈壁沙漠湮没,继续沿谷地西行约1个小时,突然有一座宛若中世纪的古城堡出现在面前,这里便是玉门关雅丹魔鬼城。

魔鬼城是典型的雅丹地貌。在《辞海》里,雅丹是这样被解释的:维吾尔语,原意为具有陡壁的土丘,是干燥地区的一种风蚀地貌。当然,位于敦煌魔鬼城的这片雅丹地貌群落远远超出了辞书所定义的规模和形态,其个体和整体的规模之大,形态之奇异在世界上都是罕见的。这里的雅丹地貌,低的有四五米,高的有二三十米,长、宽则从十几米到几百米不等,从整体上看,就像一座中世纪的古城,在这座特殊的城市里有城墙、街道、大楼、广场、教堂、雕塑,由此足见其惟妙惟肖。

白天,从远处望去,沙漠幻景犹如烟波浩渺的大海,整座魔鬼城仿佛飘浮其中。到了傍晚,蜃景消失之后,整座魔鬼城都笼罩在夕阳的余晖之下,金碧辉煌中透出几分神秘、几分肃穆。等到夜幕降临后,狂风呼啸,整座魔鬼城又陷入了恐怖的气氛中,令人毛骨悚然。

魔鬼城大面积地带分布着黑戈壁,也就是砾漠,这在国内甚至是亚洲中部地区是很少见的。它与区内的各种土黄色的雅丹地貌浑然一体,十分壮观,具有极大的观赏价值。很多电影都在这里取景。

敦煌魔鬼城自被发现至今已有100多年的历史。

19世纪末,瑞典探险家赫文·斯定来到我国新疆探险考察,他在罗布泊周围发现了大面积的土丘地貌,就问维吾尔族向导那是什么地方。向导告诉他

敦煌魔鬼城

说:"这是雅尔丹。"在维吾尔语中,"雅尔丹"是险峻陡峭的意思,于是赫文·斯定就把这一名称写进了书中。20世纪初,斯定又来到这里,在《路经楼兰》一文中写道:"又两英里,就出现了接近强烈风蚀地貌的迹象。从赫定博士的描写中我知道,这种风蚀地貌就是罗布泊北部最显著的特征。赫定博士称之为'雅丹',这是一个合适的突厥语的名字。"此后,经中国学者翻译,"雅尔丹"就成了"雅丹"。从此,雅丹就成为这一类地貌的名称。

根据有关资料的记载,我国的雅丹地貌面积约有2万平方千米,主要分布在青海柴达木盆地西北部、疏勒河中下游和新疆罗布泊周围。

敦煌莫高窟

在我国,被称为魔鬼城的雅丹地貌有三处:一处位于准噶尔盆地西北边缘佳木河下游的乌尔禾矿区,方圆约10平方千米。一处位于将军戈壁西北边缘卡拉麦里山地诺敏地带,周围面积100多平方千米,与20世纪50年代闻名的准噶尔西部乌尔禾地区的魔鬼城相比,规模更大,更具"魔力"。第三处便是敦煌魔鬼城,这里面积大,雅丹地貌特点典型,是举世罕见的地质奇观。更重要的是,它位于丝绸古道边,西出敦煌,沿途经过闻名中外的玉门关、充满生机的绿洲、苍凉的戈壁、雄壮的沙丘等景观,构成了集人文与自然景观于一体的旅游线路。

敦煌魔鬼城之所以得名,一是它地貌独特,形态异常诡秘;二是它的地势非常低,道路难以辨认,地磁强大,在这里罗盘根本无法使用;三是这里曾经是古河道,风特别大,而且干旱无水;四是由于地处戈壁大漠之中,每当夜幕降临,尖厉的漠风发出恐怖的呼啸,犹如千万只野兽在怒吼,令人毛骨悚然。

关于魔鬼城还有一段神奇的传说。相传,这里原来是一座雄伟的城堡,城堡里的男人英俊健壮,城堡里的女人美丽善良。他们勤于劳作,过着丰衣足食的无忧生活。然而,伴随着财富的聚积,邪恶逐渐占据了人们的心灵。他们开始变得沉湎于玩乐与酒色,为了争夺财富,城里到处充斥着尔虞我诈与流血打斗,每个人的面孔都变得狰狞恐怖。天神为了唤起人们的良知,化作一个衣衫褴褛的乞丐来到城堡。天神告诉人们,是邪恶使他从一个富人变成了乞丐,然而乞丐的话并没有奏效,反而遭到了城堡里人们的辱骂和嘲讽。天神一怒之下便把这里变成了废墟,城堡里所有的人都被压在废墟之下。每到夜晚,亡魂便在城堡内哀鸣,希望天神能听到他们忏悔的声音。

敦煌莫高窟睡佛

当然，这只是一个传说，并不能说明什么问题，敦煌魔鬼城是由多方面因素共同作用而形成的。地质学家考察后认为，敦煌魔鬼城雅丹地貌形成历经30万至70万年，由同一成因造就了不同形态、各具风貌的地形组合体，有金字塔形、蘑菇状、骆驼状、石柱状及群楼形等，高低不一。从分布位置看，这些雅丹地形均处在沟谷出口处，属于古疏勒河河床，总体展布方向与古疏勒河的流向是一致的。所以可以推测，敦煌魔鬼城地形的形成、发育与暂时性沟谷洪流切割有关，再加上长期的风蚀作用，终于演化成了现在这种地貌景观。除此之外，敦煌魔鬼城雅丹地貌的形成和发育与垄岗状台地岩石所具有的断层、柱状节理也有关系。

关于敦煌魔鬼城的成因和历史，还有一些学者也先后提出了一些看法。一种看法认为，敦煌魔鬼城的雅丹地貌位于罗布泊之东，在100万年前或数十万年前是古海湾，后来青藏高原的隆起，阻碍了印度洋北上的水汽，从太平洋上东来的水汽到这里也已成为强弩之末，西来的水汽又被天山隔断，因此，这一地区的气候逐渐变干，古海消失，再加上从蒙古高原南下的强劲北风的吹蚀塑造，从而使这一地区形成现在的地貌，因此这里又被称为"古海雅丹"。另一种看法认为，塑造雅丹地貌的是地球内部结构的变化及风力、流水的作用。有地理学家经研究考察后认为，敦煌魔鬼城雅丹地貌原属于罗布泊的一部分，随着地质条件的变迁，古罗布泊湖水逐渐干涸，留下了大面积的深厚沉积物。这里的雅丹地貌就是在沉积物的基础上发育形成的。此后，风力和水流的作用，就像两把巨大的铁梳子，不断梳刮着沉积物中的沙土，日积月累，逐层搬运走第四纪沉积物中疏松的沙层，留下了坚硬的泥源和石膏胶结层，从而形成了荒原中凹凸相间、千姿百态的"浮雕"，即我们现在看到的雅丹地貌。

初步的调查表明，雅丹地貌在形成之后并不是一成不变的，大自然中的风和水只要在不断地运动，它们的作用就永远也不会终止，随着侵蚀作用的继续，雅丹地貌也会常变常新。敦煌魔鬼城也不例外，它正如一颗饱经岁月沧桑的璀璨明珠，闪烁于古丝绸之路上，它的新奇、神秘，令人流连忘返、遐想无限。

鬼城地府丰都之谜

我国神话故事里有一处特别阴森恐怖的城市——丰都。在现实世界里,也有一处地方叫丰都。它位于重庆市,是著名的旅游城市,也是传说中的"鬼城"。

在《西游记》中,作者多次描写到丰都的情景,比如唐太宗进入阴司,遇到崔判官保驾,美猴王下地府撕毁生死簿。在《南游记》中,华光大帝为母三下丰都大闹阴司。在《说岳全传》中,秦桧在丰都受罪。《聊斋志异》更是详细地描写了丰都的情景。这些古代神话小说对丰都的描写都是绘声绘色的,让人觉得它仿佛是真实存在的鬼蜮一般。近代拍摄的鬼片也有丰都鬼城的影子。那么,丰都真的如小说中描绘的鬼城那么可怕吗?

说起丰都,不得不提及名山。名山原本叫作平都山。名山孤峰耸翠,直插云霄,下临长江,烟波浩渺。山上殿堂庙宇,飞檐流丹。整座名山如同一幅山水画卷。宋朝大文豪苏轼因此写下"平都天下古名山"的诗句。在《列仙传》《神仙传》等书籍中,名山是阴长生、王方平成仙飞升之地。阴、王二仙名声远扬。后来被讹传"阴王"为"阴间之王"。阴间之王的住所自然是鬼城。丰都也因此成了鬼城。有人说,名山是丰都大帝管辖的阴曹。在《玉历宝钞》这部清人著作中,丰都大帝是阴曹地府的最高统治者。他奉命管理地府鬼城。书中详细记述了丰都的管理机制,以及一些地名,如奈何桥、望乡台等。

历经演变和发展,名山上建造了大量的道观寺庙,里面供奉的除了神像之外还有阴曹地府的鬼怪雕塑,每年都吸引着大量游客前来观光旅游。离名山不远的地方还有一座双桂山,也称鹿鸣山,山上有一座鹿鸣寺。鹿鸣寺庙宇宏伟壮观,声名远扬。寺内有吴道子所绘的观音像石碑,还有一口玉鸣泉。此泉的泉水晶莹甘甜,含有多种对人体有益的微量元素,被誉为"还童水""长生水"。另外,丰都还有纪念苏氏父子的建筑——坡公祠。拥有如此美景的丰都在古人眼里为何是阴森恐怖的印象,着实令人不解。

丰都是阴、王二仙飞升之地,被后人讹传为"阴王之地",从而成了鬼城。这不得不说是历史跟我们开的一个玩笑。20世纪末,丰都人在名山和双桂山之间架起了一座铁索桥,取名通仙桥。人们祈盼这座桥能渐渐驱除名山上的"鬼气"。

丰都鬼城大门

鄱阳湖魔鬼水域之谜

鄱阳湖是我国第一大淡水湖,同时也是我国第二大湖,位于江西省北部、长江南岸。鄱阳湖老爷庙水域,位于江西省都昌县多宝乡,是鄱阳湖连接赣江出口的一片狭长水域,有"拒五水一湖于咽喉"之说,全长24千米。自古以来,这一段水域就是鄱阳湖最为险要的地方,水流湍急,恶浪翻滚,让过往航船难以提防,沉船事故常有发生,而且无从打捞,因此被人称作中国的"百慕大",也被称为鄱阳湖的"魔鬼三角区"。

千百年来,在鄱阳湖老爷庙水域神秘失踪的船只不计其数,甚至有载重2000多吨的大船都在这里沉没了。当地渔民说,他们祖祖辈辈都在这片水域以打鱼为生,但是直到今天,他们仍然提心吊胆,但因为老爷庙水域是鄱阳湖通往长江的唯一通道,所以他们又不得不闯这个"鬼门关"。

据当地人说,在老爷庙水域沉船的种种怪现象都源于一个离奇的传说。相传,当初明太祖朱元璋与陈友谅大战鄱阳湖,有一次朱元璋败退到湖边时,被湖水挡住了去路,无船难行。就在这险急关头,忽然有一只巨龟游过来,搭救朱元璋渡湖。朱元璋得到天下称帝后,不忘旧恩,封巨龟为"元将军",在湖边修建了"定江王庙",当地百姓称之为"老爷庙"。如今,民间传说就是这只龟精在老爷庙水域兴妖作怪。有鉴于此,凡是船经过这里时,船老大都要上岸焚香烧纸,杀牲畜进行祭祀。

当然,上文所说毕竟只是传说。数百年来,这一水域发生过许多离奇的事情和一系列令人们疑惑的谜团,至今仍然是一桩桩悬案,其原因始终没能搞清楚。

1945年4月16日,侵华日军"神户"号运输船装载着200多名士兵和大量古玩字画、金银珠宝在鄱阳湖上行驶,在经过老爷庙水域时,湖心突然"呼"地涌起一股巨浪。刹那间,巨浪排空,大雾弥漫,暴雨倾盆。几乎与此同时,"神户"号莫名其妙地断裂下沉,很快就从湖面消失了,之后,立刻云开雾散,呈现出的依然是一派风和日丽的景象,整个过程不过五六分钟。日本驻九江海军部队听说这个消息后,迅速派出了一支优秀的潜水队伍赶到出

鄱阳湖傍晚风光

事地点探查搜救。队长山下提昭大佐带着7名潜水员下水后久久不见出水,直到天黑时分其他人才看见提昭大佐一个人浮了上来。他脸色苍白,神情呆滞,人们发现他的精神已经失常。

20世纪60年代初,从松门山出发的一条船只向北朝老爷庙方向驶去,船行不远就消失在岸上送行的老百姓的目光之中了,至今仍不知所踪,船上10多人下落不明。1985年3月15日,一艘载重250吨、编号"饶机41838号"的船舶,于凌晨6时30分许,在老爷庙以南约3000米的浊浪中沉没。同年8月3日,江西进贤县航运公司的两艘载重量各为20吨的船只在老爷庙水域先后葬身湖底。同一天中,在这里遭此厄运的还有另外12条船只。仅1985年一年,在这里沉没的船舶就有20多条。1988年,据都昌县航监站记载,又有10余条船只在这片水域消失。

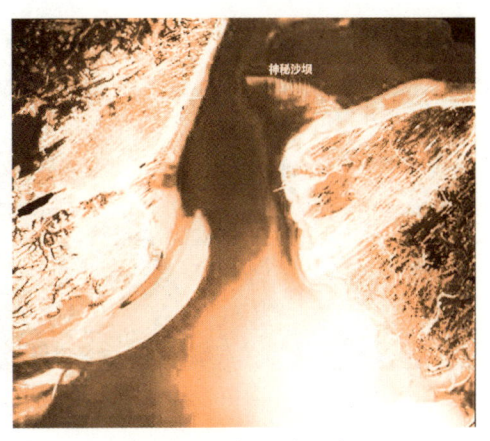

鄱阳湖"百慕大"老爷庙

1946年夏天,美国著名的潜水打捞专家爱德华·波尔顿博士应国民党政府的邀请专程到老爷庙水域打捞"神户"号,历时数月耗资上百万元,不仅一无所获,而且还有几名队员失踪了。对此,从爱德华到队员全部三缄其口,未透露半点儿口风。40年后,波尔顿博士的回忆录在《联合国环境报》上发表,其中有一节首次披露了当年找寻"神户"号的真相:那天,他们在水下大约搜索了1000米时,忽然"呼"的一声,一道刺眼的白光向他们射来,湖水剧烈晃动,人们耳边传来刺耳的怪声,爱德华还没明白发生了什么事,就被一股力量牢牢吸住向漩涡拖去,他立时感到头昏眼花,渐渐进入麻木状态。突然他的腰部受了重重的一撞,这一撞使他清醒过来,正好身边有一块长长的礁石,他急忙紧紧抱住礁石,这时他看见一道长长的白光在湖底翻滚游动,同他一道下水的几个同伴被白光裹挟着一路翻滚而去,消失在漩涡之中,后来虽经打捞队员反复搜寻,但始终没找到一具尸体。为什么会出现白光?为什么会有刺耳的怪声?为什么人会被白光裹挟着消失在漩涡之中,连尸体都找不到?对于这些问题,没有人能用科学的方法解答出来。

据历史资料记载,老爷庙水域沉没或离奇失踪的船舶不计其数。在近70年里,就先后有100多艘船只在此遭遇不测。按理来说,就算是沉船也应该把那一片水域覆盖满了,但令人百思不得其解的是,凡是离奇沉没的船舶,历次潜水探查的人都没有在湖底见过一艘,这些船只仿佛"人间蒸发"了,即使是上千

鄱阳湖湿地

吨的运砂船也寻觅不见踪迹，船骸怎么也打捞不着。这些船到哪里去了呢？船上的人又都到哪里去了呢？

为解开这片神秘水域的沉船之谜，有关部门和机构曾联合组成过调查探测队，合作开展这一水域水下金属沉船的普查，其目的是发现水下沉船并确认其平面位置。他们采用较为先进的探测方法对这一区域进行了全方位勘测，探测的范围是老爷庙上、下游各3000米的地方，其中测区面积为北区7.2平方千米，南区7.5平方千米，合计14.7平方千米。在进行水下探测的同时，他们还对老爷庙周边湖岸展开了地毯式的文物调查。经过仔细寻找，考古队员们采集到了大量的明代中晚期的青花瓷和仿龙泉窑青瓷，还有少许的白瓷和黑釉瓷。有关人员研究后介绍，根据这些瓷片，可以初步判定老爷庙水域发现明代中晚期沉船的可能性最大，因为这一时期沉船装载的货物主要是从景德镇外销的瓷器。但是，这样的探测只能是了解一下沉船的位置，并不能解答鄱阳湖的沉船之谜。

近些年来，有人把目光投向了老爷庙水域的气象情况。其实，早就有科研人员注意到了老爷庙水域异常的天气现象。1985年初，江西省气象科技人员组成了专门的科研小组，在老爷庙附近设立了3座气象观察站，对该水域的气象进行了为期1年的观察研究。从搜集到的20多万个原始气象数据看，老爷庙水域平均每两天就有一天属于大风日。

据了解，老爷庙水域全长24千米，最宽处为15千米，最窄处仅有3000米，而这3000米的水面就位于老爷庙附近。并且老爷庙水域的西北面，傲然耸立着庐山，其走向与老爷庙北部的湖口水道平行，离鄱阳湖平均距离仅5000米。当气流自北南下，即刮北风时，庐山的东南面峰峦使气流受到压缩，气流的加速由此开始。气流流向仅宽3000米的老爷庙处时，风速加快，狂风会怒吼着扑来，由于风大浪急，波浪就会形成强大的冲击力，从而导致船毁人亡。

另外，研究人员又在老爷庙水域的红外航空照片上发现湖底存在一个巨大的沙坝，可能正是因为沙坝的存在，阻挡了席卷而来的水流，在湖水底部形成了巨大的漩涡，而这些漩涡，很有可能就是给船只造成致命一击的元凶。

此外，老爷庙这个区域有五条河流的来水汇聚，这个地方基本上就等于一个汇集点，因为不同方向的水流互相混杂，所以水流的方向比较紊乱。而紊乱的水流又互相碰撞，从而形成了大大小小的漩涡，这些漩涡对船体的冲击力与正常的水流是不同的，如果再遇到恶劣的天气，就会使船舶出事的概率比在其他地方大很多。

最近，科研人员又提出一项新的见解：整个地球迄今还存有在地球形成期所留下的原始气体，这是造成鄱阳湖沉船的"元凶"。据研究，这些原始气体会因为地壳裂缝、地壳运动、火山爆发、地震等活动释放出来，形成湖底水化天然气，当这些气体冲出地壳、冲向水面时，就会形成巨大的水柱，而且容易发生爆炸，这就解释了当年美国潜水员在水下的所见所闻。

另外，还有很多人认为，这么多反常现象的发生，肯定不是一般力量引起的，也无法用现有的科学知识和技术来解释和解决，肯定是有一种违反物理定律的、超自然的神秘力量存在着，抑或是有外星文明隐藏在鄱阳湖水下，航拍到的红外照片就是证明。

虽然以上几种说法都有一定的道理，但是它们中的任何一个都不能独立地解答在老爷庙水域发生的所有的神秘现象，所以它们都不足以作为鄱阳湖魔鬼水域之谜的最终答案。这样看来，要想真正揭开这片魔鬼水域的谜底，恐怕还要再等一等了，等到有足够的手段去探索，有足够的证据来证明。

新疆的"魔鬼城"建造之谜

新疆有两座"魔鬼城"：一座在东准噶尔克拉山区，另一座在准噶尔盆地西北边缘的乌尔禾。每当夜晚降临的时候，四处就会涌来鬼哭狼嚎的声音，狂风拥着黑云，携带沙石在城中东奔西走……整座城市都笼罩在一片可怕的黑暗之中。如此可怕的城市是人类建造的吗？会不会是魔鬼建造的？

乌尔禾魔鬼城

科学家在对其进行一番科学考察后，认为魔鬼城是一座"风蚀城"，是由空气流动形成的风造就的,也就是地理上说的"风蚀地貌"。风卷起沙砾、石块,不断地打击、冲撞、摩擦岩石,于是就会发出各种声音。并且,长期积累下来,这一地区各种不同硬度的岩石就会被风吹成各种奇怪的形状。

魔鬼城的地层是古生代沉积岩石日积月累相叠而形成的。故而岩石的密度会有所不同,厚薄也会不同。再加上地处干燥少雨的沙漠地带,白天,炙热的太阳把大地烤得十分灼热;夜晚,空气一下子降到很低。强烈的温差促使岩石碎裂。有时会出现一些缝隙或者孔道,风吹过去就会发出奇怪的声音。乌尔禾魔鬼城地处风口,常年大风不断。狂风携带小一些的石块长时间击打这些岩石。这些软硬不一的岩石在风力和温差等因素的长期作用下,就变成了十分奇特的怪石。这些怪石有的像飞檐斗拱的亭台楼榭,有的像气势宏伟的金字塔,有的像扭头回望的孔雀……岩壁中间也有一条条蜿蜒崎岖的小通道,就如城市里的马路,当然会比较坎坷,比较曲折。

科学家一直持续着对魔鬼城进行科学探索研究,想弄明白它的形成除了风的因素之外是不是还有其他的原因。最后得知,这些岩石还受到来之不易的雨水的影响。科学探索发现,形成魔鬼城的地方,其岩石软硬、色泽、矿物成分往往不一。它们经过雨水的侵蚀、风沙的打磨,最终形成了如此奇异的"城市"。因此,魔鬼城不是人类所建,也不是魔鬼创作,实乃大自然鬼斧神工的雕琢。

奉节天坑未解之谜

奉节天坑,又称小寨天坑,位于重庆市奉节县荆竹乡小寨村。它是世界上已经发现的最大的天坑,同时也是构成地球第四纪演化史的重要例证,更是长江三峡成因的"活化石",属于当今世界洞穴奇观之一。

天坑,是西南地区百姓对当地的喀斯特漏斗地貌的俗称,在地理学上的名称叫岩溶漏斗地貌。天坑是一种特殊的地质现象,一般都出现在峰丛喀斯特地貌地区,且地面河流切割很深的地区。天坑的形成分三个阶段:先是有地下河流;如果地质条件有利,由于水流长期冲蚀,就会形成地下大厅;地下大厅垮塌后就形成了天坑。中外地质学家对此早有考证,他们普遍认为是地陷导致了天坑的形成。

奉节天坑是几座山峰间凹下去而形成的一

奉节天坑地缝景区

个椭圆形的巨大漏斗。站在天坑的坑口往下看,一削千丈的绝壁直插地下,深不见底,令人目眩。而站在坑底抬头仰视,只见蓝天好像一轮圆月,颇有"坐井观天"之感。天坑的坑口距地面标高为1331米,深度为521~662米,宽度为535~625米,总容积1.19亿立方米。其坑壁四周十分

奉节天坑洞口

陡峭,东北方向的峭壁上有一条小道可以通到坑底。坑壁有两级台地:位于300米深处的一级台地,宽2~10米,台地上有两间房屋,可以看出,曾经有人在这里隐居;另一级台地位于400米深处,呈斜坡状,坡地上草木丛生,坑壁有几个悬泉,飞泻坑底。

坑底的下面有地下河,可以说,奉节天坑就是地下河的一个"天窗"。奉节天坑与附近的天井峡地缝属于同一个岩溶系统,天坑底部的地下河水由天井峡地缝补给,自迷宫峡排泄,从天坑到迷宫峡出口的地下河道长约4000米。天坑地下暗河的河岸上有大量珍奇的动植物,数量到底有多少,恐怕没有人能够知道。天坑内不仅有众多暗河,还有四通八达的密洞。这些洞穴群奇绝险峻,进入21世纪以来,各国探险家曾多次在这里探险考察,但仍未能完全了解天坑中洞穴的情况,他们都认为这里是世界上第一流的魔幻式洞穴群。在许多洞穴中,科学家们都发现了不少珍稀动植物和古生物的化石,十分珍贵。

在相当长的一段时间内,只是周围方圆不到几千米范围内的居民知道有这么一个大坑存在,再远一些,就没有什么人知道它了。随着后来天坑的知名度越来越高,许多考察队都对其进行过考察。1997年,一支英国联合考察队在对其进行考察之后,发现了许多鲜为人知的秘密。

谁制作了7个大圆球:考察队通过一条羊肠小道下到了天坑底部,当他们用超导远红外探测摄像仪,从天坑底部自下而上地对数百米高的悬崖峭壁进行扫描时偶然发现,在峭壁中间部位有块巨大的岩石,在岩石体内竟然还隐藏着7个直径为4米的大圆球。这些大圆球呈曲线排列,球面上还刻着一些天书般的文字和符号。专家们测定,圆球已经有7500万至8000万年的历史了,其主要成分是金属钛。可是,要知道,在7500万年前,人类都还没有出现,哪来的钛呢?如果不是人类,那么到底是谁制作了这些钛金球?它们又怎么会有这么高的科学技术水平来制作出这样高水准的圆球,而且还是用金属钛制成的?虽

然有很多科考队都对这一问题进行过研究和探讨,但是至今仍没有人能给出合理解释。

谁为恐龙做了手术:在天坑的底部,考察队员们还发现了一架巨大的恐龙头骨化石。经考证,这架化石被确定为多棘龙的头骨化石。多棘龙属于食肉类恐龙,它们和其他恐龙一样,生活在距今1.5亿年至7500万年前的侏罗纪时代。经过对头骨化石的进一步研究,有关人员发现,这只恐龙的头部曾做过"手术",它的头骨曾被锯成相等的两半,之后又被缝合起来,而且其切割的痕迹十分整齐,"手术水平"与我们现代医学不相上下。这就令人感到困惑了:在1.5亿年至7500万年前,人类还没有出现,是谁给这头恐龙实施了这样高难度的头颅外科手术呢?这个问题,至今也没有找到答案。

神秘箱子熠熠发光:考察队员在天坑底部披荆斩棘,继续对天坑进行勘察。他们发现坑底阴暗潮湿、空气稀薄,并且生活着大群的蝙蝠。不久,他们又有了新的发现:他们找到了几只三角形的箱子,而且这些箱子和圆球一样,总数也是7只,也排列成曲线。更加令人感到奇怪的是,这些箱子会不时地发出熠熠的光芒,而当考察队员准备靠近这几只箱子时,马上就会产生一种极不舒服的感觉:四肢麻木、头晕眼花,身体好像有电流穿过。他们怀疑这些箱子里有什么对人体有害的放射性物质,于是就赶紧远远地离开了。另外,他们还认为这7只箱子可能是属于通信器材之类的东西,只是因为不能靠近并且打开箱子进行直观的考察,所以他们只能对箱子进行拍照,准备从外部对它们进行分析研究。所以,神秘箱子发光之谜也仍旧未被解开。

天坑成因的种种说法:目前,学术界一般认为天坑的形成是地面下陷造成的,但是对于奉节天坑的成因有人却不这样认为,特别是在奉节天坑的种种发现被公布以后,它的成因便一直备受科学界的关注,人们也提出了各种各样的说法。有的人说,天坑是数亿年前陨星撞击地球而形成的,还有的人认为天坑是因为地下暗河冲击碳酸盐岩层引起岩层塌陷而形成的地质奇观。但是,还有人对以上两种说法都持怀疑态度,他们认为,如果天坑是陨石撞击或岩层塌陷而成,那么天坑中的留有手术痕迹的恐

奉节天坑坑底观天

龙化石又是怎么回事？还有，那7个巨大的圆球和7只三角形箱子又如何解释？因此，也有人认为，天坑其实可能是存在于地球外的某种智慧生命的一个工作基地，但这种说法还有待于证实。此外，也有相当一部分人根本不相信有关奉节天坑的种种报道，认为它们都是无稽之谈。

奉节天坑到底是怎么形成的？天坑中的圆球、箱子是怎么来的？这些问题的答案，现在都还不得而知，但是相信在不久的将来，人们一定能够将这些问题弄个水落石出。

香格里拉真实存在之谜

1933年，英国作家詹姆斯·希尔顿在《消失的地平线》一书的结尾写道："康韦最后能找到香格里拉吗？"在这部书中，希尔顿为我们描绘出一幅优美的画卷：明亮的湖泊，纯净的雪山，辽阔的草原，祥和的喇嘛寺，还有神秘、与世隔绝的人们。小说中的主人公康韦因无法拒绝尘世的诱惑而离开香格里拉，后因对香格里拉的向往而打算重返香格里拉。他能否找到香格里拉呢？香格里拉真实存在吗？它若存在的话，又位于何处？

希尔顿小说中的香格里拉是以西藏古典传说中的香巴拉为依据创作的。传说中，香巴拉是个雪山环绕，天地之间纯净如水，黄金佛塔林立，处处宁静祥和的神圣王国，也是喇嘛们一心追求的国度，是可望而不可即的圣地。藏族学者阿旺班智达描绘香巴拉世界："它位于南瞻部洲北部，其形圆、状如八瓣莲花，中心的边缘及叶子两边环绕着雪山，叶子之间由流水或雪山分开，中央的顶端有国都噶拉洼，中心为柔丹王宫……"在《香巴拉道路指南》一书中，作者详细介绍了如何去香巴拉。香巴拉是藏语的音译，也译为香格里拉，是极乐园的意思，也是佛教所说的极乐世界。

关于香巴拉隐秘历史的记载和传说多数存在于西藏文化的各个组成部分当中，如佛经、西藏口头文学、诗歌等，也在流浪艺人的讲述中有所体现。1775年，六世班禅根据《大藏经》中的经典记载，写了一部通俗的《香巴拉王国指南》。要想进入香巴拉圣地，必须穿行沙漠，爬越雪

香格里拉民族风情演出

山,涉过河流,除此之外,还要受到香巴拉保护神的青睐和指引,并击败前行路途上的恶魔,最终才能到达。藏传佛教的各派高僧都认为,在冈底斯山主峰的某处,存在着香巴拉圣地。

迪庆是云南省唯一的藏族自治州,这里有希尔顿小说中描绘的景象。1997年9月,云南省政府宣布,小说中的"香格里拉"就是现在的迪庆。

继迪庆宣布自己是香格里拉的所在地之后,怒江州也宣称真正的香格里拉在怒江州贡山县丙中洛。这里除了有小说中的景色,还出产黄金,正如《消失的地平线》中描写香格里拉盛产黄金一样。

丽江地区也有足够的证据证明香格里拉

香格里拉美女画像

在丽江。被西方学者誉为"纳西学之父"的约瑟夫·洛克在丽江居住达27年。在他的《中国西南古纳西王国》一书中,他用大量篇幅记录了希尔顿笔下的"香格里拉",并声称丽江的"香格里拉"比迪庆、怒江州的"香格里拉"更像希尔顿笔下的"香格里拉"。

四川的稻城县也传出一则消息:最后的香格里拉在稻城。稻城有希尔顿笔下的景色,也有其笔下淳朴的民风……

然而,香格里拉真的存在于世界上吗?或者香格里拉本身就是一则童话故事?在藏传佛教的高僧眼里,香格里拉是一处净土。因此,只要我们心中存有净土,那么,香格里拉就存在于我们的心中。

塞外雄关玉门关之谜

玉门关,又称小方盘城,位于甘肃省敦煌市西北约90千米处。现在的玉门关,其关城为正方形,东西长24米,南北宽26.4米,面积约有633平方米,西侧和北侧各开了一道门。这里的城墙保存也比较完好,黄土垒高达10米,上宽3米,下宽5米。

说起玉门关,大家可能马上就会想到一首脍炙人口的唐诗,那就是唐代大诗人王之涣所写的《凉州词》:"黄河远上白云间,一片孤城万仞山。羌笛何须怨杨柳,春风不度玉门关。"诗中所写的那种悲壮、苍凉的情绪,千百年来引发了世人对这座古老关塞的极大关注。

玉门关是在汉武帝开通西域道路、设置河西四郡时设立的。因为从西域输入我国的玉石都要经过这里，因此这里又被称为玉门关。汉代时，这里是从中原通往西域各地的门户。元鼎或元封年间（前116—前105年），朝廷修筑了酒泉至玉门之间的长城，玉门关也就随之建立起来了。据

敦煌玉门关

《汉书·地理志》记载，玉门关与另一处非常重要的关隘——阳关，都位于敦煌郡龙勒县境，都是都尉的治所，在当时都是重要的屯兵地点。当时从中原到西域的交通要道，无不是取道两关，由此可见，此处在汉代时期具有军事关隘和丝路交通要道的重要地位。

当时的玉门关，驼铃悠悠，人喊马嘶，商队众多，使者往来频繁，处处都是一派繁荣的景象。现在的汉玉门关只剩下了一些遗迹，主要是一座四方形的小城堡，孤独地耸立在东西走向的戈壁滩狭长地带中的砂石岗上。

关于玉门关名称的来历，还有许多的民间传说。据说在古时候，甘肃小方城西面有个名叫"马迷兔"的驿站，当地人也叫它"马迷途"。凡是有商队想从边陲于阗把玉石运到中原，就必须要经过此地。这里的地形十分复杂：沼泽遍布、沟壑纵横、森林蔽日、杂草丛生。每当运玉石的商队赶上酷热天气时，为了避免白天人、畜中暑，他们就选择在晚上凉凉快快地赶路。但是每当马队走到这里时，总是一片黑暗，辨不清方向，就连经常往返于这条路上的老马也会晕头转向，难以识途，于是"马迷途"的名字就这样被叫起来了。

有一支专门贩玉石和丝绸的商队常年奔波于这条路上，也常常在"马迷途"迷失方向。有一次，商队刚进入"马迷途"就迷路了。就在人们正焦急万分的时候，忽然，不远处落下了一只孤雁。商队中的一个小伙子悄悄地把大雁抓住了，心地善良的他把它抱在怀里，准备带出"马迷途"后再放掉。

不一会儿，只见大雁流着眼泪对小伙子咕噜咕噜地叫着说："咕噜咕噜，给我食咕噜咕噜，能离开迷途。"小伙子听后恍然大悟，原来这只大雁是因为饿得飞不动了才掉队的，于是就立即拿出自己的干粮和水给大雁。大雁吃饱以后，"呼"地飞上了天空，不断盘旋，领着商队走出了"马迷途"，使他们顺利地到达了目的地——小方盘城。

过了一段时间，这支商队又在"马迷途"迷失了方向，那只大雁又飞了过来，

而且在空中叫着:"咕噜咕噜,商队迷路。咕噜咕噜,方盘镶玉。"边叫边飞,引着商队走出了迷途。那个救大雁的小伙子听懂了大雁的话,于是就对领队的老板说:"大雁叫我们在小方盘城上镶上一块夜光墨绿玉,这样商队就有了目标,以后就再也不会迷路了。"老板听后,心里一盘算,觉得一块夜光墨绿玉要值几千两银子,实在太贵重了,他舍不得,所以就没有答应。

没想到,不久之后商队又在"马迷途"迷了路,数天找不到水源,骆驼干渴地喘着粗气,人人口干舌燥,寸步难行,生命危在旦夕。就在此时,那只大雁又飞来了,并在上空叫道:"商队迷路,方盘镶玉,不舍墨玉,绝不引路。"小伙子听罢急忙转告给老板,老板慌了手脚,忙问小伙子到底应该怎么办才好,小伙子说:"你赶快跪下向大雁起誓,就说'一定镶玉,绝不食言'。"

老板马上照小伙子说的,跪下向大雁起誓,大雁听后,在空中盘旋片刻,才把商队又一次引出了"马迷途",商队得救了。到达小方盘城后,老板再也不敢爱财了,立刻挑了一块最大、最好的夜光墨绿玉镶在关楼的顶端,每当夜幕降临之际,这块玉便发出耀眼的光芒,方圆数十里之外都能看得清清楚楚,过往的商队有了目标,就再也不迷路了。从此以后,小方盘城便改名为"玉门关"。当然,这只是民间传说而已,关于玉门关名字的来历,上文中已经有过详细的记述了。

从玉门关出发,沿着215国道一路向西行驶,翻越阿尔金山,就可以到达青海省的柴达木、西部油田、新疆若羌和西藏拉萨。今天,在玉门关外,我们可以欣赏到一望无际的戈壁风光、虚无缥缈的海市蜃楼,还有众多形态逼真的天然睡佛及戈壁中的沙生植物。这些景物与蓝天、大漠、绿草构成了一幅辽阔、壮美的神奇画面。

1000多年前,玉门关是一个繁华的边关。那时候,这里万里晴空,鸿雁高飞,茫茫旷野驼铃急促,商队络绎不绝,旅客川流不息。中国通过玉门关,沿着"丝绸之路",把美丽的丝绸、精致的瓷器、特产的茶叶、独到的中草药、率先发明的火药及造纸术和印刷术等传到世界各地。同时,中国又从"丝绸之路"上学习和输入了不少有用的东西,例如引入了苜蓿、菠菜、葡萄、石榴、胡麻、胡萝卜、大蒜、无花果等原来在中国没有的作物,并逐渐将它们从西域传入内地,使之落地生

玉门关关口

根。汉朝时,经过"丝绸之路",我国从伊犁河流域引进乌孙马,从大宛引进汗血马,许多原先在西域各地和国外流传的音乐、舞蹈和宗教等也逐渐传入我国,使中华传统文化艺术汲取了新的养料,从而为汉唐文化的繁荣奠定了基础。

玉门关地处"丝绸之路"的咽喉要道,控制着河西走廊向西

敦煌玉门关积薪

的北线。翻开地图,在甘肃西部边陲地区不难找到"玉门关",但是,这是现代的玉门关市,它是我国大西北的一座石油基地,与历史上的玉门关名同地不同。

在一些较为详细的地图上,我们还可以找到玉门关市郊的一个叫作"玉门关镇"的地方,一般都认为古代的玉门关就在这里。但是,这是唐代的玉门关旧地,还是汉代始建的玉门关城? 如果两者都不是,那么玉门关又在哪里呢?

根据史籍记载,玉门关在敦煌西北方向约 80 千米的地方,人们在这一带的荒漠之中发现了小方盘土城堡,它曾经被认为是汉代玉门关的遗址。登上古堡远眺,它的北面有北山横亘天际,山前有疏勒河流过。残存的汉长城由北向南,连接阳关。在这里,人们还发现过写着"玉门关都尉"的木简。看起来像是"铁证如山",小方盘城定是玉门关无疑。然而,面对这座仅有几间土房、大小与北京的四合院相差无几的古堡,也有人提出了质疑:难道当年设有重兵守备的、通往西域的重要交通枢纽,只是这样的一个小据点?

1907 年,西方冒险家兼考古者、文物偷运者斯坦因在玉门关关城北面不远处的废墟中挖掘到了许多汉代书简,从书简的内容可以判定出小方盘城就是当年玉门关的所在地,根据史书记载也可以推断玉门关的位置应该就在附近。但是,小方盘城的面积只有 600 多平方米,这对于汉朝最西面的大海关来说实在是太小了。所以,目前玉门关的具体位置还不能确定,只是把保存完好的小方盘城遗址暂定为玉门关。

虽然人们对于汉代玉门关的故址莫衷一是,但是人们宁愿把这仅存的古堡视为玉门关的遗迹。千百年来,无数人千里迢迢来到这里瞻拜。他们登上古堡,遥望大漠,追忆祖先的光辉业绩。在古炮台上,人们会想起汉朝大将李广利挥动旌旗、浴血奋战的壮烈场面,可以"听到"唐朝诗人王昌龄"黄沙百战穿金甲,不破楼兰终不还"的豪迈歌声。这就是玉门关,不仅是一处古迹,更是一篇史诗。

悬空寺悬空千年之谜

悬空寺位于我国山西省浑源县北岳恒山的金龙峡，始建于北魏年间，是我国现存时间最早并保存最完整的高空木构摩崖建筑，也是国内仅存的佛、道、儒三教合一的独特寺庙，是我国建造史上的奇迹。2010年12月，悬空寺与全球倾斜度最大的人工建筑阿联酋首都阿布扎比市的"首都之门"、希腊米特奥拉修道院、意大利比萨斜塔等国际知名建筑一起入选美国《时代》周刊公布的全球十大最奇险建筑。

悬空寺，即悬在空中的寺庙。悬空寺距地面约60米，最高处的三教殿离地面约90米（由于常年的河床淤积，至今仅剩58米）。远远望去，一座错落有致的三层古刹镶嵌在这刀劈斧砍的峭壁上，犹如一幅壁画一样精致巧妙。唐代诗人李白曾在此写下"壮观"二字，且"壮"字右边多了一个点，据说是李白觉得"壮观"二字不足以描述出悬空寺的雄伟，便在"壮"字旁边加了一点，以示强调。明代徐霞客在此留下"天下奇观"的墨迹。当地老百姓用一首民谣唱出了悬空寺的"奇""悬""巧"："悬空寺，半天高，三根马尾空中掉。"

所谓"奇"，是指悬空寺的设计和选址。悬空寺位于恒山金龙峡谷的一个小盆地内，悬挂在陡峭的岩壁上，石崖顶峰突出部分好像一把伞，使古寺免受雨水冲刷。即便山下洪水泛滥，古寺也可免于被淹。四周的大山也减少了阳光的照射时间。优越的地理位置是悬空寺能完好保存的重要原因之一。

所谓"悬"，是指悬空寺的40间殿阁表面看上去只是用十几根碗口粗的木柱支撑着，更为惊险的是有的木柱可以轻易被晃动，根本没起到支撑作用。而真正的重心是撑在坚硬的岩石里，利用力学原理半插飞梁为基。

所谓"巧"，是指悬空寺的修建因地制宜，充分利用了峭壁的自然因素将一般寺庙平面建筑因素建造在立体的空间中。从山下仰望悬空寺时，感觉悬空寺紧贴崖壁，里面的空间很小，而走到里面就会发现，一般寺庙的布局、形制，如山门、钟鼓楼、大雄宝殿、伽蓝殿、栈道、三教殿、五佛殿、关帝庙等，无一缺少，应有尽有，而且设计得十分精巧。

始建于北魏后期的悬空寺至今已有1500多年的历史，在历尽千年风雨沧桑之后，悬空寺何以

恒山悬空寺寺庙佛像

依旧耸立在这悬崖峭壁上？

首先是其科学的选址。悬空寺背倚翠屏峰的崖壁，处在石崖向内凹的地方，这样石崖上面突出部分就像一把伞，为悬空寺"遮风挡雨"。同时，悬空寺所处的位置较高，不会受到洪水泛滥的影响，从而保持了干燥的环境。另外，悬空寺四周为山，每天的日照时间不超过3个小时，避免了阳光的暴晒而引起的木材风化。

其次是悬空寺精巧的设计。事实上，悬空寺并不是外人看起来的简单用几根碗口粗的柱子支撑起来的，而是巧妙运用了力学原理的结果。外面的柱子可以轻易被晃动，并没有起到支撑作用，真正起作用的是悬空寺下的27根铁杉木制成的悬臂梁。它们深深地嵌进石壁里，露在外面的部分约1米，像从岩石中长出来的一样，且它们在嵌进去之前用桐油浸泡过，这一过程可以起到防腐、防虫的作用。

恒山悬空寺建筑

悬空寺悬空千年而不倒，造就了世界一大奇观，和它一同屹立的是闪耀着光芒的我国古代匠师们的智慧。

罗布泊为什么号称"魔鬼之域"

罗布泊是中国新疆维吾尔自治区东南部的一个湖泊，位于塔里木盆地东部，是塔里木盆地的最低处。罗布泊非常神秘，被称为亚洲大陆上的"魔鬼三角区""生命禁区""魔鬼之域"。古往今来，悠悠千年，那里埋葬了多少枯骨，又有多少冤魂在游荡已经没有人能说得清楚。人们甚至还发现过渴死在湖泊旁边的旅人，类似的不可思议的事情多有发生。

1949年，从重庆市飞往迪化（今乌鲁木齐市）的一架飞机在鄯善县上空失踪。9年之后，也就是1958年，这架失踪的飞机却被人们在罗布泊东部发现。飞机上的所有人员都已经死亡。令人不解的是，飞机本来是向西北方向飞行的，为什么会突然改变航线飞向正南？这个谜底恐怕无人知晓。

1950年，解放军剿匪部队的一名警卫员失踪。时隔30余年，一支地质考察队竟然在远离出事地点百余千米的罗布泊南岸红柳沟中发现了他的遗体。一名失踪的警卫员的遗体为何会出现在远离出事地点达百余千米的地方？为什么那个地方是罗布泊南岸,他的失踪和罗布泊有关系吗?

1980年6月17日,新疆科学院副院长、曾先后15次到新疆进行科学考察的彭加木在对罗布泊进行科学考察时,因缺水主动出去为大家找水而不幸失踪。为了寻找彭加木,国家出动了飞机、军队、警犬,耗费了大量人力物力,进行地毯式搜索,彭加木却始终生不见人,死不见尸。搜索队最终一无所获,无功而返。

罗布泊白龙堆地貌

1990年,来自哈密的7人小组乘一辆客货小汽车去罗布泊寻找水晶矿,一去不回。两年之后,人们在一陡坡下发现3具干尸。汽车距离死者30千米,其他人下落不明。

1995年夏天,米兰农场的3名职工乘坐一辆吉普车去罗布泊寻找宝藏失踪。后来探险家在距离楼兰17千米的地方发现了其中两人的尸体。两人死因不明,另外一人下落不明。令人费解的是,他们的汽车依旧完好,水和汽油都不缺。

1996年6月,著名的中国探险家余纯顺在罗布泊徒步孤身探险的旅途中失踪。直升机在偏离原定轨迹15千米的地方发现了他的尸体,法医鉴定他已经死亡5天,原因是找不到水源,干渴而死。人们发现他的头部向着上海的方向。他是在思念家乡吗……

一件件怪异的失踪案件给罗布泊蒙上了一层层神秘的面纱。为了揭开罗布泊神秘的面纱,各国探险家对罗布泊进行了多次探险。从19世纪末到20世纪初,罗布泊留下了许多中外探险家的足迹。这些探险家非但没有解开罗布泊的谜底,反而在学术界引起了没有休止的争论。一次次诡异的事件,使罗布泊成了世界著名的"魔鬼之域"。除此之外,罗布泊本身的神秘也吸引着众多探险家的眼光。比如,在1972年7月美国宇航局发射的地球资源卫星拍摄的罗布泊的照片上,人们发现,罗布泊竟然酷似人的一只耳朵。它不但有耳轮、耳孔,甚至还有耳

罗布泊大峡谷景色

垂。随着罗布泊的干涸，一些旧的谜底被揭开，但一些新的谜团却又产生了。

内蒙古"扎汉宫"吞噬人畜之谜

俄罗斯布里亚特共和国有一个叫作"苏博尔霍"的小湖，其直径仅30米，深度却超20米。20世纪90年代，300匹马、500头牛及25人在此遇难，皆因掉进湖中后尸体未浮起。因为这个小湖如此恐怖，所以当地人称它为"恐怖湖"。无独有偶，我国内蒙古自治区的浑善达克沙地的北部边缘也有一个令人恐惧的湖泊，它的名字叫"扎汉宫"。这个湖泊曾多次发生过人畜神秘失踪和死亡的事件。

浑善达克沙地有很多水泡子，在这众多的水泡子中，以扎汉宫最为神奇。它的神奇表现在它的深度上，这一点从它的名字就可以看出来，因为在蒙古语里，"宫"就是深的意思，扎汉宫就是边缘直上直下的深湖。

苏博尔霍湖

据当地人介绍，扎汉宫的深度很深，虽然曾有人试图测量，但是由于工具长度有限，一直没有到达水底，这也从侧面说明，扎汉宫的水不是一般的深。令人感到奇怪的是，扎汉宫周围全是沙窝子，流沙会流进湖里，草原上的大风也会把沙土吹进湖里，可是多少年来，无论天旱天涝，扎汉宫仍然还是那么深，从来没有被淤死过。那么，如此多的沙子都到哪里去了？这个问题至今无人能解答，成了一个不解之谜。

扎汉宫又小又不起眼，但是它和苏博尔霍湖一样恐怖，也是无论掉进去什么东西都不见踪影，而且从来不会再浮上来。当地老乡说，如果牲畜掉进扎汉宫就再也看不见了，所以他们从来不会在扎汉宫的周围放牧，甚至后来还把它用围栏圈了起来。

当地老乡说扎汉宫的下面有地下河。传说曾经从这儿掉下去的一头牛，在50多千米外的兰旗的水泡子里面浮了出来。当地老乡的这个说法和俄罗斯苏博尔霍湖形成的原因其实颇为相似。

由于苏博尔霍湖被传得太神了，于是就引起了科学家的兴趣。他们开始对苏博尔霍湖进行探查，结果发现它的深度不均，某些地方的深度竟然超过了20

扎汉宫

米长的探测钢绳的测量范围。而在同一纬度，面积相仿的湖泊的深度几乎没有超过5米的。有科学家认为，苏博尔霍湖位于熄灭的火山边缘的断层地带，这种情况常会引发异常地理现象。苏博尔霍湖的湖底应该比湖面要大得多，而且可能存在和其他水系相连通的巨大溶洞或隧道。这里的湖水常年低温，夏季最热时也只有12℃~14℃，水底的淤泥黏度过大，再加上淤泥底部有终年冰层的存在，所以才造成了一系列的神秘伤亡事件。至于湖面为什么会有玫瑰色的光，有研究人员分析认为，这可能是因为湖下面有从地壳破裂处溢出的矿泉，其中含有碳酸或氡，在特定磁场或大气条件下便会发光。1995年，曾有一队伊尔库茨克的潜水爱好者试图找到湖底，但是多次下水都无功而返。一位大胆的潜水员在探测时被漩涡吸入，经过长长的水底隧道，出现在了几百米外的维京河中。他是唯一进入湖底漩涡而活下来的人。露出维京河面时，他的氧气瓶已指到了零刻度。

那么，扎汉宫形成的原因是否真的像当地老乡所说的那样存在地下河呢？有地质专家说，老乡所说的地下河目前还无法证实，但是有一点可以肯定，那就是扎汉宫一定和沙地特殊的地质结构有关。浑善达克沙地生长着茂密的沙地植被，因此人们都称其为"花园沙漠"。之所以会有如此多的植被，主要是因为这里有丰富的地下水存在。因为是沙地地貌，所以降雨可以很快渗入地下，而粗沙又阻断了毛细现象，导致水分无法蒸发，于是水就储存在沙地下部的隔水层上。地下水在有的地方会冒出地面，形成沙泉、沙湖、小溪、沼泽，有的还会形成河流和内陆湖。在扎汉宫东边几十千米的地方就有一条由100多个沙泉形成的河流——高格斯太河，它的终点就是查干诺尔湖。由此可以知道，沙地的地下水是流动的，在流动水力的作用下，底层沙必然也是运动的。正因如此，才形成了许多奇特的地貌和地质现象。

印证这个论点的例子在浑善达克沙地是很多的，除了扎汉宫之外还可以举出一些。例如，高格斯太河的中游地区有大片的红柳林沼泽，红柳林沼泽的西岸的大沙丘上有一个巨大的沙漏斗：沙子流进沼泽之后就消失了，从而在沙丘上形成了沙漏斗。再如，一个叫乌里雅斯台的地方有一个曾经沉没过苏联红军坦克的水坑：1945年，苏联红军的坦克陷进了泥坑，多年前，坦克的炮塔还露在水面上，现在已经沉没不见了。这些都说明，这里的地质状态确实很奇怪，有的时候甚至稍微偏离道路一点儿就有可能掉进泥坑里。

扎汉宫人畜掉进去为何浮不上来？这个湖里是否有可能存在地下河？有的研究人员认为，人畜失去踪影，就可能性而言，不外乎三种：其一，湖底是泥潭和沼泽，就像红军当年过的草地一样，人一旦踏入就会慢慢地陷进去，再也出不来了；其二，有可能是湖底有水漩涡；其三，如当地老乡所说的那样，有地下河存在，而且如果是有地下河的话，必然会有一个低的出口会流出来，但是迄今还没有发现。还有学者认为，之所以会发生如此多的奇怪现象，很可能是因为湖底有淤泥，或者是湖里遍布沼气和有毒气体。但到底是什么原因导致了这些奇怪现象的发生，只有通过实地的科学考察之后才能得出最终结论。

民国黑竹沟恐怖案之谜

黑竹沟位于四川乐山市峨边彝族自治县境内，面积约为180平方千米，为国家级森林公园。然而在当地，它有一个恐怖的名字：斯豁，即死亡之谷。它被国内舆论称为"中国百慕大"。那么，黑竹沟为何如此恐怖呢？

黑竹沟地势雄险、景观绝妙、生态原始、物种珍稀、环境神奇，其森林景观丰富，自然景观独特，民族风情浓郁，还有种种神奇的传说故事，可以说是难得的旅游宝地。而当地彝汉人民却把黑竹沟称为南林区的"魔鬼三角洲"。这里古木参天，清泉奔流，一切都那么安静、祥和。但随着一些恐怖事件的发生，这里成了人们谈虎色变的地方。

黑竹沟是四川盆地与川西高原、山地的过渡地带。其境内重峦叠嶂，溪涧幽深，迷雾缭绕，给人一种阴沉沉的感觉。传说在一个叫关门石的峡口，只要有一声人语或者犬吠，都会惊动山神。山神会吐出浓雾，把人犬卷走。这虽然是传说，但是黑竹沟的确有失踪人口的记录。比如1955年6月，路过黑竹沟的两名解放军某部的测绘兵就在这里失踪了。

某年某月，四川省林业厅组织一批人员来到黑竹沟勘测。他们来到关门石前，技术员老陈和助手小李主动承担起勇闯关门石的任务。第二天一大早，两人就出发进入关门石内。到了深夜也不见返回。第三天，这批勘测人

"中国百慕大"——四川黑竹沟

黑竹沟风光

员开始寻找他们。另外,从川南林业局和附近的县也来了100余人帮助寻找失踪的老陈和小李。但人们除发现老陈和小李用过的纸张外,再找不到其行踪的蛛丝马迹。

后来,川南林业局和峨边县组织了第二批考察队伍进入黑竹沟。前车之鉴,考察队伍配备了武器和通信设备,除此之外还做了充分的精神准备。考察队伍顺利地推进到了关门石前大约2000米的地方。这次,他们请来了两名彝族的猎手做向导。当关门石出现在眼前的时候,两名猎手却再也不愿意前进。有一名队员自告奋勇决定打头阵。两名猎手才不情愿地跟随。到了峡口,猎手再次停住了脚步。后经过协调,考察队决定让猎人带来的两只猎犬进去试探。第一只猎犬迅速地进入了峡谷。半个小时过去了,这只猎犬却一去不返。第二只猎犬前往寻找同伴,结果也消失在峡谷深处。两名猎手急了,顾不得什么危险,大声呼唤着他们的爱犬。顿时,遮天盖地的大雾迅速弥漫了整个林子。考察队员虽然近在咫尺,却互相看不见。大雾持续了数分钟。等大雾消散之后,依然是古木参天,景色迷人。考察人员怕再次发生意外,决定退出黑竹沟。这次考察无果而终。

黑竹沟由于山谷地形独特,植被茂盛,再加之雨量充沛,湿度大,形成大雾很正常。并且,此处的山雾千姿百态,清晨紫雾滚滚,傍晚烟雾满天,时近时远,时静时动,忽明忽暗,变幻无穷,也算是一个独特的景观吧。这种大雾受到人声或者犬吠的影响就会出现,思之颇为费解。黑竹沟所处的纬度和耸人听闻的百慕大三角、神奇无比的埃及金字塔相似。这条纬度线被探险家称为"死亡纬度线"。也许,这就是黑竹沟被人称为"中国百慕大"的原因吧。

除此之外,黑竹沟还有一些其他未解之谜。在彝族人的传说中,其祖先就居住在黑竹沟深处,并传下祖训不能入内,否则必定遭受灾难。不少探险家历经艰难万险,仍不能深入石门关这一险恶地带。彝族人里还流传着一个美丽的传说。在古时候,有一位彝族大力士名叫牛批。他率众人在黑竹沟中打猎,可是所携带的饮水都喝完了。三天过后因为口渴,他们都昏倒在地。似乎在梦中,牛批见到一位仙女对他说:"英雄啊,请不要着急,鼓起勇气来,水是能找到的。"说完舞起彩带指着一处地方。牛批从梦中惊醒,看向仙女所指的地方。那里居然是一块大岩石。想起仙女的话,他毅然拉开神弓,连续射出三支神箭,霎时三股泉水从陡岩上喷涌而出。这三股泉后来就被称为"三箭泉"。这个美丽的传说大概是百慕大所没有的吧。

另外,在黑竹沟还有人发现过野人。据说在1974年10月,勒乌乡村民冉千布干曾亲眼见到过一个野人。野人身高约2米,脸部与人无二,浑身长满黄褐色绒毛。除他之外也还有一些人见到过野人的踪迹。至今说到野人,当地人还充满敬畏,称野人为"诺神罗阿普",即山神的爷爷,称黑竹沟的一处地方为"野人谷"。

也许只有等到科学再一次进步的时候,携带高科技器材的科考人员才能揭开黑竹沟神秘的面纱。目前黑竹沟一些地方已经开发为旅游景区,有好奇的"驴友"可以前去游赏。

巴马长寿之乡之谜

物质生活良好,精神生活丰富,是不是就能长寿?其实,从现今发现的长寿村来看,它们之间并没有直接的联系。一些公认的长寿之乡如欧洲的高加索、中国新疆的南疆和巴马瑶族自治县等地都不是处在经济特别发达的地区,有些甚至曾经是贫困山区。

拿中国的这两个世界级的长寿乡来说,它们都曾位于贫困山区。其中巴马瑶族自治县曾是国家重点扶持的典型的贫困县(2019年已实现整县贫困摘帽)却高居世界长寿乡(村)之首。全国第七次人口普查资料表明,2020年,全县常住人口为236 152人,80至99岁老人5974人、100岁及以上老人102人,分别比2010年增加2346人、20人。全县100岁及以上老人占比为0.04个百分点,100岁及以上老人为每十万人口43人,是国际"长寿之乡"认定标准100岁及以上老人每十万人口7.5人的5.7倍。

这个现象似乎表明贫困并非一定意味着偏僻、落后、疾病、穷山恶水等。那么,贫困意味着长寿吗?也许巴马瑶族自治县会给我们一个答案。

巴马地区是举世闻名的"石山王国"。其境内峰峦叠嶂,怪石峥嵘,星罗棋布着大大小小数千个"弄场",所以有"千山万弄"之称。巴马地区年降雨量达1600毫米。当地流传着一句话:"暴雨一来土冲光,雨过天晴旱死秧。"因此,县民收入普遍偏低,多年来人均纯收入不足200元人民币,半数

巴马水晶洞

的人没有解决温饱问题。但是连温饱都解决不了的地方为何会成为长寿之乡呢?

空气是人类生存的必备之物。在巴马地区,空气中的负氧离子很高。在一些著名的景点,如水晶宫、百魔洞、百鸟岩等,每立方厘米的负氧离子竟高达2万~5万个。而北京、上海等大城市,每立方厘米的负氧离子只有200~300个。负氧离子被称为空气中的维生素和长寿素。它能够改善肺的换气功能,调节神经系统,促进人体的生物氧化和新陈代谢,预防老年人的常见病等。巴马地区的森林覆盖率高达57%,再加上大气受紫外线、宇宙射线、放射物质、雷雨、风暴、土壤和空气等因素的影响,这里很容易产生负氧离子。

巴马长寿乡风光

水是生命之源。在巴马地区,人民的饮用水多是地下水或者富含矿物质的山泉水。这些水有很多优点。第一,天然弱碱性。第二,富含矿物质和微量元素。第三,巴马地区的水是小分子水,对人体特别有好处。比如,可以养肤生肌,可以化解胆结石,可以促进微循环等。

水和空气是巴马地区人民长寿的最主要原因。除此之外还有一些重要的因素。地磁是一种特别的东西。据科学考证:人们生活在恰当的地磁场环境中,身体发育好,血液循环好,心脑血管发病率低,身体免疫力高,人的睡眠质量也好。巴马地区有一条断裂带,直接切过地球地幔层。因而巴马的地磁高达0.58高斯,是一般地区的一倍多。这种地磁强度形成了一种很适合人类居住的环境。巴马地区的阳光很独特。为什么这么说呢?由于巴马地区地磁强度高,它能把阳光中对人体有害的紫外线反射回去,只保留远红外线。在巴马地区,日照时间平均为5个小时,而且阳光中80%的光线是对人体有益的远红外线。即使是烈日当空,你也不会感到阳光毒辣。科学研究表明:远红外线不仅能激活水,更能不断地激活人体组织细胞,增强人体新陈代谢,改善微循环,提高人体免疫力。

民以食为天。在巴马地区,人民生活贫困,甚至不能温饱。但巴马的土壤特别神奇,它含有丰富优质的双歧杆菌和乳酸杆菌,并且锰和锌的含量也很高,是其他地区的几十倍。世界卫生组织认为:锰是人体多种酶的激活剂,能够抗衰老。锌被称为"生命的火花",它与人体80多种酶的活性有关,是维持机体正常代谢所必需的元素。种植在这种土壤中的农作物能够吸收土壤里的锰和锌,储存起来。锰和锌通过食物吸收进入人体。因此,巴马地区的百岁老人没有心脏病和脑血栓,绝大多数是无疾而终。而且巴马地区的人民饮食有"五低"和"两高"的特点,即低热量、低脂肪、低动物蛋白、低盐、低糖和高维生素、高纤维。火麻油茶、玉米、红薯、芋头、南瓜、黄瓜、黄豆、饭豆、绿豆等五谷杂粮,为长寿老人提供了纯天然、无污染的绿色食物。这些都是长寿老人长寿的原因。

相比城市而言,巴马地区少了喧嚣。健康的生活方式和放松的生活心态,也是长寿之人不可或缺的因素。在巴马地区,人们贫而忘苦、困而忘忧,积极、健康地生活,与世无争。优美的自然环境,和谐的人际关系,有劳有逸的生活节奏,人们身心健康,当然能够长寿了。

中国矮人村之谜

在四川省的某个村落里有一批矮人,他们身高有的不过80厘米。因而,这个村落又被称为矮人村。这个村子里有一个奇怪的现象,当村民生长到五六岁时,他们的身高就会停止生长,但和他们邻村的村民却没有这种情况。个中原因,令人费解。

在矮人村里,村民的身高普遍很低,过去他们的生活十分贫困。有很多人结不起婚,只能孤寡生活。上了年纪而没有后代的矮人则会受到政府照顾,进入敬老院生活。身材矮小,不仅影响他们的婚姻,而且影响下地劳作,还影响其他日常生活。比如去集市,平常人走一个小时的路途,他们几乎要走一天。因此,找出矮人村村民身高不长的秘密,为矮人们解除这一苦恼就成了当地矮人的愿望,也是政府义不容辞的责任。

据一些老人回忆,70多年前的一个夏天,全村人突然受到一种病魔的侵袭。一夜之间,村民出现了莫名其妙的关节疼痛。这个现象非但没有停止的迹象,而且还蔓延开来。村中从知天命的老人到幼童,连续数年都被这种疼痛折磨。除此之外,人们还发现,凡是得此病的儿童,不久身体就停止了生长,身高永远定格在那里。

为何会出现这种现象?一些人开始作出了猜测。有人说是这个村的风水不好;有人说是病人的祖坟没有埋好;有人说是修铁路挖断了龙脉;有人说是当年日本人放的毒气,但这种推测很快就被否定了,因为当年日本人根

四川矮人村

本就没有来过这个村子……还有人说是因为这样一件事：很早之前，村中的一个姓王的村民在修建房屋时挖出了一只乌龟。有些村民建议放生，有些人建议炖了汤为大伙改善伙食。最终这只乌龟被村民熬汤喝了。怪病发生之后，有人就说当年若是放了那只乌龟，全村人也不会遭此报应。

为了破除封建迷信，也为了找出真正的致病原因，一些研究人员排除恐惧和顾虑，深入矮人村采集资料，进行研究。研究人员把这些资料，如病人的毛发、血液、井水、当地土壤等，带回科学实验室进行科学分析。经过化验，他们发现这里的井水中几乎不含钙、磷等微量元素，人体生长发育的必需物质含量更是几乎为零。所以，专家推测，村民饮用的井水有问题。在研究调查中，专家们了解到，在20世纪20年代中期，村民经常感受到大地在晃动。专家推测当时发生了微弱的地震。地震导致地底的有害物质溢出，污染了当地的土壤和水源。于是政府开始修建水利工程，引用外来水源进入矮人村，以期改善村民的饮水状况。

然而，原因真是如此吗？四川省的一些疾病防疫研究人员结合相关医学专家的最新研究成果，推测矮人村的疾病和当时收获的粮食有关。通过查找资料人们发现，很多年前，四川阴雨连绵，村民收获的粮食在潮湿的环境中发霉变质，产生了一种叫镰刀菌的真菌，而人若是食用了被镰刀菌感染的食物就会发生抑制软骨组织生长的情况。村民的X光片也确实显示是骨头发生了病变。用高温蒸煮食物，镰刀菌还是很容易消除的。由于这种矮人病的地域性极强，只发生在矮人村，邻村就没有出现矮人，所以全村迁移到别处，也是避免矮人病的一种方法。这种说法其实到目前为止还没有科学的说明及检验。

到现在，矮人村还有矮人生活。矮人村之谜也没有得到科学的解释。

神奇的可可西里之谜

可可西里在蒙语中的意思是美丽的少女。藏语称该地区为"阿钦公加"，是目前世界上原始生态环境保存最完美的地区之一。可可西里包括西藏北部被称为"羌塘草原"的部分、青海昆仑山以南地区和新疆的同西藏、青海毗邻的地区，是一片十分广阔的区域。这片区域气候严寒，自然条件恶劣，人类无法长期居住，被称为"生命的禁区"。这片"生命禁区"吸引了很多科学考察队伍的到来。那么，是什么吸引了这些人的到来呢？可可西里有什么不曾

可可西里索南达杰自然保护站

为人所知的秘密呢？

可可西里无人区是中国面积最大、海拔最高、最为神秘的"死亡地带"，也是"世界屋脊"的最后一块考察区。整个可可西里平均海拔为5000米，气候干燥寒冷，严重缺氧和缺淡水，因此这里的生命种类很少，尤其是人类无法在此生存。超高的海拔是世界各国探险队迟迟未对可可西里进行考察的重要原因。一般情况下，海拔超过3000米的高度对人体健康就会有一定影响，超过5000米的高度，会使人的心脏变大，变大的心脏压迫肺部，使肺部变小。时间久了，即使回到海拔很低的地方，变大的心脏也很难恢复原状，甚至还会因为无法呼吸而死亡。

即便如此，青藏高原独特的地域文化令世人神往，其实它本身的构造变化和对全球的各种影响，更令科学界感到神秘，而西方科学家则称打开地球动力学大门的金钥匙在青藏高原。因此对可可西里的考察势在必行。

进入21世纪以来，我国组织了很多次对可可西里的考察。2006年末，有三支队伍进入可可西里进行科学考察。专家认为："弄清青藏高原的构建过程，研究其地质环境、大气环流、生态系统等，将会揭示出地球的许多奥秘，而且对人类生存有着极大的参考价值。"可可西里有世界上最壮观的地理垂直立体结构，有包括从寒带到热带的多种生物，更重要的是它同南北两极一样，是对全球变化反应最敏感的地区之一。

一天，考察团遇见一个奇迹：他们在距离青藏公路约50千米的无人区发现了两户人家。这两家人一见到考察人员，就一家三代全部跪在地上，三步一磕头，像是迎接天神的到来。值得探究的是，这两户人家是如何在生存条件极为恶劣的"死亡地带"生存下来的？而且在这里为什么还有藏羚羊、野驴、野牦牛、狼的存在？

可可西里风光

经过很多次的科学考察,可可西里也逐渐露出了冰山一角。然而,这些数据并不能完全揭开可可西里神秘的面纱。对可可西里的科学考察和探索必将继续下去。在未来的某一天,我想这座冰山必将展现在人们的面前。届时,科学研究有望取得重大突破。

趣味宝藏之谜

QUWEI BAOZANG ZHIMI

神奇人面鱼纹彩陶盆之谜

这是一个神秘而意味深刻的图像,它呈圆形构图,画面由人面和鱼组合而成。这个人圆圆的脸上,眼睛笑眯眯的,呈一条直线。鼻子像倒立的英文大写字母"T",呈漏斗状的嘴巴大大地张着,嘴的两边各有一条鱼簇拥着,双耳和高耸的发髻分别用鱼或鱼形纹装饰,额头为半黑和半弧圆的不对称图形,既显得诡异又流露出几分天真……

它,是中国原始彩陶工艺创作的典范。

它,可以说是迄今发现的中国最早的绘画作品。

它,是中华民族先人适应自然、改造自然过程中的伟大艺术结晶。

它——就是20世纪50年代陕西省西安市半坡村出土的,高16.5厘米,口径39.8厘米,细泥红陶质地,现收藏于中国历史博物馆的神奇的人面鱼纹彩陶盆。

半坡遗址位于陕西省西安市东郊灞桥区浐河东岸的半坡村,遗址面积达5万平方米,是仰韶文化时期黄河流域一处典型的母系氏族聚落遗址,距今已有6700—5600年的历史。

生活在半坡遗址上的先民有较发达的农业,作物为粟和黍。饲养的家畜主要是猪,还有狗,先民们也从事狩猎、捕鱼和采集等活动。生产工具以较发达的磨制石器为主,出土的生产工具分别由石、骨、角、蚌、陶等制成。生活用具主要是陶器,有各种水器、灶、鼎、盆、罐、瓮等。陶器表面多饰以绳纹、锥刺纹、弦纹、指甲纹和附加堆纹等,图案主要有人面鱼、鹿、宽带、三角及植物纹饰,有的还把人面和鱼有机地结合起来画生动而富有特色的人面鱼纹。

陶器是原始社会的先民创造的第一种日常生活用具,也是人类进入新石器时代的一个重要标志。彩陶在实用基础上以其丰富多样的图案和纹饰具备了极其珍贵的审美价值,被视为中国艺术的重要源头而备受后世学者推崇。彩陶的众多纹饰中有一种充满神秘感的特殊纹饰,至今人们仍不能理解其蕴含的无穷内涵,那就是20世纪50年代出土于陕西西安半坡遗址的人面鱼纹彩陶盆。

彩陶首先出现于新石器时代

半坡遗址场景复原图

的仰韶文化，其特征是用红、黑、褐等颜色在陶胎上描绘出各种图案和纹饰，然后在火炉中烧制而成。因此，彩陶不仅具备了陶器的实用价值，而且具备了极高的美学价值，反映了原始社会先祖们独特的审美观念。

一般而言，人们对彩陶的研究主要集中在两个方面：一是它精美绝伦的器形特征，二是它那

西安半坡遗址出土的人面鱼纹彩陶盆

些神秘莫测的特殊纹饰。提及后者，人们总是不断地从各种角度推测、探讨，企图对这些独特的图案和纹饰作出较为合理的解释。人面鱼纹作为写实绘画，它可能正是当时渔猎经济情景的真实反映，是先民们对生存环境的客观认识，但是，这仅仅是一种推测，关于人面鱼纹盆蕴含的真正意义，历来众说纷纭、莫衷一是。半坡博物馆馆长张礼智说，自从人面鱼纹彩陶盆被发现以来，由于其本身构图的奇特和神秘，因此关于人面鱼纹的含义及用途引起了学术界的热烈争论，解释多达几十种，其中主要有以下几种说法。

图腾说： 远古时代，图腾崇拜非常广泛。图腾崇拜是原始先民们精神生活和原始信仰寄托的象征。有观点认为，鱼纹可能是半坡类型氏族的图腾。因此在半坡人的艺术活动里，图腾徽号往往被刻在某些器物上。半坡人逐水而居，因此半坡彩陶上的鱼纹可能就是半坡图腾崇拜的徽号。人与鱼组合画在一起，代表着人与鱼是不可分的，你中有我，我中有你，共生共存。

权力象征说： 也有专家推测，人面鱼纹是在一定范围内具有权威性的有所特指的图像，在很大程度上是权力的象征。在氏族部落里，谁持有这个图像，谁就会成为氏族的首领，就具有了对其他人绝对的统治能力，具备支配其他人的神圣权力。

面具说： 在原始社会里，人们对很多自然现象都感到无法理解，因此对自然万物充满了神秘感和敬畏感。为了驱逐内心的恐惧感或者是祈求上苍的庇佑，便产生了专门祈福驱邪的巫师。在这样的观念下，原始巫术盛行。巫师在作法时要戴着面具，以显示神圣、庄重和神秘。基于这一认识，有人猜测，人面鱼纹实际是巫师在开展巫术活动时所戴的一种面具，半坡人面鱼纹饰是戴着鱼形帽子的巫师形象，如果从这个角度来看，也是半坡人对鱼施加巫术影响所用的面具。原始人在渔猎活动中，通过巫师进行的巫术活动，可以使鱼自动地投入网中。细观人面鱼纹饰，其表面的前额涂黑，还留出一块弯曲的空白，似乎还符合

"阴阳脸"的形状,切合巫师的身份。人面鱼纹饰便是这样一种面具。

祖先形象说:在原始社会,先民们对自己"从何而来"感到非常神秘。由于他们在河谷阶地营建聚落,临水而居,所以他们认为自己的祖先最初就是鱼的形象。在他们的心目中,他们把祖先已经化为"鱼神"顶礼膜拜,以示尊

西安半坡遗址出土的鱼纹彩陶盆

敬。先民们按照自己的样子而描绘出了祖先的面容,又绘上了具有明显特征的鱼类躯体,因此幻想中把自己的祖先绘成了半人半鱼的形象。

外星人形象说:还有不少人猜测,人面鱼纹图案所代表的形象在地球上是并不存在的,有可能是在6000多年前,一些外星人光临过地球,而这个人面鱼纹便是它们的形象,也有可能人面鱼纹盆是它们戴的帽子。

装饰图案说:有人推测它是氏族成员在举行宗教仪式或祭祀等活动时的特殊装饰。在一些古老的少数民族中,至今仍残存着许多戴着特殊装饰物进行节庆活动的礼仪。

当然除以上几种说法外,还有几种非主流说法,如原始历法说、婴儿出生图,等等。无论半坡人用这种图案表达什么思想意识,能够把如此丰富的社会内容凝聚于绘画艺术之中的这种想象力与创作动机,都是令人惊叹、回味无穷的。今天的人们虽然无法知道它的真实含义,但它仍然给人以强烈的印象和美的感受,使人产生对悠久历史之谜的探究渴望。

"仁者见仁,智者见智,至今也没有一种观点为大多数人所接受。目前研究人面鱼纹和相关的佐证资料还十分有限,加之时代久远,其神秘和出现如此多种观点就不足为奇了,但这也正是该图案的神奇魅力所在。"半坡博物馆馆长张礼智说,他们将组织有关专家对围绕人面鱼纹盆所引起的种种谜团进行破解,还将听取公众对图案的种种猜测,"解开谜团的钥匙也许就在公众手里"。

勾践剑千古不锈之谜

1965年冬天,湖北江陵境内的望山楚墓群出土了一把锋利无比的宝剑,能一划而破20余层纸。此宝剑全长55.7厘米,剑身宽4.6厘米,剑柄长8.4厘米,重875克。剑首向外翻卷呈圆箍形,内铸11道极细的同心圆圈。金黄色的剑

身布满了黑色的菱形花纹,剑格(剑身与剑柄间突出的部分)向外凸出,正面用蓝色琉璃,背面用绿松石镶嵌出美丽的花纹。当将它从黑漆的剑鞘内抽出时,顿时有一种寒气逼人的感觉。只见剑身呈紫黄颜色,毫无锈斑,其光亮、色泽如同新铸成的一般。

青铜宝剑的主人是谁

在靠近剑柄的部位,刻有两行用金丝镶嵌的鸟篆文字,共八个字——"越王勾践,自作用剑",且字迹非常清楚。专家通过对这八个鸟篆铭文的解读,证明此剑就是传说中的越王勾践剑。该剑现藏于湖北省博物馆。

越王勾践

对于越王勾践,大家一定不陌生,他是春秋末越国国君,为了雪耻复国,卧薪尝胆、忍辱负重、奋发图强的故事在中华大地传颂了2000多年,使许多人从中受到激励,至今仍为我们所津津乐道。

成语"卧薪尝胆"中的男主角越王勾践嗜好铸剑。据《拾遗记》记载:"越王勾践,使工人以白马白牛祀昆吾之神,采金铸之以成八剑之精,一名掩日,二名断水,三名转魄,四名悬翦,五名惊鲵,六名灭魄,七名却邪,八名真刚。"他还热衷于搜集和珍藏名剑。连当时的宝剑鉴定大家薛烛看到勾践珍藏的宝剑时,都不由大吃一惊,说他从来没有见过这等稀世神兵。

由于勾践名剑众多,收藏价值极高,并且我国古代尚武之风浓郁,一把稀世宝剑更是世人所追求的。特别是勾践死后,许多人曾绞尽脑汁去寻找他所珍藏的宝剑,但均一无所获。

越王剑缘何在楚墓中

对墓内的竹简考证后显示,墓主人应为邵固,系楚威王或楚怀王前期的大贵族。讲到这里,不知留心的读者是否注意到这么一个问题,当时的越国领土地处现在浙江一带,怎么越王勾践的宝剑却是在千里之遥的湖北江陵的一个楚国贵族墓中出土了呢?这涉及楚、越两国的关系,对此曾引起许多人的关注和探讨,主要有两种解释:一种是嫁妆说,史载勾践曾把女儿嫁给楚昭王为姬,生有楚惠王,因此,这柄宝剑很可能作为嫁女时的礼品被带到了楚国,后来,楚王又把它赐给了贵族邵固,于是便成了这位楚国贵族的随葬品。再一种解释是战利品,即公元前309年至前306年间,楚国出兵越国时楚军缴获了此剑,带回了

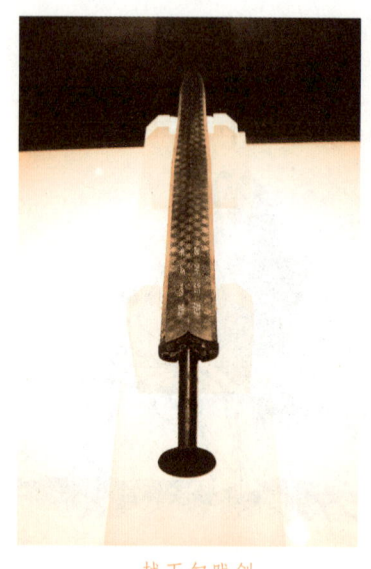

楚国，最终成了随葬品。究竟是哪种原因呢？因为史书亦无记载，目前还不能下结论，但多数人更倾向于后一种说法。

越王勾践剑千年不锈的原因何在

越王勾践剑，一把在地下沉睡了2000多年的古剑，出土时为何依然寒气逼人，毫无锈蚀，锋利无比，稍一用力，便可将20多层白纸轻易划破？

剑至今已经有几千年的历史了，世人尊其为"百兵之祖"。剑因其携之轻便、佩之神采、用之迅捷，故成为历朝历代王公贵族、文士侠客、商贾庶民所追捧的对象。

到了东周，人们大多以铜铸剑。剑不仅质地颇佳，而且随着社会生产的大发展，其冶炼技术和铸造工艺也得到了进一步提升。春秋战国时期，各诸侯国规范了铸剑的法则，使剑成为当时最主要的短兵器，并成为社会各阶层必有之配备。

越王勾践剑

而勾践所在的越国地区原本就有质地精良的铜、锡和非常发达的青铜冶铸技术，当今浙江著名的旅游胜地——莫干山，就是因为传说中的铸剑名师干将、莫邪夫妇曾在那里铸剑而得名。越王勾践为了强兵强国，所以着力发展兵器的冶铸，于是才能有这么精良的铜剑问世。

为了解开越王勾践剑千古不锈之谜，早在1977年12月，上海复旦大学静电加速器实验室的专家们与中国科学院上海原子核研究所活化分析组及北京钢铁学院《中国冶金史》编写组的学者们一道，采用质子X荧光非真空分析法对越王勾践剑进行了无损科学检测，他们发现越王勾践剑的主要成分是铜、锡及少量的铝、铁、镍、硫组成的青铜合金，剑身的黑色菱形花纹是经过硫化处理的。剑的各个部位作用不同，铜和锡的比例也不一样。剑脊含铜较多，能使剑韧性好，不易折断；而剑刃部含锡高，硬度大，使剑锋利无比。剑身菱形花纹处含硫高，硫化铜可以防止锈蚀，以保持花纹的艳丽。看来古人极有可能是在剑身表面做过人工处理，才使得越王勾践剑能历经千年不锈。

一把剑用两种合金，因成分不同，熔点也不一样，那该如何铸造呢？古代的能工巧匠们巧妙地利用了两种合金在温度上的差别，即先浇铸含铜较高、熔点也较高的剑脊，然后再浇铸熔点较低的剑刃，于是两种合金就复合成一体了，从而使铜剑既坚韧又锋利。这种制作工艺被当代人称为金属复合工艺。复合金属工艺堪称中国古代工匠的一大创造，领先世界2000多年。

不可否认，我国古人的青铜铸剑技艺已经达到了炉火纯青的水平，但是要完全破解古代铸剑师究竟用何种技艺铸造出了这样一把旷世奇剑，现在可能还为时尚早。

帝王九鼎下落之谜

相传，大禹在治水成功之后，建立了夏朝，铸造了象征王权的九鼎。朝代更换，而象征王权的九鼎却是代代相传。没有九鼎的王朝算不上真正的王朝，不拥有九鼎的国君也算不上真正拥有王权的国君。然而到了秦汉时期，象征王权的九鼎却失去了踪迹。人们不得不去寻找九鼎的下落，以确定自己王权的合法性。但是寻找了那么多年，九鼎却毫无踪迹，人们开始怀疑九鼎是否真的存在过。若是真的存在，那么，九鼎下落何处呢？

鼎原本只是用来盛食物的工具，最初由陶土烧制而成。冶铜技术进步后，出现了用青铜制作的鼎。后来，随着社会的进步，又出现了更加轻便的餐具。鼎渐渐成了一种礼器。但是一些富贵人家还会使用鼎来盛放食物，即所谓的钟鸣鼎食之家。

《左传》记载，大禹即位，四方诸侯拜服，筹集青铜以供大禹铸造象征天下王权的九鼎。相传夏朝初年，九州州牧贡铜，大禹铸造九鼎于荆山之下，以九鼎象征九州。九鼎一出世，就蒙上了一层神秘的色彩。除此之外，它还有政治价值，从一般的炊器而发展为传国重器。国灭则鼎迁，夏灭商兴，九鼎迁于商都亳；商灭周兴，九鼎又迁于周都镐京。历商至周，都把定都或建立王朝称为"定鼎"，表明天命之所归，九鼎之所在，即王权之所在。

《左传》说九鼎铸于"夏之方有德"之时，而《史记》把铸鼎的时间略有提前，说成是"虞夏之盛"时，并明言大禹是收了九牧之金而铸九鼎的，本意是象征九州。《墨子》说鼎铸于夏后启时。这些史籍的记载时间虽有差异，但是基本是锁定在夏朝建立之初，由大禹所铸。然而也有一些史书对此持不同意见。比如，《战国策》说周得九鼎时，每一只鼎要有九万人来搬运，九只鼎要有八十一万人来运输，这种说法不太靠

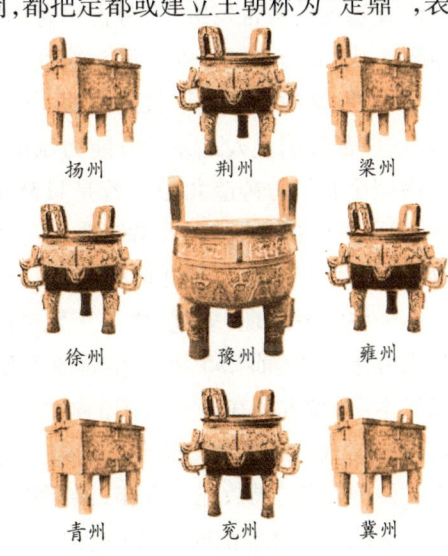

扬州　荆州　梁州
徐州　豫州　雍州
青州　兖州　冀州

帝王九鼎方位图

后母戊鼎

谱。近代古史辨派学者认为《战国策》多夸大之辞,禹铸九鼎是不可能的。

《史记·楚世家》记载,楚庄王八年(前606年),楚庄王带兵攻打陆浑之戎,路经洛邑,特意摆开阵势,炫耀武力。金鼓声吓坏了有名无实的周天子,周定王(前606年—前586年在位)连忙派大夫王孙满前去慰劳。楚庄王咄咄逼人,公然蔑视周王室,劈头就问九鼎大小、轻重如何,其意欲取代周王而定天下。王孙满冷冷地说:"在德不在鼎!"接着又不紧不慢地回顾了九鼎转手的历史,并说如果本质美好光明,鼎虽小而犹重,反之虽大犹轻。他进而指出:"周德虽衰,天命未改,鼎之轻重,未可问也。"楚庄王碰了一鼻子灰,只好作罢。这也就是成语"问鼎中原"的来历。后来秦灭东周。

秦始皇统一六国后,却没有从周室夺到九鼎,相反,关于九鼎失踪的传闻倒是有鼻子有眼,而汉灭秦,也没有见到鼎。刘邦入关中时,秦王子婴交出的只有皇帝玉玺。

在当代的考古发掘中,考古学者们在一些原始社会遗址中发现了铜器和青铜器。比如,河南偃师的二里头遗址,学术界公认是属夏王朝时期的,这里曾出土了铜爵、铜凿等各式形状的铜器,并且考古工作者还发现了坩埚片、铜渣和陶范,这些都证明夏人是完全有能力制造复杂铜器的。也就是说,从技术上来讲,大禹完全有能力铸造九鼎。若是只从史书上的一些记载差异来否认九鼎的存在,是不科学的。既然,大禹铸造了九鼎,九鼎又是王权的象征,那么,为何在秦汉之后的朝代却找不到九鼎的踪影?九鼎下落何处呢?

一些学者发现《史记》中关于九鼎的说法前后不统一。周、秦二本纪都说秦昭王五十二年(前255年),在周赧王死后,终于"取九鼎入秦"。而《史记·秦始皇本纪》说九鼎在迁往咸阳的途中,有一鼎被大风刮到今江苏的泗水中。换言之,除一鼎外,其余八鼎有可能被搜刮到了秦国宫殿中。唐人张守节在《史记正义》中也说:"周赧王十九年,秦昭王取九鼎,其一飞入泗水,余八入于秦中。"他将秦昭王取九鼎的时间较《史记》本文提前了41年。《史记·封禅书》又说:"周德衰,宋之社亡,鼎乃沦没,伏而不见。"据此,九鼎早在东周末年便已遗失,与秦无关。《汉书·郊祀志》是兼收两说,但又说"周显王之四十二年(前327年)……鼎沦没于泗水彭城下"。秦始皇出巡路过彭城(今徐州)时,派了上千人泗水打捞,结果如同竹篮打水——一场空。这说明九鼎并未入秦,至少有一鼎是不知去向。

到了清朝,学术界开始对传统说法产生了公开的怀疑,并作

偃师二里头遗址出土的夏代铜爵

了新的探索。王先谦在《汉书补注·郊祀志》中指出三点:①周人为防止大国觊觎,加上经济困难,采取了毁鼎铸钱的下策,对外则诡称丢失,不知去向。②史载秦灭周取鼎,为时人揣度之辞,并非事实。③秦人谬传九鼎沉入泗水,秦始皇也受到愚弄。这些说法足以发人深省,但未必就是事实。

九鼎象征王权,是天命之所在,只能与社稷共存亡,周人岂有因大国觊觎而自行销毁之理?况且九鼎铸于夏初,器形不会太大,楚庄王就曾以鄙夷的口吻说:"楚国折钩之喙,足以为九鼎。"(《史记·楚世家》)由此可见,九鼎之"重"只是在于它所代表的意义,与它本身没有多大的关系。东周统治者毁鼎铸造铜钱的说法不太可靠。

其实,在有关九鼎的古代文献中,对九鼎遗失的时间和地点虽然说法不一,但并无已被销毁的材料记述。因此,我们有理由寄希望于考古工作的进展。假设九鼎失于东周灭亡之前,那么埋葬于关东的可能性就比较大;假设九鼎失于秦末,那么埋没于关中的可能性就比较大;要是项羽破秦后载归彭城,那倒极有可能"沦没于泗水彭城下"。只要考证出九鼎失落的具体时间,那么离找到它的下落也就不远了。

九鼎虽然作为王权象征的时代已经远去,但是它本身作为历史进步的见证者的意义却没有改变。也许有朝一日,九鼎能重见天日。那么,它必将会放出灿烂耀眼的光芒。

秦始皇陵兵马俑"失色"之谜

秦始皇陵兵马俑是闻名世界的考古发现,它是中国古代秦朝时期秦始皇的陪葬军队,是世界上最大的地下军事博物馆,被称为"世界第八大奇迹"。1974年3月,秦始皇陵东侧的西杨村村民抗旱打井时,在陵墓以东1500米的下和村

旁发现了规模宏大的秦始皇陵兵马俑坑。后经考古工作者的发掘，才揭开了埋葬于地下2000多年的秦俑宝藏。自1979年兵马俑对外开放以来，目前共开掘了3个坑。兵马俑由陶瓷烧制而成，古代工匠们用写实的艺术手法把它们表现得十分逼真，每个陶俑形象都充满了个性特征，栩栩如生。

秦兵马俑会是充满色彩的模样吗

秦始皇兵马俑博物馆名誉馆长、秦俑考古队原队长——袁仲一先生对秦始皇陵出土的数百件陶俑的服装颜色进行了分析比对。他发现，由于秦国实行征兵制，因此，秦国军队并没有统一的服装。士兵可根据自己喜好选择不同颜色衣服，主要有红、紫、蓝、绿等，其中绿色居多。不过，秦军三大兵种步兵、车兵、骑兵的铠甲由政府统一发放，同一兵种、地位相同的士兵穿的铠甲的形制和颜色比较一致，铠甲片为统一的褐色。所以，只有兵俑铠甲内的上衣、下衣和护腿、围领、袖口的颜色才互不相同，异彩纷呈。也正因如此，秦人很注意上下衣及袖口、领口的色彩对比和搭配。秦俑在入坑时，有的着绿色上衣搭配天蓝或粉紫或红色的裤子，有的着红色上衣搭配深蓝色或浅绿色的裤子。同时，如果是绿色长衣，则镶着朱红色的领子和袖口。如果是红色长衣，则镶着绿色或粉紫或天蓝色的边。如此鲜艳和对比强烈的颜色搭配，不禁让人想象兵马俑原本的色调会是多么鲜艳明快、生机盎然。

探寻原本绚丽多彩的秦兵马俑会"黯然失色"的原因

本该色彩鲜艳的秦兵马俑在人们印象中却总是灰乎乎的。为了找出兵马俑"失色"的答案，从1990年开始，秦俑博物馆与德国巴伐利亚州文物保护局合作开展了长期的秦兵马俑彩绘保护研究。经中德专家多年的大量实验和模拟，终于确定了秦俑彩绘底层和褐色有机层的主要成分为中国生漆，彩绘颜料大多是天然矿物颜料。而且，专家们判定，秦俑彩绘颜料黏合剂为动物胶。

这一研究成果为我们揭开了兵马俑"失色"的神秘面纱。据秦兵马俑博物馆馆长、著名文物保护专家吴永祺介绍，他们在进一步研究中发现，秦俑彩绘颜料颗粒之间及彩绘和层次之间黏附力很微弱，特别是底层（生漆）对失水非常敏感，在干燥过程中底层剧烈收缩，引起起翘卷曲，从而造成整个彩绘层脱离陶体。

袁仲一先生则从另一方面对兵马俑"失色"作出了解释。他认为，一是由于遭水浸泡。秦俑陪葬坑在建成后，骊山几次出现

秦始皇陵及兵马俑坑

山洪，俑坑内数度大量进水，致使秦俑遭受长时间浸泡。二是由于惨遭火焚。据史载，项羽入关时曾攻入秦始皇陵，"其宫室营宇"，陵内的许多建筑物包括兵马俑陪葬坑曾被项羽的军队放大火焚烧。三是由于自然侵蚀。兵马俑埋藏地下至今已2200余年，长期遭受重土覆压和自然侵蚀。正是这三方面的原因使得秦俑身上原来鲜艳的彩绘层绝大部分脱落。

发掘中的秦兵马俑二号坑

2009年6月13日，秦始皇陵兵马俑一号坑再次开掘，其中出土的彩兵马俑刚出土不久就氧化了。这些没有被水浸火焚的兵马俑，出土时身上保留的色彩比较多，但出土后一接触空气，很快便发生氧化，绝大部分也逐渐失去了色彩。其中又有什么神秘之处呢？

其实，紫外线对色彩影响最大，文物一出土、光线一照，彩塑便马上起翘氧化。更因为文物在地下成百上千年，它已经适应了地下的那种环境。一出土，原来的平衡马上被打破，于是便发生了各种快速的变化。

找寻还原秦兵马俑本色的方法

还原秦兵马俑颜色对研究秦代军人的服饰和服装来源、秦代科学技术和雕塑艺术均有着十分重要的意义。秦兵马俑彩绘保护一直是秦俑文物保护工作的中心。从20世纪80年代末开始，秦兵马俑博物馆就投入了大量的人力、物力进行攻关科研，成立了专项课题组——兵马俑彩绘保护科研小组。

1990年以来，小组积极与中外科研单位及其文保专家开展合作，努力寻求秦俑彩绘保护技术的突破，小组成员和德国专家合作进行了大量的模拟和直接实验，试用了几十种加固剂和十多种保护方法。

经过中外专家的共同努力，在2003年，关于彩绘兵马俑的保护难题终于取得了阶段性突破。专家们成功获得了彩绘的两套有效保护方法：一套是用抗皱缩剂和加固剂联合处理保护方法；另一套是单体渗透、电子束辐照固化加固保护方法。1999年秦俑二号坑新出土的10件通体彩绘武士俑的保护就是根据以上方法获得了成功。在按照专家们研究摸索出的两套彩绘保护方法进行严格保护后，到目前为止，这10件武士俑身上的彩绘一直保存完好，彩绘色调稳定、自然，颜色鲜艳。后来，这一保护方法又在4件百戏俑上推广应用，效果也很好。彩俑的保护成功，不但真实再现了当年秦兵马俑的风采，而且为研究秦代彩绘工艺、服饰颜色、颜料成分等提供了珍贵的资料。2003年,这一成果通过了国家文物局专家组的技术鉴定,认为"在以生漆为底层的彩绘陶质文物保护领域中,达到了世界领先水平"。

但是,秦俑馆吴馆长表示,在新技术进一步完善之前,还不会全面应用到新出土的兵马俑身上。因为这需要相当高昂的代价。在彩俑出土4分半钟的时间内,彩俑剥离泥层和清洁污垢都要进行加固处理,以防止彩色漆层随泥土而剥离。然后,要将彩俑迅速移送到恒温恒湿环境,开始一点一点地对陶俑进行修复。专业人员先将固化溶液涂抹到附着在俑身的泥土上,让溶液逐渐渗透到生漆层,然后再用很小的手术刀和极细的毛笔将彩俑表面的泥土一点一点地剥离。由于彩绘与黏在

秦始皇陵兵马俑跪俑

俑身表面的泥土的附着力比彩绘与陶俑表面的附着力还大,专业人员既要剥离彩绘表面的泥土,又要保证彩色不从陶俑上脱落,所以,只能用笔和刀加倍小心地一粒一粒剥离陶俑表面的泥土,往往一天只能做3厘米左右,这样做完一件俑,需要整整一年时间。在进一步研究完善目前已有的秦俑彩绘保护技术的同时,为了多方法解决秦俑彩绘蜕变、脱落和霉变等问题,2005年3月,秦俑馆与中国科学院地球环境研究所、香港理工大学、美国沙漠研究所四方接触,联合启动了"秦俑馆室内大气污染特征"研究课题,继续寻求和探索秦俑彩绘保护的新思路、新技术。

还原秦兵马俑本色并不是一条顺利的路,这一世界性难题仍有待解决。希望新技术的进一步完善和成熟,能使越来越多的秦俑可以放心出土并得到有效保护,让"失色"的秦兵马俑还原多彩的风貌!

西汉巨量黄金下落之谜

西汉时期,黄金作为流通货币,不仅使用范围广泛,而且数量相当庞大。其用于赏赐、馈赠动辄五百斤、千斤、万斤甚至几十万斤。由此可见西汉的黄金之多。但到东汉年间,黄金突然消失,退出了流通领域,不仅在商品交换中以物物交换代替了黄金交易,而且以黄金作为赏赐的情况也极为少见。那么,西汉时巨量黄金到哪里去了呢?

后世学者作了种种推测和考证,形成了地下说、佛教耗金说、外贸流失说、

黄金为铜说等说法。

地下说：又分为两种观点，一种观点认为黄金作为货币被埋藏在地下；一种观点认为黄金被制成器具随葬在墓中。

有人说西汉黄金被深埋或遗忘于地下。的确，中国人有窖藏金银珍宝的习惯，考古学家也曾不断发现地下窖藏的黄金。因此有人认为黄金被私藏于地下，但后来由于战乱或人祸的原因，藏主或死或逃，这些私藏的黄金也就被人们遗忘了。但是，无论是私人还是国家贮存巨量黄金的金库总是会留有线索的，绝不会一场战争过后，所有的黄金拥有者都死去或忘记自己的财宝所在。

西汉金饼

还有人认为，黄金消失是因厚葬而随葬了大量黄金。汉代流行厚葬之风，所以这一说法不无道理。但事实上，许多厚葬的墓自埋葬之日起就已成了盗墓者的目标，如果有大量的黄金器具，总会被掘墓贼发掘出来的。另外还需注意的是，埋葬于地下的并不限于黄金，有银、铜等种种珍宝，为何单单黄金奇迹般地没有了呢？而黄金本身是不会风化或氧化的。因此，这个说法并不完全成立。

佛教耗金说：这一说法认为，佛教传入中国后，由于大肆修建寺庙，铸造佛像消耗了大量的黄金。有古文记载："后世黄金日少，金价亦日贵。盖由中土产金之地，已发掘净尽，而自佛教入中国后，塑像涂金，大而通都大邑，小而穷乡僻壤，无不有佛寺，无不用金涂。以天下计之，无虑几千万万。加以风俗侈靡，泥金写经，贴金作榜，积少成多，日消月耗。泥金涂金则不复还本，此所以日少一日也。"其意为无论是通都大邑还是穷乡僻壤都大肆挥霍黄金，最后导致了黄金消耗殆尽。佛教确实喜用黄金，但是佛事盛兴并不是在东汉，东汉时佛教才传入中原不久，并没有广大民众的参与，更不存在大兴寺庙的现象。还有，即使塑像涂金，使用的黄金量也微乎其微，根本不可能导致大量黄金消失。

外贸流失说：此说认为，东汉黄金数量减少，是由于黄金的外流。黄金通过对外贸易或赏赐外人，大量输出国外。不过这一说法缺乏根据。因当时中国是商品输出国，只有少量黄金流向西域、南海各国购买奇珍异宝，但东汉时期来自异域的奇珍异宝常常是外国称臣纳贡而得。而且和汉朝来往的国家经济相对落后，对黄金需求有限。还有，作为国家通用货币，大量的黄金输出必定受到国家限制。更何况由于丝绸之路的开通，汉朝将丝绸、布帛运往西方国家，由此换

西汉马蹄金

来了大量的黄金,这与黄金外流状况正好相反。所以,外贸流失说并不成立。

黄金为铜说: 这种说法认为文书上所说的西汉巨量黄金其实并非真正的黄金,而是黄铜。因为从历史上、秦汉黄金开采量、对外贸易各方面看来,西汉不可能冒出那么多黄金。人们惯以"金"称呼钱财,有可能把当时流通的铜称作"黄金"。

有古文记载,"秦兼天下,币为二等。黄金以镒为名,上币;铜钱质如周钱,文曰'半两',重如其文。"由此可见,早在秦代人们就把金与铜分开作为两种货币使用。到汉代时,金、铜区别极明显,汉人从没有把金称作铜,也从无"黄铜"之称。而且黄金与铜币的重量单位和名称也不同。战国时,秦朝以"镒"为黄金单位,汉改"镒"为"斤",而铜钱则称"铢"或直接称"钱"。在西汉,金与铜区分是很明确的,如管理金矿的称"金官",而管理铜矿的称"铜官"。由此可见,西汉时期黄铜和黄金泾渭分明,不可能被混淆。同时也没有证据证明黄金即为铜。

以上几种说法均不能确切地说明西汉时期的大量黄金到底去向何方,因此它们的踪迹至今仍然是个谜,还需要人们进一步探寻答案!

黑城宝藏之谜

黑城遗址位于内蒙古额济纳旗达来呼布镇东南25千米处巴丹吉林沙漠的边缘。它是古丝绸之路上现存最完整、规模最宏大的一座古城遗址。该城建于9世纪的西夏政权时期,后西夏被元朝所灭,至明代,因河水改道,黑水城被废弃。但这座被废弃了几百年的都城至今还埋藏着丰富的西夏和元代等朝代的珍贵文书。这个曾经繁华的都城如今还流传着有关宝藏的谜案。

发现宝藏: 数百年来,有关黑城藏宝的故事流传甚广,传到西方后,引起了俄国探险家对黑城的觊觎。1900年,俄国地质学家奥布鲁切夫就曾来华试图寻找黑城遗址,当地土尔扈特人故意把他引入歧途,他的寻宝旅程不得不终止。1908年初春,贪婪促使另一名俄国地质学家科兹洛夫亲率远征队,他以左轮手枪、步枪、留声机等为礼品,并以允诺由俄国驻北京公使向清朝政府加封为诱饵,换得蒙古巴登扎萨克王爷的允许,闯入了陌生的巴丹吉林沙漠。历经半个多月的艰苦探寻,远征队终于找到了黑城遗址。这支以掠夺为目的的寻宝队伍为黑城带来了一场浩劫。

在之后的十几天里,强盗们在城中各处乱挖乱掘,盗得佛经、佛像、雕塑、绢质佛画、钱币、金属碗及波斯文经书等大量珍贵文物。他们仅在一座佛塔中就挖出了3本西夏文书本和30本西夏文小册子。

科兹洛夫很快就将这批装满了9个俄担箱(一俄担箱等于16千克)的黑城文物通过邮驿运往俄国当时的首都圣彼得堡,立即在当地引起了极大轰动。俄国地理学会副会长格利戈利那夫决定不惜人力物力,再次派遣科兹洛夫重返黑城盗掠文物。

黑城遗址

1909年6月12日到20日,科兹洛夫又一次率队来到黑城。他雇用当地蒙古族人为他们运水、运粮和挖土,在离黑城不远的一座佛塔中又发现了大量书籍、文献、佛画等宝物。这也是迄今在黑城最大和最有价值的发现。

科兹洛夫后来回忆说:"这是一座覆体喇嘛塔,高约10米,方形基座,塔内底部约12平方米,四周摆放了泥、木彩色塑像,中间平台周围是喇嘛像,面前摆放着经卷,塔的北墙有一具坐姿骨架,四周挂满了佛画,塑像和墙壁间隙处叠放着成百上千册书籍,仅佛画就有537幅。"因佛塔中的宝物太多,科兹洛夫无法一次运走。所以,他在离开黑城之前把其中的一部分埋在了城南的一座壁龛中。

黑城宝藏的发现,也引起了西方探险家的垂涎。1914年夏,英国人斯坦因也来到了黑城,他将所盗得的一批西夏文、汉文文献、版画、佛像等艺术品运回伦敦。以后,美国人华尔纳及一些日本人也曾专程来这里盗宝。

于是,黑城这样一个还未曾开发的古迹就遭到了野蛮的洗劫,从这里流失了多少珍宝至今也没有准确的说法。仅科兹洛夫盗走的文献就有40驼,计2.4万卷文献,相当于一座保存完好的图书馆的藏书量。这还不包括大量的佛像、绘画和其他艺术品。

宝藏的价值:从黑城运到俄罗斯的珍宝,先是放在圣彼得堡俄国地理学会。后来,又收藏在俄国科学院亚洲博物馆。此后不久,珍宝中文献以外的佛像、绘画、雕塑等艺术品先是收藏在俄国民俗学部,后来又转藏于冬宫埃尔米塔什博物馆。该馆也因此成了世界上收藏西夏艺术品最多的博物馆。

1929年,北京图书馆购得在宁夏发现的西夏文佛经100余卷,俄国学者龙果夫和聂历山都为专号撰文,并分别提供了俄藏黑城西夏文遗书目录41种,公之于世。黑城遗书中所包含的西夏文文献首次为中国学术界所了解。

自那时起,中国学者一直没有忘记流散海外的西夏珍宝。但由于历史的原因,直到1987年,中国西夏学者史金波和李范文才以中苏交换访问学者的身份来到圣彼得堡,首次亲自批阅了本该属于自己祖国的西夏文献。

1993年4月8日,中国社会科学院、上海古籍出版社和俄罗斯科学院东方研究院圣彼得堡分所在北京就中俄双方合作整理出版圣彼得堡分所收藏的中国黑城出土西夏文献达成协议:决定成立由"两国三方"参加的组委会,以《俄藏黑水城文献》为名,编辑出版在圣彼得堡收藏的黑城全部西夏文、汉文及部分其他文字文献。当他们来到圣彼得堡东方学研究所,看到这批流失在海外的我国西夏文献时,都为其数量之大、内容之丰富而感到巨大的震惊。除大量的西夏文献外,还有相当数量的西夏汉文、藏文、蒙古文和其他文字文献。已编目的黑城藏品中的西夏文文献有世俗著作60种、佛经部分354种、汉文文献488种。此外,还有上千卷西夏文文献尚未出版。遗憾的是,根据协议,中国学者只能按照东方学所已整理编目的西夏文献开展工作,而未经东方学所整理编目的到底还有多少我们无从得知。

仅是目前的文献成果就已经让人震惊了,但这还仅是其中的一部分,背后还有多少没被发掘的价值,至今还是一个谜。我们期待黑城宝藏终有一天能回到祖国,好让我们揭开它神秘的面纱!

张献忠宝藏之谜

张献忠是明末农民起义领袖,曾在四川境内建立过大西政权。传说明末张献忠起义,推翻了明朝在四川的统治,建立了自己的农民政权,后来此政权又被清王朝所灭。自从张献忠大西政权灭亡以后,一个关于张献忠宝藏的谜就困扰着一代又一代关注着这件事的人。特别是成都和新津都先后发现数量不小的大西国"大顺通宝"钱币和银锭后,更使人相信张献忠有大量的财宝就藏在成都或成都周边。如果传说属实,宝藏究竟藏在四川的什么地方呢?

黑城出土的西夏剔花黑陶罐

2005年4月20日上午,在四川彭山县(2014年改为眉山市彭山区)岷江大桥附近的江口镇老虎滩河床引水工程建设工地上,一辆挖掘机从河床3米深处掘起一铲砂土,可是伴随着砂土落地的,还有一枚枚乌黑发亮的"铁砣砣"。后经彭山县文管部门初步鉴定,这些"铁砣砣"为明代官银。

相传与清军交战的大西军兵败成都时,十几艘大船从新津出发,沿岷江顺流而下,在彭山境内被清军预先埋设的铁链拦住。大西国押运船只的军兵敌不过清军的围攻,于是凿沉船只,登岸而逃。清军早就知道张献忠有大量金银想要从成都运走,以为这次截获的是运宝船队,于是欢呼雀跃,但等他们登上还未完全沉没的一些大船,才发现船中装载着的全是石块。根据这个说法,那么河床中的银锭又是从何而来的呢?难道宝藏真的在河床中吗?

其实早在1993年,彭山县就曾秘密邀请了一支物探队伍,在江口河道进行了细致的探查。当年,物探队伍在江口进行拉网式探测,探测范围从江口镇北端500米处开始,顺流而下,直到江口镇南端的鄢店渡口。据物探队员介绍,在探测的第3天,探测的磁法、电法都出现了异常显示。老乡说在发现异常的地方,曾经有人在河底里捞起过一把官刀,也就是将士用的那种刀。在此后的7天内,物探队先后发现了7处异常。但是所谓的异常物到底是不是张献忠的金银财宝呢?直到2005年,岷江大桥挖出7枚"铁砣砣",这时人们才突然发现,银锭的位置刚好就在当年物探队发现的7处异常地点范围内。

为了彻底解开巨额沉银之谜,2009年4月28日,国内一流的物探队——中国地质大学的物探专家来到江口镇。他们将借助科技手段,试图找到金银沉落的精确位置。在为期一周的探测中,专家物探队几经周折发现了一个长7米,宽2米,深3~5米的异常물堆。如果这些宝贝都是金银器,那么从体积上算,它们将至少能装满一辆运输卡车,而宝贝的文物价值更将是无法估量的。

但是根据对这些异常物的数量推断,人们得出结论,张献忠并没有把所有金银全丢在这里。那么,其他金银财宝又在哪里呢?

对此,四川师范大学历史系教授谢元鲁分析说:"张献忠的意外死亡,直接导致大西军整体溃散。50多万人在几个小时之内完全就像赶羊一样地跑掉了,他的财宝也几乎全部扔在原地。但是我估计这些东西几乎被清兵收归己有了。"

张献忠塑像

但是，如果清军藏宝是真实的，那么，为什么在历史上却没留下任何痕迹呢？谢元鲁解释说："这种情况就是打胜仗的军队把战利品收归己有，而且并不上报，只是把它隐瞒起来，历史上这种情况相当多。"

张献忠的巨额财宝去到哪里了呢？也许部分沉江，也许早就散失在那个战乱的年代。这批宝藏不知去向，在准确发现它们的踪迹之前，人们只能对其展开无尽的猜想。

发现的张献忠钱币

石达开宝藏之谜

石达开是太平天国的名将。他是太平天国最富有传奇色彩的人物之一，除其优秀的军事战绩外，他的身上还有一个有关宝藏的传说。

1863年，太平军与清军在四川省西南部的雅安市石棉县大渡河中游南岸的紫打地（今安顺场）交战。数万太平军几乎全军覆没，为保全太平军，石达开选择向清军请降。据说在石达开降清之前，他曾下令把军中大量金银财宝埋藏于某隐秘处，并留有一张宝藏示意图。图上还写有"面水靠山，宝藏其间"八字隐训。

早在抗日战争期间，国民党四川省主席刘湘就秘密调了1000多名工兵前去大渡河紫打地口高升店后山的坡下挖掘。他认为，石达开及所部就是在此处被清军俘获的，这里地势险要，是一个藏宝的好地方。当工兵们从山壁凿入时，豁然见到3个洞穴，每穴门均砌石条，以三合土封固。但是挖开两穴，里面仅有一些零星的金玉和残缺兵器。当开始挖掘第三大穴时，这一行动被蒋介石侦知。蒋介石速派古生物兼人类学家马长肃博士等率领川康边区古生物考察团前去干涉，并由故宫古物保护委员会等电告禁止挖掘。不久，刘湘即奉命率部出川抗日，掘宝之事终于被迫中止。

虽然刘湘因外力干预放弃了对石达开宝藏的挖掘，有传闻称，他并不是民国时期唯一想开挖石达开宝藏的国民党高层。据说，蒋介石也曾打过石达开宝藏的主意。1942年，蒋介石密令戴笠带人继续挖掘石达开藏宝窖。可是当戴笠带兵到达紫打地的藏宝窖时，那里的地貌已经因为山洪引发的泥石流发生了改变,戴笠等人无从下手。蒋介石得知后,只能放弃这一打算。新中国成立后,政府并没有组织专人挖掘石达开宝藏,不过民间倒是有不少人前往紫打地寻宝,然而,因缺乏资金和技术,民间寻宝者同样一无所获。

人们经过几十年的寻找都未在紫打地发现宝藏的踪迹,难道宝藏另存他处?

除了紫打地,传说中石达开的藏宝地点还有一个,那就是重庆市的山王坪。传说石达开藏宝时以"太平山"为标记,然而太平山并不是一座山,而是石达开在藏宝后命人在藏宝地旁边的悬崖峭壁上凿出的三个大字。因此当地还流传着只要找到"太平山"这三个大字,就能找到石达开的藏宝洞的传说。

石达开雕像

石达开在山王坪藏宝主要缘于为一个心爱的妃子建的坟墓。

据说,石达开有一位心爱的妃子。她死后,石达开经过精心选择,将她葬于山王坪东南部中心地带——铁厂坪的东北面。这里可谓一个修建坟墓的好地方,因为这里的地形就像一把"太师椅":整块龙骨石构成了弧形的椅背,平坝则是椅座。于是,石达开决定将爱妃的坟墓修建在这个风景秀丽的风水宝地。

传说石达开之所以将宝藏藏在山王坪,就是因为他在修建爱妃墓时,不仅考察了墓地所在山坪,还到墓地正对面的一个小山丘看过。到了小山丘上,石达开发现正面的大山好像一尊半卧半坐的大佛,还有一头威武雄壮的石狮守卫在一边。从山顶正面看,似乎有一匹双峰石骆驼正要进行长途跋涉,侧面看石骆驼又变成了一头大象。这奇特的地形地貌,使石达开有了在此埋藏宝藏的想法。石达开在山王坪埋好宝藏后,为了以后方便寻找,他便命人在石狮旁边的悬崖上凿了"太平山"三个大字。

然而,让人对石达开藏宝山王坪疑惑不解的原因是,"太平山"三个雕凿的大字已经被人们发现,然而他所埋藏的宝藏却一直没有踪影。虽然经历史学家证实,石达开在山王坪埋藏宝藏的可能性极大,不过因为宝藏至今没现世,所

石达开入川题壁石碑

以这依旧是萦绕在人们心中的一个谜。

清东陵宝藏之谜

清东陵是清代的皇陵之一,是规模宏大、体系最完整的清代皇陵。这里群山环抱,风景秀丽,是顺治皇帝亲选的陵地。清东陵南北长约 125 千米,东西宽约 20 千米,占地面积约 2500 平方千米。由于中国的厚葬之风流传了数千年,清东陵内埋藏了无数的奇珍异宝。然而,这块皇家禁地,在 1928 年却遭遇了一场毁灭性的浩劫。

臭名昭著的盗宝案

1928 年,正驻守在河北遵化的军阀孙殿英由于缺乏军饷便打起了清东陵的主意。7 月上旬,孙殿英部以军事演习施放地雷为名,驱走全部守陵人员,封锁关隘,实行戒严,大肆洗劫了乾隆的裕陵和慈禧的普陀峪定东陵。在动手盗陵的第三天,孙殿英的部下谭温江前往北平拜访第六军团总指挥徐源泉,向他打探风头,谭温江一见风平浪静,次日马上返回东陵,放手盗掘。盗墓之前,孙殿英先致函遵化县(今遵化市)知事,以体谅地方疾苦、不忍就地筹粮为由,要求遵化县代雇骡马车 30 多辆,以便从其他地方装运军粮。就这样,孙殿英为转运盗墓财宝准备好了运输车辆。7 月 4 日到 10 日,孙殿英用大炮轰炸陵墓,当地老百姓还以为是在军演所以不敢出门。可是,谁也没想到,这居然是盗墓的炮声。

遵化清东陵大红门

孙殿英掘墓盗宝被发现后,舆论哗然。社会各界要求严惩凶手,保护文物。部分旗人团体,以及逊清皇室,包括溥仪在内的皇室后人上告到蒋介石那里,要求严惩。此事一时轰动全国。

可是盗墓者孙殿英却辩解说："满清杀了我祖宗三代，不得不报仇革命。孙中山有同盟会、国民党，革了满清的命；冯焕章（冯玉祥）用枪杆子去逼宫，把末代皇帝溥仪及其皇族赶出了皇宫。我孙殿英枪杆子没得几条，只有革死人的命。不管他人说什么盗墓不盗墓，我对得起祖宗，对得起大汉同胞！"甚至还说："我发掘满清东陵，有两个好处。第一，满清入关之时，大兴文字狱，网杀士人，像吕留良、戴名世这样的人，都被开棺戮尸，我虽不才，亦知道佛经有言，以彼之道还施彼身；第二，满清统治 300 年了，搜刮的财帛不知多少，今天我发陵，是为通天下财货，收运转之利，丰藏国库。"这样打着民族的名义，盗取国家文化宝物以满足私利的行为实在令人感到羞耻。

盗清东陵的军阀孙殿英

大量宝藏去向何方

清东陵被盗的宝藏都是我国历史文物中的珍宝。然而，如此巨大的宝藏如今却不知下落，它们究竟流向了何处呢？

民间有一种说法，孙殿英将盗掘得来的部分东陵宝藏贿赂给了上司徐源泉。徐公馆位于武汉新洲区仓埠镇，占地面积 4230 平方米，其融中西建筑艺术风格于一体，极尽奢华。后人怀疑徐源泉是将宝藏埋在了自家公馆的地下密室中。

"文革"期间，有人在武汉新洲徐公馆四周挖出了不少枪支武备，结果有关徐公馆藏有巨宝的说法不胫而走。沉寂了 70 多年的东陵宝藏历史悬案再度被传得沸沸扬扬，那么，东陵宝藏果真埋在武汉吗？

1994 年，为解开徐公馆的埋宝之谜，新洲文物治理所副所长胡金豪曾到过徐公馆东厢房下的密室。他仔细地清扫了这间仅几平方米却空无一物的密室，细细敲打每一面墙砖，查看里面是否藏有机关。然后，他惊奇地发现，密室墙上没有糊泥巴，有一面墙的砖还参差不齐，似乎是临时砌上去的，这着实令人费解。不过由于种种原因，他没对此作进一步的调查。

难道神秘的徐公馆真的藏有清东陵的宝藏吗

1984 年全国文物普查和 1989 年文物补查时，文物专家组曾多次对徐公馆和徐源泉的支属、街坊进行了仔细的寻访，结果却一无所获。1994 年，胡金豪还走访了当时已93岁高龄的徐公馆曾经的女佣袁一全。据袁一全回忆说,孙殿英盗了清东陵,徐源泉是孙的顶头上司,又帮孙殿英消灾,所以徐也发了财,并且用这笔钱修建了徐公馆,当时盖房用的都是武昌城墙上的砖。此外,袁一全还提供了另一个令人生疑的线索:公馆建成后,国民党曾在徐公馆四周枪毙过很多人,罪名不清楚,于是有人怀疑被枪决的人是修房的工匠,也许是为了防止泄露宝藏秘密,于是杀人灭口。

遵化清东陵慈禧陵地宫内的慈禧棺椁

这样的说法不得不让人怀疑徐公馆内藏有清东陵的宝藏。除徐公馆女佣的回忆外,世代居住在新洲区仓埠街的林庚凡老人则提供了另一个说法。已过古稀之年的林庚凡是徐源泉姐姐的养子。据他回忆,他10岁时曾到过徐公馆玩耍,那时徐公馆富丽堂皇,隧道里尽是值钱的宝贝。还有,徐源泉有很多卫兵,徐源泉的妻子当时甚至有一顶金光灿烂的凤冠。因此,对于徐公馆地下是否藏有清东陵财宝,林庚凡老人是持肯定态度的。

虽然这些说法不禁让人怀疑徐公馆内藏有大量的珍宝,但是这毕竟只是民间传说。文物工作者在几次对徐公馆的修缮中也仅是发现了一些陶器和铜器,并非奇珍异宝。同时,据徐源泉的儿子徐钧武回忆:抗日战争胜利后,徐源泉卸甲还乡,一直住在武汉市区。1949年,徐源泉飞往台湾地区时并未带多少行李。临走时也没有嘱咐财宝的事,因此他推断宝藏存在的可能性不大。

清东陵的大批宝藏如今下落不明,徐公馆难道真的与宝藏毫不相关吗?这一切的疑问至今也没有确切的答案,依旧是困扰人们的一个未解之谜。

大清宝藏之谜

赫图阿拉是清王朝的第一都城,是大清的龙兴之地、满族文明之摇篮。它位于辽宁省抚顺新宾满族自治县的永陵镇东4000米处,坐落在苏子河南岸的一座横冈上。弹指一挥间,几百年过去了,大清王朝早已不复存在,但有关赫图阿拉与大清宝藏的传说,却依然萦绕在人们的心头。传说中的宝藏是否属实呢?如果真的存在,如今又会在哪里呢?

"赫图阿拉"是满语,汉语意为"横冈",即平顶的山冈。其建筑为一城一郭式（内外城式），城垣由土、石、木杂筑而成。1559年，努尔哈赤诞生于赫图阿拉。作为满族和清王朝的龙兴之地，赫图阿拉是大清历代帝王心中不可替代之圣地，是龙脉之所在，所以随着清王朝的兴盛而日渐被尊崇和重视。清王朝不仅在此设府设厅，还派兵驻守，清太宗皇太极更是尊赫图阿拉为"天眷兴京"。清王朝定鼎北京后，顺治皇帝又封赫图阿拉为"创业之地"而敕建保护。

据清代野史记载，努尔哈赤曾掠夺了数以千万计的黄金、白银及大量的珍宝财物。满族当时由于是游牧民族，对食物、财物有着强烈的储备意识，所以，这笔数额巨大的宝藏被秘密地运到了当时的大金国都——赫图阿拉，并藏在了一口名为"汗王井"的古井内。

关于这笔宝藏还有一个充满神奇色彩的传说。阿巴亥是努尔哈赤的大妃，也是十四子多尔衮的母亲。虽然努尔哈赤生前一心想把王位传给多尔衮，但他死后，汗王之印却落在了八子皇太极的手上。虽然皇太极得以继位，但国库中的金银财物却依然掌控在阿巴亥的手中。皇太极担心这种状况会威胁自己的汗位，于是，他下令让阿巴亥要么交出全部的宝藏，要么给努尔哈赤殉葬。皇太极本以为阿巴亥会交出宝藏，可令他感到意外的是，阿巴亥竟然选择了为努尔哈赤殉葬这条死路。

抚顺赫图阿拉城

阿巴亥死后，皇太极挖空心思寻找宝藏，最终在他的淫威酷刑之下，内务府的官员道出了这笔宝藏的去向。原来，宝藏被从内务府的暗道运往了汗王井。于是，急不可耐的皇太极立即命人从汗王井与内务府暗道两个入口处顺藤摸瓜寻找。令他没有想到的是，两批被派下去寻宝的人，一去便了无音信，同时被用来传递信息的绳子也不知被什么动物咬断了。

之后，不甘心的皇太极又接连派下去了好几批人，结果依然是有去无回。皇太极恼羞成怒，下令掘地三尺，必须挖出宝藏。

可就在挖宝的过程中，奇异的事发生了。当军士们刚抡起锹镐，准备挖掘时，原本晴空万里的天空骤然间黑云蔽日，同时一股浓烟从汗王井中滚滚而出。等浓烟散尽时，阿巴亥从井中而出，并怒斥皇太极贪财忘义、不思进取。阿巴亥告诉皇太极，这批宝藏是大清的国本运数，将护佑大清国运昌盛，江山永固。惊恐万状的皇太极当即跪地叩拜，并发誓不再寻找宝藏。话音刚落，天空云开雾散，一切又恢复如旧。曾经的井口通道与内务府的密室暗道，也在云开雾散的那一刹那，消失得无影无踪。

从此，大清宝藏的真实位置便不再有人知道。伴随着这段神奇的传说，宝藏的下落越发变得扑朔迷离。此后，一代又一代的清王朝统治者们只知道大清在关外还埋藏着一笔珍宝，却不知它们在哪里。如今，没有人知道这批宝藏是否真的存在，更说不清这笔宝藏究竟藏在哪里。这又是历史留给我们的一个未解之谜！

皇太极

野人水怪之谜
YEREN SHUIGUAI ZHIMI

神农架"野人"之谜

在我国,数千年以来,"野人"的传说从未间断过。而且,很多地方的人们都在讲述着野人的故事。可在众多的区域内,人们声称目睹"野人"最多的地方就是湖北的神农架。它位于湖北省西部的崇山峻岭之中,是一片原始大森林,纵横3250平方千米。那里有起伏的山峦,幽深的沟壑,莽莽的林海,参天的古木,峥嵘的奇峰怪石。相传,上古时的神农氏曾在这里搭架采药,给人们治病,因为山崖陡峭,他就"架木为梯,以助攀援"。神农架因为神农氏"尝百草"而得名。

很久以来,神农架基本上都是一种原始封闭状态。因此,各种珍禽异兽在此生息繁衍,把这里当成了天然乐园。如此好的环境,当然也就成了野人的理想居所。就在这个富有神秘色彩的地方,一直流传着有关野人的故事。特别是近几十年来,时不时有目击者声称在这里亲眼见到了野人。由此一来,国内外科学家和广大野人爱好者纷纷表示出极大的兴趣和关注。他们为了解开神农架野人之谜,不辞辛苦、不畏艰险地来到此处进行科学考察。于是,一个个美妙的故事就此展开了……

神农架秋色

第一个故事

时间:1976年5月14日。

地点:中国科学院古脊椎动物与古人类研究所。

事件:一份来自神农架的加急电报。

北京——中国科学院古脊椎动物与古人类研究所:

我区"革委会"六位干部发现一奇怪的动物(当地人称之为野人),其特点:1.浑身红毛,脸呈麻色,脚毛发黑;2.腿又粗又长,脚是软掌,走路无声,屁股肥大,行动迟缓;3.眼像人眼,无夜间反光,脸上宽下窄,很像马脑壳,鼻子在嘴的上方,嘴略突出,耳较人的大些,额有毛垂下;4.无尾,身长约五尺,体重在两百斤左右。

湖北省神农架林区"革委会"
一九七六年五月十四日

当整个研究所得知神农架发现奇怪动物——"野人"的消息时，顿时人声沸腾！科学家们激动不已，纷纷要求进行野人科学考察。仅仅过了一天，神农架那边又发来了另一份内容更为详尽的加急电报，讲的是下面的事情——

时间：5月13日傍晚时分。

地点：房县与神农架林区交界的植树权。

神农架自然博物馆内的"野人"模型

人物：神农架林区党委副书记任忻有、副主任舒家国、财贸政治部主任余传勤、农业局局长周忠义、党委办公室秘书陈连生、司机蔡新志。

他们六人在郧阳地委开完会后，坐着由蔡新志驾驶的吉普车，打算连夜赶回林区。当车开到植树权时，已是14日凌晨1点了。就在车刚转弯的瞬间，司机蔡新志突然发现公路上有一个红毛的怪物弯腰迎面走来。

蔡师傅平日里喜欢打猎，警觉性高，他立即意识到这是一件怪事。于是，他一边叫醒正在打瞌睡的乘客，一边加大了油门，打开了车灯，并按响了喇叭。由于刺眼的灯光，加上刺耳的喇叭声，那怪物慌忙闪到了路旁，向路边的一个坡上爬去。大家看到那动物没有尾巴，肚子很大，好像怀了孕的样子。

因为陡坡多是风化石，所以怪物没爬几步，就一下子滑跌到了路上。蔡师傅来了个急刹车，差点儿撞到怪物的身上。他于是又开亮大灯，连连按喇叭，惊得怪物不知所措。在强光照射下，怪物四肢紧贴着地面，抬起了头，两眼直视车灯。因为后肢长前肢短，它形成前低后高的姿势，跟人趴着时一模一样。

在这关键时刻，除蔡师傅外，其余五人都下了车。他们分成两路包抄过去，就把这个动物围了起来，与它相距仅一两米。借着车灯的灯光，他们惊讶地发现，趴在眼前的这个奇异动物是他们从没有见过的浑身长红毛的怪家伙！他们谁也不敢靠近它，就那样僵持着。蔡师傅又按了几声喇叭，怪物就回过头露出个长脸，它的头发很长，像是雌性，眼睛不反光，跟人一个样。

由于事情发生得太突然了，这几个林区领导人一时竟束手无策。他们面面相觑，发起愣来。在这个怀孕的怪物面前，周局长开始有点儿沉不住气，于是就拾起一块鹅蛋大的石头，猛地向它的屁股砸去。怪物受到惊吓后，本能地爬了起来。它转过身子后就迟缓地顺沟而下，消失在黑漆漆的林中了……

事后，他们六人重新上车，大家开始议论纷纷。舒家国和蔡新志二人都曾是猎手,很多年来出没于深山老林,见多识广,最有发言权。舒家国第一个说道:"我从小就喜欢打猎,见过许多动物,可从未见过这种浑身长着红毛的动物,不知道它的情况,所以今天我没敢动它。"后来他们在反复的回忆中,一致得出了这样的结论:这动物肯定不是熊,也不是猴子,而是一个与大猩猩相似的家伙,很可能是一个母野人。

回到松柏镇后,他们当即决定,以林区政府的名义发出一封加急电报。就是上面提到的第二封电报。

第二个故事

黄万波是地质学家,也是古人类学家。他回忆说,"文革"初期时,湖北省水利设计院的副院长翟瑞生曾经向中国科学院古脊椎动物与古人类研究所递交了一份报告,说他自己在神农架遭遇了野人。黄万波至今仍保存着当时的资料。以下就是翟瑞生那份报告中描述的内容:

"1946年秋,新五师开始突围。至1947年春节前的一天,我们一个团的部队走到兴山县与房县交界处,即现在的神农架林区酒壶坪,看到这里是大片原始森林,十分荒凉,几十里路从未见过人烟。中午时分,我们行军走到一条山沟边,赫然发现在沟底树丛旁站着两个很像人的动物,正抬头笑着看我们从沟顶上走过。它们满身是毛,高的是个母的,两个乳房很大,身上的毛是黑红色的,头发较长,是淡棕色的,披头散发,个子比普通人高,块头很大,体胖,脸、手都显得很脏。当时我们与它们相距仅20多米,看得较仔细。它们的脸不同于猴脸,身上的毛不像猴子那样密,眼睛大而圆,不同于猩猩,五指与人差不多,脚趾是张开的。那时我是排长,一起行军的2000多人都看到了,由于纪律严,没人理它们。战友们说这是人熊,有的说这是'野人'……"

第三个故事

除了上述的书面报告,还有一份有关野人的资料,有助于我们进一步揭开谜底。这就是前湖北省军区副总司令员南海同志1976年来房县时的谈话记录稿:

"大约在1949年前后,我执行剿匪任务时,从房县往竹山的途中,看到在山沟那边上站着一个满身是毛、头发披下的'野人'。当时,我骑着马,战士们跟在我后头。突然,战士们都拥到我前边去了。怎么回事?我向周围仔细一看,原来是山沟对面的

神农架神农坛

山上站着一个满身是毛、头发披散的'野人'。因为距离不远,我们看得很清楚。从阳山到长岭的途中,我也听到许多有关'野人'的传闻。当时的房县南山,正是今天的神农架林区。"

第四个故事

在神农架地区,有关野人传闻的实地调查工作一直就有,从未中断过。其中,以李健的研究成果最为显著。李健是湖北省郧阳地委宣传部副部长,有"野人部长"的称号。

时间: 1974年6月的一天。

地点: 房县桥上公社(海拔700多米)。

人物: 李健、贯云麟(桥上公社书记)。

事件: 李健在听取贯云麟作工作汇报时,突然被一件奇事深深吸引。以下就是他们当时的谈话内容。

神农架野人栖息地

老贯:"最近,我们在修筑磷矿公路时,碰到一个特殊情况,搞得人心惶惶。"

李健:"什么特殊情况?"

老贯:"这里的群众反映见到了'野人',吓得社员们不敢出工,娃娃们不敢上学。"

李健:"野人!"(他当时心里一震,走马上任5年来,还是头一回听说这么个名词。)

于是连忙追问:"'野人'是什么模样?"

老贯笑了笑,说:"'野人嘛,像人,站着走路,浑身长毛,披头散发,头发很长,还会抓人。"

在强烈的好奇心驱使下,李健开始对野人产生了兴趣:他很想知道"野人"到底是怎么一回事。

第二天,他就和县文化馆的小孙一起去寻找目击者,准备了解一下"野人之谜"。他们首先找到了清溪沟大队副队长殷洪发,据说一个月前他曾遭遇了野人,并与野人打过架。以下是殷洪发描述的当天的具体情况。

时间: 1974年5月1日上午。

地点: 大黑山东部的青龙寨。

经过: 殷洪发起初是在砍葛藤。当他听到坡下传来脚步声时,以为是有人走来了,就头也不回地问:"是哪个呀?"然而没有人回答。于是他转过头看了看。只见一个怪物正大步向坡上走来。那怪物全身麻灰色,披头散发,两脚能像人一样直立行走。只见那怪物几乎是飞奔而来，一出手就想抓人。殷洪发虽然吓得一时惊慌失措起来，但说时迟，那时快，随后他就举起手中的镰刀，朝着怪物的左臂砍去。紧接着，他左手一把抓住怪物的长发。可是它把头一摆，猛地转身逃走了，殷洪发只抓到了二三十根头发。

神农架野人谷

殷洪发回家后越想越奇怪，觉得事有蹊跷，于是就带着那绺头发，去请教当地一位72岁的老人。他就是清溪沟三队的查成先。以下是他们的对话。

查成先："那动物是啥模样？"

殷洪发："当时情况来得太突然，我只是在它冲过来时，看到它是红红的眼睛，圆圆的嘴，大约五六寸长的披发，遮住了大半张脸。"

查成先："是'野人'！"（他激动得拍了一下大腿，相当肯定地说。）

查成先之所以如此肯定地说那个怪物就是野人，是因为他年轻的时候曾亲眼看到过一个被打死的"野人"。也就是下面要说的——

第五个故事

时间：1945年的一天。

地点：神农架马鹿厂大坪。

人物：查成先。

当时，他从远处看见一大帮人正在围观着什么东西，于是凑上去想看个究竟。原来，地上躺着一个被打死了的女野人。它身长七八尺，又瘦又高。

查成先回忆说："脸像猴子，眼是圆的，耳朵比人的耳朵大，鼻子生得比人鼻要上些，手膀子和人的膀子差不多，腿比人腿细，手指比人的手指长，脚比人脚大，前窄后宽，脚趾稍弯。除屁股上可清楚看到皮肉外，身上全是毛，头上的毛很长，是白色的，身上的毛是白麻色，背脊上的毛是麻红色。"

查成先于是问别人："怎么打死的？"

当事人说："这个'野人'常来偷苞谷吃。我们一来，它不是逃走，就是往树上爬。这次，因偷蜂蜜吃，不知怎的把眼黏住了，我们轻轻地走过去，它没发现，我们就用棍子把它打死了。"

在听了野人的传闻后，李健把自己了解的有关情况写成了一份报告，题目叫《在人和猿人搏斗中，房县发现活着的猿人》。

这报告很快就在《人民日报》内参上刊登了出来。新华社记者胡烈斌前来采访。在李健的陪同下，胡烈斌走访了殷洪发。因为在他来之前不久又发生了"野人"与朱国强夺枪之事，所以胡烈斌又走访了朱国强。下面就是——

第六个故事

时间： 1974年6月16日。

地点： 神农架龙洞沟。

人物： 朱国强（房县回龙公社耕牛饲养员）。

神农架野人脚印标本

起因： 朱国强去龙洞沟放牛。

朱国强回忆说："快到中午下工时分，我靠在路边打瞌睡，四头牛在我身后吃草。我迷迷糊糊刚睡着，牛铃的响声把我惊醒了。睁眼一看，一个满身棕色毛的人样动物站在我面前。我吓得心惊胆战，莫非这就是人家讲的'野人'？我放牛时都带着一支小土枪，打小动物用。我端起土枪对着它，想把它吓走。可它非但不走，反而用手抓住枪管。我用力推拉都不能让它放手。我就一扣扳机，'砰'地放了一枪，但没打中它。它的脸色顿时变得难看起来，嘴张得很大，我心更慌了，喊人也喊不到，只有用尽全力把枪往前一推，它跌倒了，也把我带倒了。我爬起来，它也爬起来。我两腿打战，心想这回没命了。没想到，在我后面的那头黑牛，头一低，哼着气，向那野人顶过去。野人这才松开握枪的手，跑掉了。我趁机拿起枪跑下了山。后来找了四个人打着锣上山，才把四头牛找回来。"

李健："为什么打锣？"

朱国强说："人们都说'野人'怕打锣。那动物不是熊，它像人，没尾巴，有一股腥气。它是公的，我看得很清楚。"

后来李健又陪着胡烈斌驱车来到神农架，找了几个目击者了解情况，他们就是林业工人周忠虎、赵春祥等。于是就有了下面的——

第七个故事

时间： 1968年8月的一个星期天。

人物： 向培海、陈怀林、周忠虎、赵春祥等7人。

他们从早上5点多钟出发，去巴东垭挖药。挖药结束后到了下午5点多钟，他们打算下山，就坐在黄草坪稍事休息、吃干粮。这时，赵春祥突然看到在几十米远的箭竹丛中闪出了两个身高1.8米左右的人样怪物，特征是白毛、尖头、两脚走路。他连忙对周忠虎说："快来看！快来看！"周忠虎回头一看，确实有两个白毛动物在竹丛里。陈怀林等其他6人也先后看到了,吓得吼叫起来。怪物听见人声后,见有一群人,于是就跑开了。

接着,李健又写了《关于"野人"的进一步调查》一文,印发给有关单位和个人参阅。此后李健副部长就与"野人"结下了不解之缘,成了中国野人研究的先驱,并得到了一个雅号——"野人部长"。

第八个故事

时间: 1976年6月15日。

地点: 中国科学院古脊椎动物与古人类研究所。

起因: 黄万波、张振标等人组成野人考察小组,前往神农架考察。他们的目的是核实林区党委6个干部遭遇野人的事件。由此,神农架"野人"科学考察的序幕便拉开了。

经过: 6月19日晚上,黄万波突然接到紧急电话,说是今天有一个女社员被"野人"吓昏过去了,要求他们立即赶赴现场。那女社员名叫龚玉兰,是房县桥上公社群力大队人。

6月20日凌晨,天还未亮,黄万波找到了龚玉兰处。下面是她讲述的奇遇:"6月19日一大清早,我在植树湾打了满满一筐猪草,正拉着4岁的儿子往家走。刚刚翻过坯子口不远,猛然看见离我两丈远处有个红黑色的东西在晃动。走近几步一看,吓得我大叫一声'妈呀',冷汗都出来了。只见一个两米高的'儿娃子'(公野人)在一棵栎树上蹭痒,脊梁骨在树皮上磨来磨去,浑身是浓密的像蓑衣色的毛,嘴巴上还有胡子。"

野人看见龚玉兰后,就龇牙咧嘴冲着她走过来。她当时吓得惨叫一声,拉着孩子就跑,把装猪草的筐子也随手扔掉了。当她拉着儿子跑到队长家门口时,孩子摔了一跤,哇哇大哭起来。野人这才停住脚步没再追,呵呵地笑着离去了。队长妻子听到动静后跑出了房门,只见龚玉兰浑身的衣服已被汗湿透了。她嘴里直喊:"野人!野人!……"当时就晕了过去。过了好久才醒过来。

听完龚玉兰的讲述后,黄万波和她开始了下面的对话。

黄万波:"那家伙(野人)蹭痒是两脚站着还是四脚落地?"

龚玉兰:"站着的,跟人站着蹭痒一样。"

黄万波:"它追你时,用几条腿跑呢?"

神农架景区

龚玉兰:"跟人一样,两条腿。"

黄万波接着拿出了几张图片让她指认。她先是看了看豹和熊的图片,摇摇头没吱声。而当看到站立着的猩猩图片时,激动得大声嚷道:"就是这个样子!但毛比它还要长!"

黄万波在龚玉兰的带领下,来到了现场进行考察。就在野人蹭痒的那棵栎树上,离地面1.3米到1.8米的地方,他发现了几十根长短不一的棕褐色野人毛。

结果: 黄万波将毛发送回了北京,后由中国科学院、北京医学院、北京市公安局法医组织进行了联合鉴定,并与熊类和其他灵长类动物的毛进行了比较。鉴定结果排除了熊毛的可能性,肯定了这是高级灵长类的毛发。这次毛发鉴定,首次使用了微观水平的实验方法,标志着中国"野人"之谜的揭示已开始从神话、传说、目击者提供证词这类原始的初级阶段向科学考察阶段迈进了一步。也正是这次毛发鉴定,为以后神农架"野人"的综合科学考察提供了实验依据。

第九个故事

时间: 1999年8月18日11时40分。

地点: 神农架自然保护区白水漂。

起因: 9名外地游客在此地突遇一个奇异动物,它动作敏捷,能够直立行走,全身灰黑,头发蓬乱齐肩、短颈、屈腿背弯,身高1.7米以上。

经过: 21日16时,戴铭、张金星、李宗道、乔克财等12人对目击现场进行了核查。

在目击地,有可辨析的脚印20多个,但清晰完整的脚印只有5个。具体数据如下:印长32厘米,前最宽14厘米,后最宽9厘米,前压痕深5厘米,后压痕深2厘米,步距90~120厘米。

结果: 经过对现场的核查和对脚印的分析,戴铭和张金星认为,它们是一类未知的奇异动物,也就是民间传说的野人。

以上9个故事,究竟能不能证明神农架真的有野人存在,大家可能会见仁见智。但我们相信,终有一天,人们会揭开神农架野人的神秘面纱。

云南沧源"野人"之谜

中国云南的沧源县是个多民族聚集的地方。它与缅甸接壤,地处亚热带,平均海拔达2600米。这里原始森林茂盛,溪流交错,湖泊众多,野生瓜果丰富多样,加之洞穴较多,因此非常适宜奇禽异兽栖息繁衍。这里关于"野人"的传闻由来已久,而且有大量的所谓"目击者"声称亲眼见到过。下面是一些相关事件:

云南沧源崖画景区佤族群众扮演的"野人"形象

事件一：据当地的勐来小学校长金有储讲述，他和几名佤族老乡在进入森林砍柴时，发现了两个野人。起初他们只是隐约听见从河边传来一阵嬉笑声，于是就上前拨开枝叶打算看看，结果发现有两个披着长发的裸体女野人在河中洗澡，当时正在互相用毛茸茸的手掌擦背。它们形体与人相似，皮毛呈棕色，两只大乳房坠到了肚脐，很是奇怪。

事件二：据拱撒寨老人阿迪说，他曾在某个深夜看到了一个野人。当时，他在自家的木楼已经睡觉休息了，不料睡梦中被猪叫声惊醒了。他赶紧起身跑出了房间，结果看到了一个高大粗壮、浑身毛茸茸的野人。它居然背着一头猪消失在了树林里。因为他家的木楼位于寨边，紧靠着树林，且楼底养着猪。

事件三：据永安寨的猎人们说，他们曾经用弩箭射中过一头毛茸茸的母"狢"。然而令人奇怪的是，就在刚射死了母"狢"后，从暗处突然冲出了6头披头散发的"狢"，它们还捡起石块和树枝向猎人们砸来。双方随即展开了对抗，等到"战斗"慢慢平息下来之后，在其他同类的掩护下，一头粗壮的公"狢"背起那头被射死的母"狢"，逃进了森林。这种"狢"已经有人类早期的生产和生活技能，但它到底是不是跟人类有近亲关系，目前还是一个疑问。

事件四：据班列寨的佤族猎人说，他曾猎回了一头雌"狢"，还把它关在了木笼中，打算驯养。那头雌"狢"乳房较小，似乎还未交配过。它被关在笼中时还懂得害羞，特别是当有男人观看时，它就会蹲在大木笼中的小凳上，夹紧双腿，用双手遮住乳房。它像人一样有丰富的表情，会哭会笑。可惜的是，自从被关在笼子里之后，它不吃人们丢进来的芭蕉、椰汁等，忍受了两个月后就饿死在了笼中。

事件五：据当地人说，"野人"在发情期还会寻找人类作为交配的对象。永安寨的佤族姑娘朵娜回忆说，1991年4月的一天，她在进森林采银耳的途中，遇见过一个直立的野人。当时，公野人从暗处跳了出来，毛茸茸的下身隆起，盯着她不住地嬉笑。之后它粗暴地拽住朵娜的背篓，撕扯她的衣衫。朵娜虽然是个姑娘，但身强力壮，她一下子摔掉了背篓，又拼命挣开野人的手，转身就跑开了。她一边跑一边大声叫喊。这时，几位佤族大汉听见呼救声后冲了过来。公野人见势不对，便悻悻然逃进了浓雾中的树林。

事件六：1980年春节，李应昌在山垭口击毙了一个骑着羚羊的长毛怪物。它体重约80斤，身高1.2~1.3米，有个2厘米长的尾巴；长发披肩，除头发外，全身毛发稀疏；有额部，肩宽，双臂过膝，胸部平整，脚趾呈菱状球形，对掌，趾细长，大趾粗壮发达，趾甲尖而上翘；神情看起来极像一个老头。带着好奇之心，李应昌把怪物的一只左脚掌带了回去。1981年，李应昌将野人脚掌送至云南省博物馆。经著名古人类学家贾兰坡教授鉴定，该生物为合趾猿。这只脚掌率先向世界证明了除马来西亚和印度尼西亚的苏门答腊岛外，我国也存在合趾猿这种最接近人类的高级动物。

事件七：据班洪乡班莫寨的人们说，1990年12月，他们捕获了一只"狐"。它的头部与四肢分别被段世琳（中国"野人"考察研究会会员、沧源县中学历史教师）和王军、李景煜（云南省历史研究所的两位会员）带回了昆明。后经省博物馆的古人类学家张兴永鉴定，得出了以下结论：这种"狐"是一种体形巨大的高等类人猿。

在苍山洱海的阿佤山和西双版纳原始森林，野人频繁现身，这说明了好的生态环境是野人这种高级灵长类动物赖以生存的物质条件。云南省政府已经制定了相关法律法规，以此来保护亚热带雨林这种得天独厚的自然生态。同时，有关专家还呼吁相关部门迅速制定法令，保护合趾猿这种接近人类的高级动物。

新疆阿尔金山"大脚怪"之谜

阿尔金山自然保护区的"魔鬼谷"被称为"中国百慕大"。1999年春节前夕，《新疆经济报》刊出了一条简短消息，它迅速在天山南北引起了轰动：有人在阿尔金山发现了一种神秘的"大脚怪"！据称这些诡秘的怪物"脚印有一只羊腿那么长，步幅为成年人的一倍多"。那么，它到底是什么动物呢？它是否和苏联、尼泊尔的"雪人"及我国的神农架"野人"有关系？

阿尔金山位于新疆巴音郭楞蒙古自治州若羌县南部。它是昆仑山的支脉，呈东西走向。其平均海拔4500多米，是第三纪末地壳变动时形成的封闭型山间盆地。由于这里群峰巍峨，峡深谷幽，丛林莽莽，人迹罕至，所以非常适合各类野生动物生息繁衍，是一片天然乐园。这里已被国家

阿尔金山沙漠风光

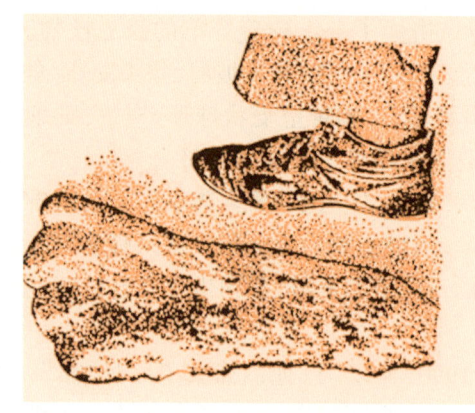

确立为野生动物保护区。保护区里有野骆驼、斑头雁、雪豹等珍禽异兽50多种。其中，仅国家保护级珍稀野生动物就多达15万余头。

可是就在这个保护区里，突然出现了神秘之物——"大脚怪"。这让许多动物专家一时惊得目瞪口呆、措手不及。

第一个故事

时间：一个风雪交加的傍晚。

人物：买买提·内孜（目击者，当地维吾尔族牧民）、阿不都逊（讲述者，保护区工作人员）。

起因：买买提·内孜在阿尔金山坡一带放牧。

当时，他突然发现一个巨大的怪物，它没穿任何衣服，能够直立行走，上肢还在不停地摆动，像是一个篮球巨星一样。他想仔细观察一下，但由于风大雪浓，能见度低，只能隐隐约约看到这些情况：怪物通身无毛，无法辨清其毛发色泽，披头散发，能在雪野上行走如飞。没过多久，那个怪物就消失在了鹅毛大雪之中。当时，他感到又惊又怕，但还是充满了好奇，于是就沿着怪物行走过的踪迹仔细查看了一番，并有了这样的发现："（它的脚印）足有一只羊腿那么长，步幅是成年人的一倍多。"

对于这个"大脚怪"，自称目击者的一些牧民对它的描述大体相似。有的人甚至就把这种怪物叫"雪人"或者"野人"。把关于"大脚怪"的各种传闻综合起来，它的特征如下：身高2米左右；身体看似笨重但反应灵敏，能够轻盈跨越1米多高的障碍物；喜欢在雪天外出活动，但不像别的猎食猛兽那样爱袭击人。

然而，这仅仅是当地人讲述的一些传闻，并没有确凿的证据可以证明。那么，阿尔金山"大脚怪"是不是只是一种传说呢？或者，它根本就是不存在的动物？有专家讲述了下面的——

第二个故事

时间：1984年10月8日。

地点：阿尔金山穆孜塔格峰。

那天，新疆登山队的4名运动员打算攀登阿尔金山穆孜塔格峰。晚上，他们住在了一个海拔约5800米的冰斗里。第二天早晨，他们醒来后发现帐篷四周竟布满了一个个巨大而清晰的脚印。这些脚印是向前延伸的，最后消失在一个巨大的冰川里。

当时，跟随新疆登山队一起上山的摄影师顾川，在穆孜塔格峰下的一个沙地（海拔近 5000 米）上，拍摄到了一些十分清晰的大脚印。他们还当场对这些脚印进行了测量，得出了以下数据：长 50～67 厘米，宽 13～15 厘米，深约 4 厘米，最深的约 6.5 厘米，步幅一般超过了 1.5 米，最大跨度近 2 米。一般情况下，常人是根本无法进入这种艰苦的奇寒环境里的。也许，这就是长期以来人们难以发现"大脚怪"的主要原因。

第三个故事

此外，据一位叫阿孜古丽·克尤木的中年妇女说，她曾听到过一些奇怪的声音，那可能就是"大脚怪"发出的声音。那些声音和她在电视里听到过的猿猴发出的"喔卟……"的叫声很相像。尤其是在风雪天，特别是在黄昏时分，就能听到。

也有人说大脚怪是熊。而在新疆地区的另一个山脉——阿尔泰山，人们在永久冻土层发现了一截被冰冻并保存完好的"带毛胳膊"，这其实是一截肢体，很像类人猿的前肢。据科学家们研究，它已经有几千年的历史。对"胳膊"的 DNA 检测得出了让人吃惊的结论，尽管没办法确定"胳膊"主人的身份，但是已经排除了是熊的胳膊的可能性，被初步定为"人类的近亲"，和人类有很多相似之处。

关于"大脚怪"，新疆动物学教授谷景和认为：它极有可能是国家级保护动物藏马熊。因为藏马熊行走时，后爪紧跟前爪，踏在前爪踏过的地方，但只有部分与前爪印重合，这样，人们便看到了酷似人类的大脚印。

这个看法虽然让人震惊，但不少人也表示认可。不过谷教授的观点也给人们留下另外一个疑点："大脚怪"为什么能长时间直立行走？所以，阿尔金山"大脚怪"之谜仍然难以解开。也许，"大脚怪"神秘的面纱之下还隐藏着更多的秘密。但我们相信，随着时间的推移和科学的进步，这个谜团终会大白于天下。

喜马拉雅"雪人"之谜

在藏语里，"喜马拉雅"是"冰雪之乡"的意思。

喜马拉雅山脉是世界海拔最高的山脉，位于亚洲的中国与尼泊尔、巴基斯坦、印度等国之间。东西全长 2400 多千米，南北宽 200～300 千米。西起克

活跃在喜马拉雅山里的"雪人"

什米尔的南迦—帕尔巴特峰（北纬35°14′21″，东经74°35′24″，海拔8125米），东至雅鲁藏布江大拐弯处的南迦巴瓦峰（北纬29°37′51″，东经95°03′31″，海拔7756米）。主峰珠穆朗玛海拔最高，为8844.43米。

喜马拉雅山风光

世界上有很多未知的神秘生物，"雪人"就是其中之一。关于"雪人"的传说，最早可以追溯到公元前326年。据西藏当地人说，"雪人"高1.5~4.6米不等，头颅尖耸，红发披顶，周身长满灰白色的毛，步履快捷。"雪人"的传说得到了神秘动物学家的承认，同时也吸引了无数探险家来到喜马拉雅地区进行考察和探险活动。

18世纪，世界上最早有了喜马拉雅山"雪人"的信息。在那时候中国的一张描绘西藏高原野生动物的古画上，出现了"雪人"的画像。它被西藏人称为"朱泰"，被尼泊尔人称为"米泰"。

1889年，英国军官L·A.沃德尔最早宣称见到了"雪人"踪迹。当时，他在攀登喜马拉雅山脉东北部的一座雪山。就在海拔5100米的地方，他突然发现有一个深深的大脚印。跟随他的搬运工夏尔巴告诉他，这脚印是"Yeti"（夜帝）的，夜帝是一种凶猛的"雪人"，饥饿时可能会吃人。

1925年，西方报刊中出现了最早见到"雪人"的比较可靠的报道。当时，英国地质探险队在喜马拉雅山上进行考察活动。汤巴兹作为希腊摄影师，是该探险队的一名成员。在海拔4500米的高处，一个人形动物突然闯入了他们的眼帘，它正在300米远的一个低斜坡穿行。汤巴兹说："毫无疑问，这个动物的体型确实很像一个人，直立行走并且偶尔停下时，会连根拔起或拉起一些矮小的树木。与雪比起来它显得有点儿黑，直到我能够辨认它并没有穿衣服。它们在外形上非常像人脚的形状，但脚也只有18~21厘米，最宽处12厘米，五个脚趾的痕迹非常清晰，但脚后跟的轮廓却有些模糊……"

遗憾的是，这个人形动物在汤巴兹按下照相机的快门之前，就很快消失了。不过，这位摄影家在那个动物出现的地方看到了雪地上的脚印。脚印总共有15个，每两个之间的距离为30~160厘米。下山后，他向当地人打听这个动物的名字，人们告诉他那是"干城章嘉峰魔鬼"（干城章嘉峰属于喜马拉雅山山系，为世界第三高峰）。但汤巴兹并不这样认为，虽然他也不知道那是其他的什么东西。也许，他看到的只是一个流浪的佛教徒、一个印度修士或者一个隐士。而当夜帝的故事开始流传时，汤巴兹怀疑他看到的人形动物也许正是一个夜帝。

1951年，在位于中国和尼泊尔之间的海拔20 000英尺（6096米）的门朗冰河的西南坡，英国登山家艾瑞克·西普顿和麦克尔·沃德发现了一些脚印，并拍下了著名的"冰镐和脚印"的照片。这与汤巴兹看到的脚印不太一样，比汤巴兹看到的要大得多。每一个脚印长54厘米，宽39厘米。西普顿和沃德曾跟着这些足迹走了约1600米，最后看到它消失在硬冰里。西方探险家之所以对雪人的兴趣达到了前所未有的痴迷程度，完全是因为"冰镐和脚印"这张照片。直到1997年，仍然有几个专家对这张照片进行过真伪鉴别。经仔细研究后，他们一致认为照片不是伪造的。

1960年，为了前往喜马拉雅山追踪"雪人"的踪迹，埃德蒙·希拉里和著名作家、冒险家戴斯蒙德·道伊格组织了一次探险。虽然他们带着上百万元的装备，但此次探险的收获仅是一块"雪人"的带发头皮、两块"雪人"身体其他部分的皮毛。而且，这些都还是当地一座寺庙里的喇嘛送给他们的。

1975年的一天，一个波兰登山队从尼泊尔南侧攀登珠穆朗玛峰。那个夜晚，登山队员们正在帐篷里歇息，忽然有一张怪脸伸进了帐篷。那怪物脸上、头上长满了长长的棕红色毛发。这突如其来的怪脸吓得队员们惊叫起来，叫声也吓着了这位"不速之客"，随后它便迅速消失了。当队员们追出帐篷外时，什么都没发现。后来，人们说这怪物可能就是"雪人"。

1986年，意大利登山家因霍尔德·梅斯纳宣称在喜马拉雅山看到了"雪人"。梅斯纳在登山界的声誉，不亚于甲壳虫乐队在摇滚界的声誉。自从1986年目睹雪人后，梅斯纳放弃了去其他地区登山的计划。此后，他把自己的大部分时间和精力都花在了喜马拉雅山和它周围的地区，这样做的目的只有一个——寻找"雪人"。在经过12年的考察研究后，梅斯纳得出了以下结论："雪人"其实只是生活在雪山上的棕熊，一点儿也不神秘。

2001年，在喜马拉雅山脉东段南坡，人们又有了更新的发现：找到了一根长长的红色毛发。对这根毛发，牛津大学的专家布莱恩在进行了DNA研究后，得出了以下结论：毛发的主人是个谜，因为它既不是熊，也不是和人类有血缘关系的任何灵长类动物。

关于喜马拉雅山上的"雪

喜马拉雅山雪景

人"，综合人们多年的考察和研究所得出的结论，它可能是下面三种东西。

其一，它是"奏特（音译）"。这是夏尔巴人对"雪人"的称呼。"奏特"是一种大型动物，其毛发浓密，经常袭击牛群。它的真实身份可能是西藏蓝熊。

其二，它是"西尔玛（音译）"。这是西藏山里人对"雪人"的称呼。"西尔玛"生活在尼泊尔的最北端，它的真实身份可能是长臂猿的一种。

其三，它是传说中的"雪人"。这种动物全身的毛发呈黑红色，生活在海拔6000多米的高山之上。

但是，夏尔巴人和西藏的山里人并不关心"雪人"是否存在。他们认为那是民间传说中的一群幽灵。至于怎么对付"Yeti"，他们自有一套办法：如果遇到它，你就应该迅速往山下跑，而它也会追你。但你不用害怕，因为风会把它的长发吹到它的眼睛里，这样它就会暂时看不清楚东西，所以很容易滑倒，于是你就有逃脱的时间了。

雪人身上有一股难闻的刺激性气味，当地人认为这是超自然的能量，它能够任意消失。他们还说，看到它总会给人带来噩运，甚至是可怕的死亡。

喀纳斯湖水怪之谜

喀纳斯湖位于新疆阿勒泰山脉地区的边境小县布尔津境内。"喀纳斯"本是一句蒙古语，意思是"美丽而神秘的湖"。它的湖面海拔为1374米，长24千米，平均宽约1.9千米，湖水最深处196米，面积45.73平方千米。它北与哈萨克斯坦和俄罗斯相邻，东与蒙古国相连，属于喀纳斯自然保护区，也是我国唯一一个位于四国交界处的保护区。

喀纳斯湖是火山口湖，当地牧民一直传说湖中有大型"水怪"，常常将在湖边饮水的马匹拖入水中。1980年，第一次有人声称目击水怪的消息在《光明日报》上刊登出来，立刻引起了世人的关注。水怪被称为"喀纳斯湖怪"。水怪惊现喀纳斯湖后，喀纳斯湖就像一块巨大的磁铁一样深深地吸引着大量好奇的科学工作者和普通游客，他们纷纷来到这里探秘。于是，不时有人声称见到了水怪。

1985年夏天，以新疆大学生物系教授向礼陔为领队的一支科学考察队来到了喀纳斯湖，他们的目的之一就是考察喀纳斯湖里

喀纳斯湖风光

喀纳斯湖神仙湾

面是否真的有水怪存在。最初,他们在湖边观察了几天,但都一无所获。后来的一天早晨,他们发现湖水的声音突然有了变化,只见湖面上涌起一阵浪花,有一个巨大的影子在浪花下面游动。在望远镜里,向礼陔隐约地看到一条红色的巨兽缓缓游过并迅速消失。第二天,考察队中有人也看见在水面下有几十个东西在动,好像是大鱼,后来增加到100多个。这些大鱼的背是红棕色的,影子都硕大无比,估计长度在10米左右。由于还没有真正搞清楚这究竟是什么东西,考察队就暂时把看到的大鱼称作大红鱼。第三天,在喀纳斯湖蓝绿色的湖面上,新疆环境科研所的袁国映和同伴们也看到了有很多红褐色的圆点,它们有着像蝌蚪一样的鱼头,并在湖面上形成了很多巨大的影子。其中的有些影子可以隐约看出鱼的形状。袁国映看到的大鱼总共大约有60条。他保守地认为,鱼的长度一般都在10米以上。这些鱼的长度当然匪夷所思。因为迄今人们已知的最大淡水鱼类是产自我国的鲟鳇鱼,身长可以达到7米左右,体重可以达到一吨;而专家们在喀纳斯湖看到的大红鱼的长度几乎是鲟鳇鱼的两倍,仿佛可以和海洋中最大的生物——鲸鱼相提并论!如果这是真的,那么在喀纳斯湖发现的大红鱼绝对称得上是世界淡水鱼之最。

惊人的发现,使得考察队队员们简直不敢相信自己的眼睛。为了解开谜团,他们决定捕捉一条大红鱼。当时他们打制了一个巨型鱼钩,鱼漂是2米多长的圆木,鱼线是用尼龙线做的。令人意外的是,这些大红鱼非常狡猾,无论是用羊腿做鱼饵,还是用野鸭子当诱饵,它们都不会上钩,所以结果还是一无所获。不过,虽然没有捕捉到水怪,但专家们一致认为它们肯定是一种鱼类,并倾向于是"哲罗鲑"的说法:因为这种鱼肚皮呈白色,身上有红色的斑点,成年后红色斑点会更加明显,另外它们生性非常凶猛,行为也很诡异。但是另一个疑问又出现了:过去,人们捕捉到的哲罗鲑的最大纪录只有2米多一点儿,为什么喀纳斯湖的哲罗鲑会如此巨大,达到10米以上呢?这让向礼陔百思不得其解,于

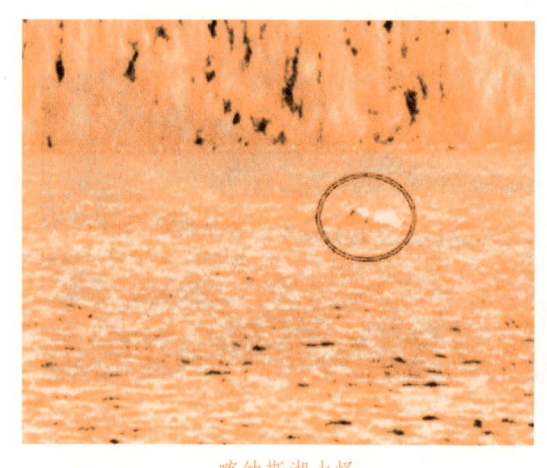

喀纳斯湖水怪

是他就此问题写了一篇论文。论文一经发表,立刻在国内外引起巨大轰动。

1988年7月,任慕莲和同伴来到了喀纳斯湖考察,也是为了捕捞哲罗鲑。大家要知道,捕捞活动只有在晴天才能进行,而且最合适的时间是中午11点到1点之间。刚开始的几天阴雨连绵,捕捞无法展开。直到10多天后,天空中的阴云才渐渐散去,逐渐转晴。但是由于喀纳斯湖有188米深,这也给考察队带来了诸多问题:渔网布置在哪个深度才合适?如何进行捕捞?应该怎样捕捞?一个接一个的问题困扰着他们。

整整捕捉了6天,考察队才有所收获,他们一共抓到了50多尾哲罗鲑。但让人失望的是,它们的个体都非常小,其中最大的一条也就70多厘米长,重量为4.5千克。这究竟是怎么回事呢?考察队没有就此打退堂鼓,而是继续进行捕捞,前后共进行了两个月。最后,任慕莲他们得出的结论是:喀纳斯湖哲罗鲑的长度不会超过4米。随着考察活动的结束,人们对喀纳斯湖的兴趣也逐渐淡了下来。当然也有另一种可能,由于人们在曾经观测到水怪的水域附近做了旅游开发,因此往返穿梭于喀纳斯湖水面上的游艇极有可能会影响到水下生物的正常活动。所以,也不能排除巨型哲罗鲑存在而不被发现的可能性。

2003年9月27日,中俄边境处发生了里氏7.9级的大地震。据喀纳斯湖当地管理局的工作人员赛力克和仝宝明说,他们当时正驾船行进到二道湾,突然就看见了水怪,并觉得那个怪物呈椭圆形,在没有完全离开水面的情况下长度就有10米以上。不过,这会不会是由于地震才使得那个久未露面的怪物又重新出现了呢?答案不得而知。

2004年,一位叫房伟的游客说:"我们在喀纳斯湖看到了水怪,还拍了照片呢!"她的丈夫张平文当时也在场,他说:"我和四五位同事停下脚步向湖心看,真的有东西在游,不是1条,是4条,从喀纳斯一道湾方向往二道湾方向游去,游过的水面划出两道长长的水痕,头一会儿露出水面,一会儿又沉到水里。最大的至少有7米,小一点儿的也有5米多。我立即拿出相机拍下了照片。"从他们拍摄的照片上可以看到,喀纳斯湖水面上的确有个鱼样的东西在往前游,遗憾的是,画面不是很清晰。

2005年6月,一群来自北京的游客声称在喀纳斯湖上看到了水怪。当时,他们乘船游览,当船行进到三道湾附近时,突然看见一个巨型物体从岸边游向湖心。最后,由一个变成了两个,一前一后。从当事人拍摄到的录像中,可以隐约看出水下有个怪物的阴影,有的画面还能看出它露出水面的部分像是三角形的背鳍。如果这个影子真的是哲罗鲑,而且长度达到10~20米的话,那么按照身长和体重的关系来推断,15米的哲罗鲑就会重达32吨,这完全可以与海洋中的鲸鱼相比。

但是,另外的疑问也就相应地被人们提了出来:作为一个生命体最基本的特征,无论是大是小,都要有新陈代谢,如果喀纳斯湖的哲罗鲑能够变异达到10米以上的长度,那么它们究竟吃什么呢?此外,正常情况下,哲罗鲑必须要洄游到湖水上游的浅水中才能繁殖,而喀纳斯上游的河水都是急流浅滩,那些10米以上的大鱼是无论如何也难以通过的。那么,这些哲罗鲑又是如何繁殖的呢?当然也有人猜测,人们看到的水怪可能是新的物种。但是每一个物种都会有幼体存在,人们在多次考察当中并未发现喀纳斯有大型新物种的幼体。

2012年6月21日,新疆喀纳斯景区工作人员王宏桥等人在喀纳斯湖边观鱼台山顶拍摄到了一段视频,画面上出现了神秘水怪,掀起了巨大的浪花。王宏桥说:"(当时)我们同行的人突然发现水面上有异常的波纹,顺着他指的方向我就用DV拍了下来。拍下来一看,这就是以前曾经有人报道过的,所谓'水怪'的波纹。"王宏桥的同伴说,他们看到的是三只疑似水怪的身影,而到了7时17分,水面上又出现了三只游动的疑似水怪,在前进了数百米后,逐渐接近前方的三只水怪。到8时39分,白色亮点开始掉头向东。王宏桥他们觉得,这些神秘的影子应该就是被称为水怪的大红鱼,学名叫作哲罗鲑。

对于这段视频资料,专门研究喀纳斯湖水怪的新疆维吾尔自治区环境保护科研所研究员袁国映说:"我认为从这个画面来看肯定是哲罗鲑。出现这种情况,一般就是大鱼在追逐小鱼,追到了水面上。哲罗鲑是凶猛的食肉性鱼类,它主要是以小鱼、野生水禽、水獭等动物为食。"

一方面,各层次的目击者提出了水怪存在的充足证据;另一方面,鱼类研究专家通过考察后进行了强烈质疑。那么,究竟谁更接近真实呢?在喀纳斯幽深的湖底究竟还隐藏着多少秘密呢?

作为最早关注喀纳斯湖水怪

多姿多彩的喀纳斯湖

的专家之一,新疆大学生物系的黄人鑫教授认为,喀纳斯湖水怪很可能是人们对自然现象的一种误判,比如说它可能是水面上的浪花、浮游生物和漂浮的枯木,等等。如果说目击者看到的的确是某种水生动物,那么它最有可能就是鱼,一种体形巨大的鱼。

长白山天池水怪之谜

长白山是一个充满了神秘色彩的地方,尤其神秘的是,山上有一个绝美超然的天池。然而,自从传闻天池里有水怪以后,天池随之引起了人们的兴趣和关注,无数科学家和游客纷至沓来,打算一睹水怪的风采。

1980年9月18日,《延边日报》对天池怪兽最早做了公开报道。接着,《光明日报》《人民日报》等各大媒体也纷纷发表了天池怪兽的相关文章。

关于天池怪兽,虽然有众多的目击者声称他们亲眼看到过,但是人们对怪兽的描述却莫衷一是、众说纷纭。有人把怪兽形容为蛟龙,头顶方平有角、颈部修长多须;有人把它说成是头大如牛、体形如狗、嘴状如鸭的怪物,有人说它是蛇颈龙,有人说是黑熊,有人说是体形较大的冷水鱼,有人说是朝鲜的快艇,有人说是逆水而上的水獭,有人说是目击者的错觉,还有人说是天外来客……凡此种种,不一而足。

长白山天池的生存条件恶劣,只有几种冷水鱼能够在水中存活。它的水面海拔为2189米,年积雪日达258天,一年之内有长达8个月的结冰期,即便是在盛夏,水温也只有11℃左右。由此看来,天池里面真的会有体形庞大的水怪存在吗?

有科学工作者认为天池里不可能存在怪兽,原因是这样的:首先,天池是火口湖,它的形成历史很短,而短时间内是不可能形成一个新物种的;其次,长白山最近的一次火山喷发在1702年,即使在1702年以前有什么大型生物生活在天池里,它也一定会在火山爆发中毁于一旦。

一方面,人们认为长白山天池内不可能存在大型水怪的,综合起来有以下三种

长白山天池

原因：其一，天池的形成时间较短，不可能有大型的远古生物；其二，天池水温很低，生物难以生存；其三，池水非常清澈，微生物也很少，大型生物缺乏足够的食物，难以在天池里生存。

此外，通过朝鲜科学家曾在天池里放养的一些冷水鱼也能作出判断。现在天池里的冷水鱼已经繁殖了很多。大部分目击者称，他们发现怪兽时，因为距离都较远，所以很容易产生视觉误差。也就是说，他们极可能把浮石或木桩看成是水怪，也有可能把浮出水面透气的冷水鱼看成是水怪。

长白山入口

遗憾的是，虽然有些人还拍到了天池怪兽的照片、录像，但是由于距离过远，所以清晰度不高，看得不是很清楚。

另外，持肯定态度的人认为，天池中存在水怪。他们的理由是：有数以千计的目击者声称目睹过天池中的怪兽，如果说一些人确实是看错了，那么不可能所有的人都是一时眼花，或者是被视觉误差蒙蔽了。这的确让人难以信服！相应地，他们提出了具有科学性的反驳意见：其一，虽然天池水温很低，但是由于天池位于火山口，湖底的情况人们并不了解，也许湖底的水温并不像一般人所了解的那样低；其二，天池底部也许有什么秘密通道通往天池外面，因此即使天池里没有远古生物或者大型的怪兽，却有可能存在不为世人所知的秘密。

关于天池怪兽，虽然有许许多多的目击者和各种各样的传闻，但是直到现在仍然是未解之谜。因为至今还没有真正的大规模的科研考察团对其进行过全面、彻底的考察，它依然只是人们酒足饭饱后的谈资。那么，是否要解开天池怪兽之谜呢？当地旅游部门给出了如下说法：吸引游客不远千里来到长白山的一个重要因素，就是神秘的天池怪兽。如果政府投入大笔科研资金揭开了天池神秘的面纱，一种可能是劳而无获，没有任何有价值的发现；另一种可能是使得天池不再神秘，那么前来参观的游客数量必将大大减少，会使当地旅游业受损。因此，他们认为还是不要解开天池水怪之谜的好，这样才可能吸引更多的游客来长白山观光探险。

青海湖水怪之谜

青海湖,古称"西海",位于青藏高原北部,是我国最大的内陆湖。它海拔3196米,面积4583平方千米,最深处有30多米。从20世纪50年代中期开始,人们就声称在这里看到了"水怪"。下面是主要的三次目击事件。

目击事件一:1955年6月,一位科学家来到青海湖进行科学考察,陪同他的是一小队解放军战士。一天,他们10个人分乘两辆水陆汽车,从海星山东侧向青海湖对岸开去。由于当时正是中午十一二点之际,天气比较热,水面也比较平静。当汽车行进了十七八千米时,班长李孝安看到了惊奇的一幕:右前方80米处的青海湖湖面上出现了一个长30多米、宽2米左右的黑黄色的东西,其顶部基本与水面持平。李孝安当时以为是遇上了长着青苔的沙丘,便提醒司机注意一下。渐渐地,"沙丘"越来越近,在与战士们相距30米左右时,大家都可以看清它。正当人们议论纷纷时,"沙丘"突然向上闪动了一下,露出水面约30厘米,不过马上就沉入水下消失不见了。

目击事件二:1960年春季,正值青海湖捕捞旺季,渔业工人正在湖里捕鱼。突然,工人们发现在遥远的湖心水面上卷起了冲天巨浪。顷刻之间,只见一片黑色的"巨礁"从水面渐渐浮起,像鳖壳又像鲸背,也像一座岛屿。许久之后,那块"黑色巨礁"晃动了一下,于是又激起了一阵冲天巨浪,接着沉入水中不见了。这一景象先后出现了几次,那些目击者相当惊讶。人们开始纷纷传言,说是青海湖里有千年鱼精、龟鳖之类的东西显灵了。

目击事件三:1982年5月23日,青海湖农场五大队二号渔船职工再次目击到了"水怪"。那天天气闷热,湖面风平浪静。下午4点多时,职工驾驶着一艘渔船开始返航。当时站在船尾的两名工人看见了这样的景象:在海星山偏北20度的东面,有一个巨大的黑黄色怪物正在水面上一动一动地游着,其形状就像是一只舢板船反扣在湖面,当然比舢板船要稍大一点儿。它不露头尾,出水部分有13~14米长。"水怪"立即引起了大家的注意,舵手于是立刻掉转了船头直冲这个目标开去……但就在船开到距离这个怪物大约50米的地方时,可能是由于渔船声音太大惊动了它,怪物马上潜下了水去。大概

青海湖风光

从发现怪物到其下潜消失,前后共约 5 分钟。当时,怪物下潜时身上闪着鱼皮似的光,水面上也出现了一道又宽又大的回旋水流,一直持续了很长时间。后来,渔工就把这次目击事件的整个过程详细地记述在了渔船记录簿上。这是关于"青海湖水怪"的第一次真实可靠的文字记载,为后来研究青海湖水怪提供了宝贵资料。

如果综合分析这三次目击事件的话,可以得出这样的结论:其一,水怪出现之前天气都较为闷热。其二,三次目击到的水怪形状均较大,颜色都是黑色类,活动特点都是露出水面一下然后立即下沉,长度都在 10 多米。其三,它们出现的地点都在海星山与青海湖东岸之间。由此似乎可以断定,三次目击到的水怪是同一类东西。

青海湖二郎剑景区

据科学家推测,青海湖水怪不太像是蛇颈龙之类的远古爬行生物。因为三次目击事件中的水怪都是藏头藏尾的,也没有高大的驼峰,这些均不符合蛇颈龙的生活习性。

千百年来,生活在青海湖畔的藏民一向把天上的飞鹰和水中的游鱼奉为神灵,从不伤害和捕食鱼类。因此久而久之,青海湖内的鱼类繁殖达到饱和程度,数十斤重的大鱼是很常见的。虽然新中国成立以来建成了国营渔场后就开始捕捞活动,但是湖内是否还遗留有罕见的大鱼也未可知。当然,说水怪是大鱼可能不足为信,因为最大的淡水鱼也不可能长到十三四米。按照已知资料,淡水鱼长到五六米长就已经是很罕见了。

青海湖水怪既不是蛇颈龙也不是大鱼,那么它到底是什么呢?它的出现已引起世界科学界的关注,相信总有一天,人们会解开这个谜团。

宁夏西吉震湖水怪之谜

西吉震湖是世界第二大震湖、亚洲第二大震湖,位于宁夏西吉县西南 30 千米的苏堡乡。它是 1920 年海原地区大地震后形成的湖泊,形状狭长,绵延 10 千米,最宽处约有 600 米,水面面积为 186.6 万平方米。震湖平均水深 12 米,最深处达 27 米。震湖两边是黄土高坡,沿岸长着茂盛的芦苇。由于震湖地震遗迹明显,具有科学考察、旅游观赏、探奇探险的明显特征,所以已成为吸引游人

西吉震湖

的一大景观。2006年8月,西吉县党家岔地震滑坡、堰塞湖遗址被国家地震局设立为国家级典型地震遗址,并命名其为"西吉党家岔地震滑坡堰塞湖遗址"。

2000年,据《北京晨报》报道,居住在震湖岸边的村民在湖里发现了一个巨型"水怪",这一消息立即引起了大家的关注和兴趣。而当地人说,早在20多年前就有人目睹过水怪,而近几年湖边的村民又频繁发现水怪的踪迹。下面这些事件都是当地人讲述的。

当地党家岔村村民张耀亭是最早的水怪目击者之一。1978年6月的一天,下午2点多。他当时在湖边的山坡上干农活,无意之中发现震湖里出现了一个巨大的黑色怪物,好像是在水面上铺了一条毯子一样。因为距离较远,他没能看清怪物的模样。而当时正好有一只山鹰从湖面掠过,那怪物受到惊吓后就沉到水里了,湖面上溅起了一片水花。

2000年4月19日的晚上,杨下村村民王生明曾趁着月色专门到湖边看过水怪。当晚他从10点多守到凌晨2点多,最后看到了怪物。他说怪物身体很长,露出水面的部分呈弓形,有三四十厘米高。它开始时慢慢地顺水而游,还发出咕咕声。当王生明用矿灯一照后,怪物受到惊吓就"轰"的一声沉入了水底。

2000年4月27日晚9点左右,党家岔村农妇司琴芬两次目睹了"水怪"。当时她来湖边是为了叫孩子回家。就在往湖边走的时候,她忽然发现湖中有一个怪物在慢慢游动,露出湖面的部分呈锯齿形。她本打算凑上前去看个究竟,但是湖对岸有人打亮了手电,怪物受惊后立即沉了下去。而等到亮光熄灭后,那怪物再次浮出水面,游动了20米后又沉入了水中。

2000年5月15日午后,党家岔村村民段成文在湖边散步时,突然发现湖中有一个正在慢慢游动的黑色怪物。它有两只船那么大,露出水面的部分有30多厘米高。他当时吓得惊叫起来,因为两辆拖拉机从旁边开过,怪物受扰后就沉了下去,湖面上出现了一个很大的漩涡。

自称见过震湖水怪次数最多的人,要数苏堡乡杨下村村民权玉国。他说从2001年至今,他看见水怪的次数不下10次。由于他没有照相机或摄像机,故没能将水怪的样子拍下来。2001年4月8日晚上8点20分左右,他第一次发现了水怪。当时,他正在震湖边看渔网,突然湖面传来一阵水波搅动的巨响。起初,他以为是震湖对面发生了山体滑坡,但仔细一看后才发现,原来震湖里有一个如车轮般大小的黑色物体在慢慢游动。约莫五分钟后,这个黑色物体就潜入水中不见了。因为那天正好是农历十五,月光很亮,所以他看得非常清楚。从此他就格外留意震湖中的水怪,先后共目睹过10多次。他还总结出了水怪出现的规律:(水怪)每年农历四五月份时出现的频率最高,且大多在晚上出现,浮出水面时动静较小,但潜入水中及游动时声音非常大。

村民安如泰及李兴民对权玉国描述的水怪的活动特征均表示赞同。2002年5月的一天晚上,安如泰也看到了水怪。当晚他在距家门不远处闲转时,突然发现震湖湖面上耸起了一个巨型黑色物体,像磨盘一样展开了。它形状像柳树顶,游动及潜水时发出巨大的搅动声。

但是,以上目击事件至今还没有得到科学验证。那么,西吉震湖中究竟有没有水怪,至今仍是一个谜,我们期待着谜团慢慢被解开。

洪湖"尼斯湖怪"之谜

尼斯湖位于英国的苏格兰大峡谷,在海平面以下200米,人们称之为"沉在海下的湖"。1000多年以来,尼斯湖不断传出水怪出没的消息,即神秘莫测的"尼斯湖怪"。后来,在地处水乡泽国的湖北洪湖市,人们也发现了中国的"尼斯湖怪"。

双潭位于洪湖市龙口镇境内,是一个古潭。自1969年以来,当地人们曾先后20多次发现有类似"尼斯湖怪"的"水怪"出现。人们说,它的形态有时像巨蟒,有时像巨豚,有时像传说中的龙;它出现的时间有时是在艳阳高照、风平浪静的晴天,有时是在风雨交加、电闪雷鸣的雨天。自此"尼斯湖怪"惊现双潭的消息不胫而走,吸引了数以万计的探险者的兴趣和关注,他们不辞劳苦,纷至沓来。

有很多目击者声称在古潭见到过"尼斯湖怪",那么,它到底有什么新奇的故事呢?以下是一些目击者讲述的相关故事。

1969年农历六月初六。那天,当地村民们传言,田家口江堤将要溃堤(距离双潭堤段30千米)。因为当天还下着倾盆大雨,这令村民黄山树心里非常不安。在妻子的建议下,他将财物装进一个坛子,把它埋在离古潭约50米高的土墩上。刚埋完坛子,他突然发现

尼斯湖水怪

古潭中心处翻起了一股巨浪。紧接着,潭中就出现了一个大约有一只木船那么长的黑杠,正在向西边缓缓游去。黄山树被这种奇异的现象震惊了,于是马上回村约了几个村民,再次来到潭边观看。那个怪物仍在水中。这次他们看了个仔细,怪物无头无尾,身上有鳞,出水10～20厘米,背呈弧形,翅子呈棕黑色。它在水中迂回游动,先后沉浮了3次。大约半小时后,怪物就沉入水中不见了。

洪湖水怪

1974年夏天的一个深夜。当时因为天气特别闷热,在怎么睡都睡不着的情况下,村民刘廷友就去潭边散步。他刚走到潭边,就发现水潭中央射出来两束光。定睛一看,一个黑乎乎的放电怪物正从潭中向他这边游来。如此景象,令他毛骨悚然,于是马上跑回村子叫来邻居、家人等一探究竟。而当人们来到水潭边的时候,水怪早已消失得无影无踪了。

1980年农历正月的一个上午。村民黄国兵等人自称看到了水怪。当时,他们正乘着4条小船对鱼塘进行消毒处理。突然,小船不远处的水面上出现了一条黑杠,有10多米长,呈弧形。从远处看去,它就像是一条反扣在水中的木船一样。遇此情况,船上的几位村民经过商量后,打算一起将怪物围起来探个究竟。但出乎意料的是,那怪物只一会儿工夫就消失不见了。

1984年农历七月的一天晚上。当时,月光融融,村民王华民正在用丝网捕鱼。突然,古潭的东南岸边出现了一个水怪。它像水桶一样粗,形状如蛇,头是棕黑色的,露出水面约有1米高。当时他被吓得惊叫起来,随即丢下渔网就跑回家中了。

1984年秋季的一天。当时,村民刘二姑等人正在古潭边洗衣服。突然,湖面上出现了一个怪物,头部约有洗澡盆大小,像巨蟒一样,正在向她们慢慢游来。她们看得目瞪口呆,后背发凉。而就在怪物靠近她们将近十几米远时,她们纷纷甩掉手中的衣服跑开了。

1985年夏季的一个晚上。村民王云州、王新槐等在古潭中发现了水怪。它有如下特征:怪物头部是圆形的,直径60多厘米;头露出水面部分呈白色,有30多厘米高;一个眼睛闪着红光。当时,怪物并没有向他们进攻,大约几十分钟之后,它向潭中最深处游走了。

1986年夏季的某一天。这是最轰动的一次目击事件。当天下午4点半左右,人们看到了水怪。它浮出水面的身子呈棕黑色,背呈弧形,身长10多米,出水部分为10~20厘米,看不到头和尾。它正悠然自得地在潭中央缓缓游动。当时,潭边聚集了很多围观的群众和学生。人们拿小石块和碎砖投向了怪物,但它却丝毫没有反应。过了一个多小时后,它自个沉下水去了。而后湖面上出现了一个很大的漩涡,场面十分壮观。这个消息不胫而走,一时之间,吸引了众多各地前来观光和猎奇的人。

如此众多的目击案例,不禁让人们心生疑问:双潭中果真存在水怪吗?为此,中国科学院水生生物研究所的有关专家曾专程来到洪湖龙口的双潭,对它进行过深入的实地考察。经测量,得知双潭的一般水深为50米,最深处超过200米。但可惜的是,这次考察仍然没有解开水怪之谜。

当地群众说,虽然水怪多次现身,但从来没有伤害过周边的人们。令人遗憾的是,潭里的鱼却神秘地消失了,估计是被水怪吃了个精光。人们说水怪出没以前,即使不往双潭投鱼苗,每年的鱼产量也能达到5000千克以上,而大的鱼足有30多斤。但是随着水怪的频繁现身,即使每年都向潭中投放鱼苗,鱼产量也少得可怜。以1988年为例,当时村民们投下了100多千克鱼苗。而在年底时连一条鱼也没有捕到。村民不甘心,就采用炸药和其他捕捞手段,最终才捕到50多千克的鱼。

双潭拥有如此好的生态环境,为什么不适宜鱼类生息繁衍呢?当然不会。按照常理,这种现象只有一种解释,那就是潭里的鱼都变成了水怪的腹中物。于是,问题的症结在于:水怪到底是什么物种呢?专家们经过对古潭的考察后推测说:潭底可能有熔岩断峡或者熔岩洞之类的暗河或地下水道,里面常常出现水怪,它们很可能是一种人们日常比较罕见的深水动物,而不是怪物。但是这种深水动物又是什么东西呢?我们相信,总有一天这个谜底会被揭开。

大金湖水怪之谜

大金湖位于福建省三明市泰宁县。因地处金溪上游,富含沙金而得名。大金湖整体形状呈圆弧形,仿佛一轮新月,由东北向西南,再折向东南。湖区有大小溪涧数十条,汇集周边6县市4766平方千米流域的水流,景区总面积136平方千米,其中水域面积26平方千米,全长62千米,有"百里金湖"之称。后来的大金湖时常让当地人心生恐惧,因为那里时常会有游泳者溺水身亡。那么,这到底是怎么一回事呢?当地人们说,可能是大金湖里存在水怪。下面这些与此相关的故事,也许能够说明一些问题。

第一个故事

时间：2003年7月的一天。

人物：宁明远。

当时,他正在大金湖边钓鱼,突然,他的鱼竿被一种很大的力量拖住了。在他快要被鱼竿那头的东西拖到水边时,赶紧叫来朋友的渔船,让他们帮忙准备在船上继续较量。然而出人意料的是,由于不明生物的力量太大了,以至于宁明远等人一直处于被动状态。不明生物一直拉着鱼竿,所以带动了整条船的走向,被拖出去了将近1500米。这时,宁明远眼看形势不对,就放掉了鱼竿,任由它消失在远处。作为钓鱼爱好者,时至今日,宁明远依然坚信那天遇到的不明生物绝不是一般的鱼类。

第二个故事

时间：2005年。

起因：福建省泰宁县的大金湖渔业公司在大金湖里投放了近300万尾鲢鱼苗。

第二年4月,到了收获季,该公司信心满满地撒下了渔网。可是谁也没有想到的是,在连续捕捞了一个月后,捕鱼量只有投放鱼苗数量的1/4,而其余3/4的鲢鱼神秘地消失了。这到底是什么原因呢?

假设上百万条鲢鱼是集体死亡的话,那么水面上应该会到处都漂满了死鱼的尸体,但人们并没有看到这样的现象。而且,从当地环保部门提供的信息来看,大金湖的水质一直保持在国家3级水质的标准,从没有发生过大面积污染导致鱼苗死亡的事件。

就在捕捞队和县农业局的工程师们为水中鱼苗失踪的事情苦恼时,又发生了一件更加匪夷所思的怪事:捕捞队安置在大金湖中的渔网被撕开了一个直径1米的大洞。这种渔网由蓝绿色聚乙烯材料制作而成,相当牢固,一般的鱼根本无法破网而出。除非该鱼的游动速度达到了40千米/小时,才能够冲破渔网。难道真的是水怪干的吗?有人说他们确实看到过大金湖里的怪兽。

经过：那么,这种生活在水底的怪兽到底会是什么物种呢?对当地野生动物有深入了解的、泰宁县一中的生物教师艾建萱说,这种动物的头部宽而略扁,所以它的嘴比较短。有的人说它看起

大金湖风光

来像个猴,它的长度有60~80厘米,体色是灰黑色或者咖啡色。综合这些特征,这个动物四肢比较短小,有指尖,所以它经常需要蹲在那里。所以它很像一种叫作小爪水獭的动物。

艾老师初步判断,这种怪兽就是水獭,而水獭在原先的泰宁金溪边也时有出没。那么,水獭在水中会主动攻击人类并且拖人下水吗?艾老师说,小爪水獭的爪很特别,它的爪能够像人的手一样握东西,所以它有一个习惯,就是经常把东西拖下水;并且水獭有拖抱水面漂浮物的习性,经常把水面上游动的人体四肢误当成漂浮的木头,因此时常会发生抓伤游泳者的事件。但是,水獭和溺水死亡的人是否有必然的联系呢?其实抚仙湖里淹死的人,没有大人,都是年龄在十四五岁的孩子,而且多数是去游泳的。

大金湖水怪:鳡鱼

那么,为什么溺水身亡的人都是十四五岁的少年,而且这些少年身上并没有明显被攻击的伤痕呢?水底的怪兽不是水獭又会是什么呢?为了解开这些谜团,陈胜彪来到屡屡出事的溺水现场,经过多次的勘察后,他发现了一个惊人的秘密。

金溪河的水底起伏不平,深的地方有五六米,甚至六七米,浅的地方却只有一米多。而小孩子都喜欢到深的地方去游泳,在那里,一是石头多,二是漩涡多。而且那个地方的水从上游过来的时候非常急,加之那里天然就有很大的落差,所以说很多大块的石头全沉积在那里了。另外,下游那个位置是一片天然的断裂带,很多泥沙及细碎的一些物质就沉降在那个地方。在这种情况下,这个地方就变得像烂泥塘一样,人只要踩进去就会越陷越深。而在上面比较高的地方,和下游之间正好有个桥墩。这个桥墩在有大水、急水过来的时候,很容易在后面形成漩涡。当孩子们在这里游泳的时候,很容易一不小心就被这个漩涡带来的力量往水下拖,所以孩子们就感觉到好像有人不停地把他往下拽一样,而这恐怕也就是有关"水鬼"的说法的来历了。

由此看来,人们在河边溺水身亡与怪兽无关。那么,鱼群神秘失踪又是怎么回事呢?是不是被水獭这种水生动物吃掉的呢?人们只能重新寻找线索。中国地质大学的李凤麟教授是研究古代爬行动物的一位专家,他说,我们现在看到的比如鳄鱼、科莫多龙还有科罗拉多巨蜥等,其实都是在特殊情况之下,由远古时代的这些爬行动物遗留下来的。因此,如果说当地人都这么推测的话,那么从理论上讲，不是没有可能的。

在泰宁县旅游局工作的陈欣曾对湖中出现水怪的事情展开过调查。在当地，陈欣碰到一位名叫张胜森的僧人，他声称自己见过巨型水怪。根据张胜森的回忆，陈欣绘制出了那种水怪的形象。而让所有人都吃惊的是，这种水怪的样子竟然数百年前就在当地出现过。泰宁古城始建于唐朝，在宋明两朝成了江南地区的文化名城。至今，泰宁古城仍然保留着很多的古建筑，其中保留最为完好的就是兵部尚书李春烨的宅第——尚书弟。在这里，陈欣发现在明朝留下的砖雕和木雕中部有这种头上长角、身披鱼鳞的动物形象，它与张胜森见到的水中怪兽非常接近。如果说明朝人留下的是夸张的浮雕形象，那么现代人是看到了具体的活物。这究竟是什么生物呢？它真的会藏在大金湖的某个角落吗？

这一发现随即引起了人们的极大兴趣和关注。为了解开大金湖水怪之谜，当地捕捞队在大金湖深处展开了一次层层围捕的捕捞行动。首先，在峡谷的边缘放下强度很大的聚乙烯网具，防止水下生物逃入峡谷；然后每隔20米放一道渔网，把水下生物驱赶到较为开阔平坦的水域；最后，用一种特制的高弹性尼龙三层挂网抓捕。

第二天，水面上出现了情况，那是一种体形很大的鱼类。专家分析说这条身长约1米，体重40千克的大鱼是大口鲇鱼。这种鱼虽然是肉食性鱼类，但是根本不具备冲破渔网和拖起渔船的力量，游速也远远达不到每小时40千米。

第三天，人们再次收网时，看到一条奇怪的鹰嘴怪鱼。专家称，它其实是一条鳡鱼。这条鱼由于在收网时拼命游动撞到了船底，所以把头部撞成了现在的模样。鳡鱼是一种凶猛而行动迅捷的肉食性鱼类，力量很大，游速也非常快，但是它显然和人们所见到的水怪大不一样。

第四天，水面上出现了让人震惊的一幕。在收网的瞬间，上层的各种鱼拼命地向水面上空跃起。当人们徐徐将网提起的时候，所有人都惊呆了。原来，这次捕捞到了一条身长1.72米，体重超过70千克的巨大鳡鱼。然而人们发现，这是一条死鱼，颜色都开始变了。

那么，这条巨大的鳡鱼是否就是百万鱼苗失踪的真凶呢？它是否能够穿透聚乙烯渔网，拖动渔船呢？甚至能在25米内加速到40千米/小时呢？

大金湖喀斯特地貌

专家告诉我们,鱼的食量和它的长度、体重是成正比的。也就是鱼越大,每天所要吃的食物就越多。同时,由于鳡鱼的运动量非常大,因此每天所需的食物要比一般鱼类更多。这种鱼的肠子是直线形的,所以消化食物非常快;又因为这种鳡鱼长有骨质的尖颚、桶状的身躯和开岔巨大的尾鳍,所以能够在短距离内加速冲击。渔业公司的渔网因长时间使用,强度减弱,自然无法承受如此巨大的力量。专家推测,大金湖水怪很有可能就是这种号称"淡水霸王鱼"的鳡鱼。

鳡鱼是长江中下游地区一种常见的鱼类,成年个体一般有六七十厘米长。但谁也没想到的是在福建泰宁的大金湖里,它居然能够长到那么大、那么长。专家分析说,大金湖原本只是一条溪水,修成水库之后,湖水变深变大了;此外各种养料也非常丰富,再加上渔业公司又不停地往里面投放大量的鱼苗,这就给鳡鱼提供了非常好的生存条件。

结果: 人们经过一个多月的大力"清剿",结果发现,仅体长超过 1 米的鳡鱼就有上百条,最大的有 1.72 米长,体重超过了 70 千克。虽然如此,上百万条的鲢鱼苗就这么莫名其妙地失踪,肯定养活的鳡鱼不止这些,恐怕还有更大更多的,而且那个最大的才是造成种种神秘现象的原因。

至此,大金湖水怪的谜团终于被解开了。

抚仙湖"水怪"之谜

抚仙湖位于云南省玉溪市,是中国最大的深大型淡水湖泊,也是珠江源头第一大湖。湖面海拔高度 1722.5 米,面积 216.6 平方千米,湖水平均深度 95.2 米,最深处有 158.9 米,湖容量达 206.2 亿立方米。如此辽阔的湖泊,总会带给人们一些神秘的猜想。其实,关于抚仙湖,在当地民间从古至今就流传着很多湖怪、飞马和古城的传言。另一个奇怪的说法是,在抚仙湖上曾经打捞起了一只水怪。那么,这个怪物是什么神秘物种呢?

当地一位老人回忆说,1954 年的时候,他曾在抚仙湖上见到过"海鬼"。那时他只有 7 岁,有一次父亲领着他在湖边用网围鱼。突然,一条个头特别大的"鱼"进入了他们的渔网。它的尾巴一摆动起来,就在水中拍起了 2 米多高的浪头。当时,父亲

云南抚仙湖晚霞

云南抚仙湖风光

吓得大喊一声："围着'海鬼'了！"他当时还不知道"海鬼"是怎么回事，只是被父亲拉着在岸上一路狂奔。幼小的他在好奇心的驱使下回头看了一眼，结果只发现"海鬼"的腹部好像长着黑毛，其他的部位都没有看清楚。而等他见过海豹后，他认为"海鬼"很像海豹。

1987年，在距抚仙湖不远的帽天山，古生物学家发现了大量的古生物化石。这一事件震惊了整个古生物学界。通过对古生物化石的考证，人们得知这些古生物生活在寒武纪时期，距今约5.3亿年。这一著名事件被称为"澄江寒武纪生命大爆发"（澄江即抚仙湖），帽天山从此扬名天下。

由上看来，抚仙湖中是否真有远古遗存的生物呢？答案肯定是否定的。按照生物学常识，一种动物持续存在的时间最多不会超过几千万年，更不要说5亿多年前的古生物还能活到现在。如果这个解释不成立的话，那么，那位老人所描述的"海鬼"只能是其他的怪物了。

根据当地人的说法，水怪出现最为频繁的时间段是夏日的清晨。据清朝康熙年间的《澄江府志》记载："在抚仙湖中，有物如马状，浑身洁白，背负红斑，丈尺许，时出游水面，迅速如飞，见者屡获吉应。"这句话说明，在抚仙湖里出现过水怪，但这也只是一种传闻。

此外，抚仙湖还有关于"海马"的传说。有人曾在清晨打鱼时看到过海马，还有人在天气晴朗时看到过海马留下的脚印，也就是水中的石头上像马蹄印的圆孔。那么，抚仙湖是不是真的有海马之类的水怪呢？现在仍不得而知。

不过令人感到奇怪的是，在抚仙湖一带，每隔几年就会有人会打捞到巨型鱼。这种鱼的最大体重达64千克，有165厘米长。而在其他湖泊，极少会有如此巨大的鱼种。

抚仙湖中还有一种大青鱼，体色基本全白，极有可能就是人们所说的水怪。大青鱼每每出现都在日出或日落时分，当它从抚仙湖水面划过时，经空气折射后的阳光会让它身上泛出十分绚烂夺目的金色光泽。这种奇特的现象，与人们所描述的水怪有十分相似的地方。也许人们在抚仙湖中看到的水怪，就是在惊恐之余产生的视觉误差。

不管怎样，抚仙湖水怪仍是未解之谜，但我们相信，总有真相大白的一天。

神异动物之谜

SHENYI DONGWU ZHIMI

骡子无法繁殖后代之谜

在医学名著《本草纲目》中，李时珍曾解释说，骡分五类："牡驴交马而生者为骡；牡马交驴而生者为駃騠；牡驴交牛而生者为駝；牡牛交驴而生者为䮜；牡牛交马而生者为驱骡。"在明代，这五种杂交牲畜被统称为"骡"。随着时间的推移，骡子的品种现在只剩下两种：驴骡和马骡。

在我国历史上，最早饲养骡子的地区是西北少数民族地区，骡子在中原是极少见的。即使在汉初时期，骡子的身价还可与珊瑚之类的珍品相提并论。直到南北朝以后，内地人民才逐渐掌握了饲养、繁殖骡子的方法和技术，并将其运用于农业生产和运输中。

从体态上看，骡子像马也像驴，但比驴和马都要高大，耕挽能力也要强些。一般而言，驴骡出生后不足 10 个月，就已经和它妈妈的能力相当了，此后便逐渐超过它的妈妈。驴在 4~6 岁时才能达到其成年体格的 95%，而驴骡在 1 周岁时即可达成年体格的 90%。也就是说，骡子在一周岁半就能开始干轻活，2 岁时即可完全进行耕挽活动。

作为民间喜爱饲养的一种家畜，骡子力气大，干活能力强。比如说，一头体壮的中型骡可以拉着木轮大车，然后挽重 500 千克的东西日行 30~40 千米；如果套着胶轮大车在公路上运输的话，挽重 1500 千克不成问题。当然，这都是"杂交优势"所给予骡子的长处。

骡子相对于马和驴来说，唯一的缺点是基本不能繁殖后代，因为它们多半没有生育能力，只有极个别的母骡可以与马或驴交配生殖。通过远缘杂交得到的骡子在一般情况下是不育的，但还是有部分骡子会下崽，这究竟是怎么回事呢？

其实，在任何生物体内，都存在着染色体这种遗传物质。当然，不同种类的生物的染色体数目、形态和大小都是不同的。在生物体细胞内，染色体是成对存在的，一条来自父体，一条来自母体。每一条染色体都有另一条染色体和它相匹配，它们的形态、大小和功能是相同的。这两种染色体就是"同源染色体"。在形成精子或卵子之前，同源染色

骡子

体会进行配对，然后两条同源染色体分别到两个配子（精子或卵子）里去。其中，每一条染色体和每一个配子的配对是完全随机的。然后，它们会通过精卵结合成为受精卵，再由受精卵发育成为新个体。由此而发育成的新个体就具有和它们的亲体一样的染色体数目。

以远缘杂交而言，由于种间差异，染色体的数目、形态大小往往不相同。按照生物学常识，马的染色体数是 64 条，驴的染色体数是 62 条。因为马的卵子染色体数是 32 条，驴的精子染色体数是 31 条，所以如果是精卵结合发育成的新个体——骡子，它的染色体数将是 63 条。

老北京的骡车

等到骡子性成熟以后，会形成精子或卵子，而每条染色体都没有相对应的同源染色体进行配对，这样一来，每一条染色体被分到哪个配子里是随机的。例如，有可能是马的 1 条染色体和驴的 30 条染色体形成一个配子，也有可能是 1 条驴的染色体和马的 31 条染色体形成一个配子。再如，可能是由马的 2 条染色体和驴的 29 条染色体形成一个配子，也有可能是马的 3 条染色体和驴的 28 条染色体形成一个配子……依此类推的话，就可以产生 232 个不同类型的配子。而在这些配子中，只有配子里的染色体是完全来自马的，或完全来自驴的，才会有生育能力。

候鸟迁飞之谜

候鸟是指那些随着季节变化而南北迁移的鸟类。这种鸟类具有沿纬度作季节性迁移的特性，它们夏天在纬度较高的温带地区繁殖，冬天则在纬度较低的热带地区过冬。夏末秋初的时候，它们会由繁殖地往南迁移到度冬地，而在春天时就会由度冬地北返回到繁殖地。

其实，很多动物都会迁徙，而鸟类无疑是演化最成功的一类动物。在每年春秋两季的迁移过程中，候鸟的迁移距离可从数百千米到数万千米。最重要的是，它们还能飞越沙漠或海洋等这些难以停栖休息或补充能量的区域。

关于鸟类和其他生物迁徙行为的起源，至今仍没有定论。多数学者认为，地球上交替出现的冰川期和鸟类迁徙行为的起源有着密切的关系。在冰川活动期，生活在纬度较高区域的鸟类被迫南移，而冰川北退后，鸟类出于本能又会

尼玛甲热布错候鸟

迁回到高纬度的繁殖地，从而形成迁徙行为。也有学者认为，鸟类的迁徙行为源自自然选择的压力。一般而言，迁徙行为是鸟类生命周期中最为艰苦和死亡率最高的阶段，因而在迁徙过程中，有着迁徙行为的鸟类都经历了严苛的自然选择。正是由于有着迁徙行为的鸟类种群在生存竞争中占据了有利地位，所以它本身的压力造就了它们的行为。

对候鸟而言，它们迁徙的原因一直是科学家深感兴趣的课题，从行为生态学的角度来讲，原因是这样的：

温带地区夏季昼长夜短，如果鸟类在温带地区繁殖的话，有很多好处：首先，白天有更长的时间可以觅食、哺育幼雏；其次，温带地区夏季的昆虫量比热带地区丰富；最后，温带地区天敌较少，从而可以避免在物种繁多的热带地区繁殖时需要面临的巢位与食物竞争压力。但是，温带地区也有自身的缺点：冬季气候严寒，经常面临食物短缺的问题。热带地区则相反，虽然繁殖季会面临巢位与食物资源的强烈竞争，同时天敌的捕食压力也比较大，但是冬季的气候温和，且冬季食物资源也比温带地区要丰富很多。

所以说，候鸟因为夏天在温带地区繁殖，冬天在热带地区过冬而兼取两地的好处。当然，人们可能会发出疑问：既然如此，为什么所有的鸟类都没能成为候鸟呢？因为鸟类在迁移中必须付出一定的代价。比如，迁移过程需要消耗大量的能量，可能会遇到不良的天气，也可能是迁移方向定位错误，还有适应不熟悉的新环境，或与其他候鸟类及该地的留鸟竞争资源等问题。从另一个角度说，如果所有的鸟类都采取有较大好处的行为模式进行迁移的话，那么竞争就会变大，原本没有很大好处的行为模式就会相对变得较为有利。因此，不同的行为模式在演化上就都会存在，并达到一个演化上稳定的策略。这也就是为什么有些鸟类会部分族群迁移，而部分族群不迁移的原因。

再进一步讲，以同一族群中冬季不迁移的个体为例，它们可能必须要忍受食物缺乏的危机，但在下个繁殖季来临前，它们可以尽早占据较好的繁殖巢位，以增加生殖成功率。相反地，迁移个体也可以在温暖的度冬区获得较丰富的食物来源，但要冒着迁移时的危险和繁殖巢位可能较差的代价。

迁不迁移只是个体生存与繁殖策略的问题，也是自然选择的结果。如果迁移个体的生殖成功率远高于不迁移者，则演化将趋向于迁移的行为模式；反之，则演化方向将不利于迁移行为；如果两种策略的生殖成功率类似，则两种行为模式在演化上都将被保留。

青海湖鸟岛候鸟

人们依据鸟类在温带和热带的繁殖及生存特性，总结出了以下规律：在温带地区的繁殖成功率较高，但要面临冬季严苛的气候，因此成鸟与亚成鸟的存活率低；热带地区的竞争较大，繁殖成功率低，但是成鸟与亚成鸟的存活率却高。候鸟因为面对迁移过程所必须付出的代价，所以成鸟与亚成鸟的存活率是中等的。同时，因为候鸟回到北方温带繁殖时，时间上会比当地留鸟晚，而且好的巢位也会被留鸟先占据，所以繁殖成功率也是中等的。

从生物学上讲，影响鸟类迁徙的因素有很多，除了外在的气候、日照时间、温度、食物等，也有鸟类内在的生理因素。

飞蛾扑火之谜

关于"飞蛾扑火"这种现象，科学家们经过长期的观察和实验，持以下两种主流观点。

第一种说法：这是一种"天文导航"。飞蛾等昆虫在夜间飞行活动时，是依靠月光来判定方向的，它总是使月光从一个方向投射到它的眼里。在逃避蝙蝠的追逐，或者绕过障碍物转弯以后，飞蛾即使再转一个弯，月光仍将从原先的方向射来，它也就找到了方向。

当飞蛾看到灯光时，会错误地把它当作月光，因此这个假"月光"就会为它指示方向。但是，月亮距离地球很遥远，飞蛾即使保持同月亮的固定角度，使自己朝一定的方向飞行，最后还是会无疾而终。可是灯光却距离飞蛾很近，飞蛾按本能使自己同光源保持着固定的角度，于是只能绕着灯光打转转，直到最后精疲力竭而死去。也就是说，灯光作为月光的假象，"欺骗"了飞蛾。

第二种说法：其实,自然界有许多昆虫是在夜幕降临后才出来飞行活动的。它们一面在花上采蜜,一面为植物授粉。它们之所以在漆黑的夜晚能顺利地找到花朵,完全得益于"闪光语言"的功劳。

夜行昆虫在空中飞翔时,由于翅膀不断振动便与空气发生摩擦,从而产生热能,发出紫外光来从花朵上反射出方向。当花朵因紫外光的照射而激起暗淡的"夜光"时,它就会为夜行昆虫指示方向,这是因为昆虫身上的特殊构造使其能够接收到花朵"夜光"的回波。当然,另一方面它们也为花朵的传粉"做媒",使其结果,进行繁殖。

飞蛾扑火

由此看来,夜行昆虫大多是有趋光性的,所以"飞蛾扑火"就是这一习性的表现。此外,从主观上讲,飞蛾也不是想死在火焰里面,由于它复眼的构造,在飞行时只能使其以一个螺旋角度围绕着火飞行,从而导致其逐渐接近火焰并最后扑火而亡。

孔雀开屏之谜

孔雀开屏这种行为,是孔雀自身的生殖腺分泌出性激素所造成的现象。发生这种现象的原因有三种。

其一,求偶：对于孔雀来说,春天是产卵繁殖后代的季节。这个季节,雄孔雀在生理本能的驱使下,就展开五彩缤纷、色泽艳丽的尾屏,并不停地做出各种各样优美的舞蹈动作,以此向雌孔雀炫耀自己的美丽,吸引雌孔雀。也就是说,孔雀开屏的原因是为了求偶。等到雄孔雀求偶成功之后,便开始与雌孔雀一起产卵、育雏。

其二,自我保护：孔雀的大尾屏上是五色金翠线纹,其中散布着许多"眼状斑",这种斑纹近似圆形,从内到外依次由紫、蓝、褐、黄、红等颜色组成。当孔雀一旦遇到敌人而又来不及逃避时,它便突然开屏,然后抖动尾屏从而发出"沙沙"的响声……于是,很多的眼状斑就随之乱动起来,看起来就像是"多眼怪兽",敌人畏惧于这种怪物,也就不会贸然进攻了。

其三,受惊：一般情况下,在动物园,人们也会经常看到孔雀开屏。动物学专家解释说,大红大绿的服色及游客的大声谈笑都能够刺激孔雀,并引起它们的警惕和戒备。这时,孔雀开屏就是一种受惊后表现出来的示威、防御反应。其实在自然界中,人们也都会注意到这种现象。例如,当猎食动物(如鹰或者黄鼠狼等)向带着鸡雏的母鸡进攻时,母鸡就会主动竖起羽毛和敌人作斗争。当然,这种动作只是它们的一种防御反应行为。对于孔雀来说,受惊时的开屏动作也是如此。

孔雀开屏

孔雀开屏一般有以下三个特点:

第一,只有雄孔雀才能够自然开屏。一般雄性孔雀较美丽,而雌性却其貌不扬。按理说,这是孔雀本身经自然选择进化后的结果。

第二,孔雀开屏既是一种生殖行为,也是一种防御行为。

第三,一般来说,3—4月是孔雀开屏最繁盛的时节,这个时候也正是它们的繁殖季节。

汗血宝马"流血""消失"之谜

汗血宝马,本名叫阿哈尔捷金马,原产于土库曼斯坦科佩特山脉和卡拉库姆沙漠间的阿哈尔绿洲。它是经过3000多年培育而成的世界上最古老的马种之一,德、俄、英等国的名马大都有阿哈尔捷金马的血统。在土库曼斯坦,人们把汗血宝马奉为国宝,将它的形象绘制在国徽和货币上,还用它作为国家间赠送的礼品。目前,全世界汗血马的总数量非常稀少,一共只有3100匹左右。

阿哈尔捷金马通常体高1.5米左右,常见的毛色有淡金、枣红、银白及黑色,等等。它头细颈高,四肢修长,皮薄毛细,它步伐轻盈,具有力量大、速度快、耐力强的优点。据《史记》记载,张骞从西域归来后说:"西域多善马,马汗血。"所以在我国,2000多年来人们一直把这种马神秘地称为"汗血宝马"。

中国古代的文学作品通常说汗血宝马能"日行千里,夜行八百"。一般来说,马的极速是每天150千米左右,最多也不会超过200多千米。据测算,汗血宝马在平地上跑1000米仅需要1分07秒。目前,汗血宝马的最快速度纪录是84天跑完了4300千米。此外,汗血宝马还非常耐渴,即使是在50℃的高温下,

一天也只需饮一次水,因此特别适合长途跋涉。1998年,人们举办了一场赛马,赛程为3200千米,赛期为60天。当时,参赛的汗血马有54匹,而且都坚持到了终点,足见它们的耐力之强。

流血之谜:汗血宝马虽如此优良,但也给人们带来一个疑问:它为什么会"汗血"呢?据清人德效骞在《班固所修前汉书》一书中的解释,"汗血"是因为"马病所致"。德效骞认为,有一种寄生虫特别喜欢寄生于马的臀部和背部,并且能钻入马皮内,多数马皮在两个小时之内就会出现往外渗血的小包。这种观点后来也得到部分外国专家的认同。外国专家在对汗血马的"汗血"现象进行考察后认为,"汗血"现象是受到寄生虫的影响。但对这种寄生虫,现代科学还一无所知,不能作出解释。

有些学者持另一种观点,他们认为,汗血宝马在奔跑时体温会上升,这样就使得少量红色血浆从毛孔中渗出,出现"汗血"现象。相应地,有人提出了反驳意见:如果"汗血"真是血浆流出所致的话,那么宝马每一次"日行千里"或"夜行八百"后,是不是就会因为血流尽而死呢?答案显然是否定的。

另外,据汗血宝马发源地的土库曼斯坦的养马专家说,由于汗血宝马的皮肤较薄,所以奔跑时血液在血管中的流动容易被看到;同时马的肩部和颈部汗腺发达,马出汗时往往先潮后湿,对于枣红色或栗色毛的马,出汗后局部颜色会显得更加鲜艳,所以也容易给人以"流血"的错觉。

消失之谜:汗血马早在汉朝时就进入了中原大地,一直繁衍生息直到元朝,前后有上千年之久,后来却消失得无影无踪。对于汗血马消失的原因,人们各持己见,看法不一。

王铁权研究员认为,从理论上讲,汉武帝时引进的"汗血宝马"有公马也有母马,所以进行繁殖是可行的。但在中国,地方马种往往在数量上占绝对优势,而引入的外来马种往往都会走以下的模式:引种—杂交—改良—回交—消失。

与上述观点不同的是,郑亦辉教授认为,"汗血宝马"虽然奔跑速度较快,但是它体形纤细,在古代冷兵器时代,大将骑马作战更愿意选择粗壮的马匹。同时,中国古代作战用的马匹多数被阉割,从而使一些优秀的战马失去了繁殖后代的能力,这可能也是"汗血宝马"在古代中国消失的原因。

其实,1951 年,中国从苏联还引进了 50 余匹阿哈马。当时,这批汗血马被饲养在内蒙古锡林郭勒盟的种马场。但 50 多年过去了,中国却并未留下一匹纯种阿哈马。对此,刘少伯教授说,因为中国引进来的阿哈马大都放在了内蒙古、东北等比较寒冷的地区,这对产于俄罗斯以南的阿哈马并不是有利的生存环境。此外,由于阿哈马是骑乘马,而 20 世纪 50 年代注重的是发展农业经济,大部分马都被改良或者杂交而成为农用马,这或许也是造成纯种阿哈马失传的重要原因。

黑色汗血宝马

"新疆虎"灭绝之谜

新疆虎是指里海虎分布在中国的一个种群,主要生活在新疆中部塔里木河与玛纳斯河流域。它的个头仅次于西伯利亚虎(350 千克)和孟加拉虎(260 千克),属世界第三大虎。一般情况下,其体长在 1.6~2.5 米之间,尾长约 0.8 米,重 200~250 千克。

根据资料记载,新疆虎是里海虎的一个分支,人们最初是在博斯腾湖附近获得它的标本。人类最后一次发现新疆虎是在 1916 年。

19 世纪至 20 世纪初,新疆虎的栖息地遭到人类破坏,再加上对它们捕杀过度,最终导致它们在中国灭绝了。以后的数十年间,科学工作者曾多次寻找过它们的踪迹,但始终再也没发现过。

有传闻说,20 世纪 50 年代曾有牧民在塔里木河下游的阿尔干附近见到过新疆虎,但这也只是传闻,已无从考证其真伪。

以前,专家们曾误认为新疆虎是一个独立的虎亚种,但如今已被归入了里海虎的一个种群。1980 年,它们才被世界正式宣告灭绝。不过直到现在,也还有人声称自己亲眼见到了新疆虎。

1900 年 3 月,在我国西北新疆境内,瑞典博物学家斯文·赫定首先发现了消失了几个世纪的楼兰古迹,同时还发现了新疆虎。这一发现表明,楼兰地区原来是一片水草丰美、森林茂密的绿洲。另一方面,有虎的地方肯定会有大片

新疆虎

的森林、大量的食草动物和充足的水源。

自从中国"丝绸之路"开辟之后，楼兰优越的地理位置使其逐渐成为西亚地区重要的交通枢纽，同时也成了当时的商业、文化交流中心。后来随着这里人口猛增，经济繁荣，达到了鼎盛时期。但同时也带来了很多环境问题：因为人口增长，急需大量自然资源，所以森林被成片砍伐，草场被耕种，最终出现河流断流、土地沙漠化等严重的后果。楼兰古国从此由绿洲变成了茫茫荒漠，消失在历史长河中。

和古楼兰一样悲哀的是，新疆虎也遭遇了空前的劫难：森林消失，食物来源断裂，家园败坏。于是，大批新疆虎死于严重的环境恶化中，但仍有一小部分生命力顽强的种族生活到1900年。当时，斯文·赫定发现了它们，现代人才第一次知道并认识了新疆虎。遗憾的是，今天人们只能把新疆虎当成传说来谈论了。

神农架白色动物之谜

神农架有"白色动物之乡"的美称，这里有许多珍奇的白色动物。到目前为止，这里是国内已知发现白色动物最多的地方之一，人们曾在此先后发现过的白化动物有20多种，如白熊、白苏门羚、白金丝猴、白蛇、白獐、白松鼠、白乌鸦、白龟、白喜鹊、白鹿、白蜘蛛等。于是，"神农架白色动物之谜"就成为本地继"野人"之后的第二大谜，引起了科学界的极大兴趣和高度重视。

其实，我国白色动物存在的历史记载最早可以上溯到2000多年以前。据《后汉书》记载："交趾之南，有越裳国，周公居摄，越裳重译而献白雉。"此外，《穆天子传》《楚辞》《山海经》等典籍中也有关于白色动物的描述。其中，《穆天子传》中有4处，《山海经》中有30处之多。白色动物非常珍奇，在我国古代文学作品中，它们经常被视为国宝、神物。如"诗仙"李白的《赠黄山胡公求白鹇》一诗中曾这样称赞白鹇："请以双白璧，买君双白鹇。白鹇白如锦，白雪耻容颜。照影玉潭里，刷毛琪树间，夜栖寒月静，朝步落花闲，我愿得此鸟，玩之坐碧山。胡公能辍赠，笼寄野人还。"

在神农架发现的第一只白色动物是白熊。1954年夏，一位当地的农民李孝满到神农架树林中采药时，偶然发现了一个熊窝。令人惊奇的是，熊窝里竟然还有一只白色的小熊。只见小熊全身长着像细绒一样的白毛，上唇和鼻子尖呈淡红色，还有一对红色的眼睛。当天，李孝满就把小熊装进药筐里，送给了武汉动物园。此后，一支支考察队纷纷开始了探索之旅，前往神农架寻找白色动物。

神农架当地人把白熊叫作"过山熊"，又叫"猫熊"，而山外人则称它为"神农白熊"。因为最先发现的白色动物是白熊，所以科学家对它的观察和研究也最多。科学家发现，白熊一般生活在海拔1500米以上的原始箭竹林里，以野果、竹笋为主要食物，而且从不在一地长期停留。它们外形虽然看起来像黑熊，但脸比黑熊短，视觉比黑熊强，并且没有冬眠的习惯，冬天常在雪地里寻找食物。就性情来说，白熊很温顺，高兴时就会直立起来手舞足蹈，有时还能模仿人的动作，十分惹人喜爱。

神农架白金丝猴

从1954年发现白熊开始，人们就没有停止过对神农架白色动物的考察和调研，下面这一系列"发现"就是最好的说明。

1977年，神农架林业管理局林业队伐木工再次发现白熊，并将其送往神农架野考队；同年，在神农架九冲乡的东沟村发现了一条白蛇；1980年6月，新华乡石屋头村农民田映松在自家的猪圈内几次发现白蛇；1986年，当地农民在深水潭中发现三只巨型水怪，头部像大蟾蜍，两只圆眼比饭碗还大，皮肤呈灰白色，两前肢有五趾，嘴巴张开时有1米多长，浮出水面时嘴里能喷出好几米高的水柱；1987年4月，神农架奇异动物考察队队长、探求"野人"之谜的研究者胡振林在酒壶坪林场发现一条长约1米的白蛇；1992年6月，神农架国家级自然保护区核心区域的老君山管理所所长周功柱在管理所的厨房后发现白蛇，这条蛇长约3米，粗约10厘米，浑身雪白，背上有三条清晰的黄色条纹，发现它时它正在一块岩石上面酣睡。其实，世界上其他一些地方也曾出现过奇异的白色动物，如非洲的白狮、白人猿，印度的白鹿，等等，可是种类都很少，由于不经常活动，也没有引起人们的注意。然而，像神农架经常出现的这么多种类的白色动物，确实是罕见的。

对于神农架的白色动物存在之谜，科学家们众说纷纭、莫衷一是。目前，学术界主要有以下几种观点：

其一：与神农架的地质、气候、环境等有关，这里可能十分适宜白色动物生

息繁衍。也就是说,这些动物是古老白色物种的孑遗物种,没有遭绝灭之灾,在神农架特定的环境下幸存了下来。据地质考察表明,10多亿年前神农架曾是一片汪洋大海,北极熊可能因地质运动被滞留在此。另一种可能是,北极熊随第四纪冰川运动迁至神农架。后来,在神农架特殊的环境里,北极熊就进化成了白熊。

其二:多数学者认为,由于遗传基因上的缺陷,神农架地区的动物产生不了黑色素,所以引起了"白化病"而成为白化动物。

其三:这些白色动物是同类异色种交配引起的基因变异。此种观点认为,人类的发展和活动范围的扩大,导致动物的生存空间逐渐缩小,种群数量减少,所以引发了近亲交配而出现的退化现象。

神农架白色动物至今仍是未解之谜,我们期待着谜底揭开的那一天。

鲸鱼集体自杀之谜

鲸鱼,是一种生活在海洋中的哺乳动物,主要有须鲸和齿鲸两类。鲸的体形很大,小型的体长都有6米左右,最大的则可达30米以上,在重量上最轻的有2吨,最重的可达170吨以上。

在历史上,人们都是把鲸当作鱼来看待,甚至十六七世纪的一些自然科学书籍仍把鲸和鱼放在一起记载。鲸是胎生的,一般都是每胎产一仔,两年产一胎;幼仔是由母体的乳汁哺育长大的;鲸的体温恒定,平均为35.5℃,无论在冷水域或热带海区都维持这一体温;鲸用肺呼吸,需经常浮出水面换气。根据这些特征,我们可以完全肯定,鲸就是一种哺乳动物。

鲸虽然属于哺乳动物,却终生游弋于大海之中,完全适应了海洋生活。不管是在南极附近海域或北冰洋,也不管是赤道水域或沿岸海区,都可以看到它们活动的身影。在茫茫的大海之中,鲸完全可以凭借自己所具有的特殊生理能力来捕捉食物,寻找同伴。它们还是海洋里最优秀的游泳运动员,不论是在什么样的气候环境和海洋状况下,都能够从容应对,出没自如。

鲸是群居动物,它们通常成群结队地生活在海里。因为鲸靠肺呼吸,所以当鲸呼吸时,就需要游到水面上来,利用头上的喷水孔来呼吸。当它呼气时,空气中的水汽会凝结成我们所熟悉的喷泉状,专家们可以从水柱的高度、宽度及角度,来辨识鲸的种类。

鲸一向被人类视为非常聪明的动物,但近年来,世界各地的诸多海滩上都发生了鲸鱼自杀或集体自杀的惨剧。经过研究,人们发现鲸类集体自杀的情形有很多相似之处:它们总是不顾一切地往岸上冲,前面躺下一头随后就有一头跟上,接着,它们就一头又一头地搁浅在海滩上。由于鲸的躯体非常庞大,所以抢救起来非常困难,而且鲸的骨骼结构很不坚实,一旦着陆搁浅,身体的重压会使骨骼变形或断裂,使内脏受压而损坏,其结果就是必死无疑。鲸类是海洋中体形最大的动物,它们的生命最不容易受到其他海洋动物的威胁,几乎没有天敌,可是它们为什么会集体自杀呢?对于这个问题的解释非常多,大体上有以下几种说法。

刘公岛鲸馆

地形论:有学者认为,鲸的搁浅可能与海岸地形气象条件有关,因为它们自杀的现象多发生在坡度平缓的海岸地带。鲸的视力较差,行动时基本上是依靠听觉来引导方向。它们靠鼻部和咽喉部的气囊发出一种特殊的高频声波,利用回声定位来辨别方向和捕捉食物。当鲸游到平坦多沙或泥质的浅海水域并向海滩发射声波信号时,反射回来的是低频声波,使它根本探测不出深水的位置,从而导致它们迷失方向。当鲸的躯体一触到海滩,就立刻恐慌万分,猛力挣扎,往往就冲到了岸上。但是,近年来的研究表明,坡度平缓的海岸并不会引起回声信号的混乱,很多鲸之所以会搁浅在坡度平缓的海滩上,是因为在其他地形条件下(如海峡或悬崖峭壁等处)不可能搁浅。因此,有关地形影响的说法缺乏说服力。

失常论:有专家认为,鲸群之所以会自杀,可能是因受到了意外的刺激仓皇出逃,在海中游荡很长时间后迷失了原来的方向,不小心来到了海岸上。除此之外,还有可能是为了躲避捕食者的追击或人类的骚扰而有意登陆搁浅。

同伴论:有人认为,鲸一头接一头地冲上海滩,是为了救助同伴。鲸一般都是组成群体活动,鲸群一般都十分地团结友爱,它们一起觅食,共同抵御敌害,保障共同安全。一旦它们当中某个成员不慎搁浅,必然会痛苦地挣扎,发出哀鸣。其他的鲸听到了遇难同伴的呼叫,就全都会奋不顾身地前来救助,以致接二连三地搁浅。

返祖论：一般都承认鲸是由陆生动物演变而来的，在其由陆生动物转变为完全水生动物的漫长历史演变过程中，它们的祖先一定出现过许多的中间类型，也就是水陆两栖动物。当这些两栖动物在水里遇到不利情况时，就会逃到陆地上寻找安全的地方躲避风险，久而久之就演变成了鲸的一种习性。

白鲸

病因论：现在，越来越多的人将鲸自杀的原因集中到了病因上。他们认为，鲸之所以离水上岸，主要是因为自己疾病缠身、身体虚弱不堪，这样它们就无力驾驭风浪，只能随波逐流，最后被海水推上海岸；也有可能是它们有意爬上海岸，以寻求喘息之机，因为如果是在海里呼吸，它每喘一口气都要挣扎着浮出水面，这对它的体力的耗费是巨大的。

摄食论：有人认为鲸的近岸摄食习性对其搁浅有一定的影响。当作为鲸的食物的鱼和乌贼洄游到近岸或产卵生殖时，鲸群也会跟踪而来，由于嘴馋贪吃，恋食忘返，当潮水退却后，它们就被搁浅在海滩上了。

向导论：有人认为，鲸类几十头甚至上百头地大规模搁浅，是因为鲸群中带头的首领判断方向有误，导致鲸群盲目跟随。因为鲸都有结群而居的习性，而且对首领极为忠诚，不论首领走到哪里，后面的鲸都会"赴汤蹈火，在所不辞"。因此，一旦头鲸出了错，其他的鲸也都会随之赴难，最后搁浅而亡。

地磁论：有人认为，鲸成群结队地游向浅滩后悲惨地死去，与地球的磁场有关。有学者分析指出，当太阳黑子强烈活动时，会引起地球磁场的异常，发生"地磁暴"，这样就破坏或干扰了鲸鱼的回声定位系统，使其无法辨别方向，从而犯下"方向性"的错误，冲到了海滩上。

环境论：环境污染也被环保主义者和一些科学家认为是鲸鱼搁浅的原因。他们认为，那些污染海水的化学物质可能破坏了鲸鱼的神经系统，从而使鲸鱼的回声定位系统发生紊乱，迷失了方向。

鲸鱼骨骼

从上面的诸多观点我们可以看出,人们正在多方面探究鲸类集体搁浅的原因,但是各种各样的说法很多,目前还无法确切地知道到底是什么原因导致了鲸的自杀。但是,有一点是可以肯定的,探索鲸类集体自杀的奥秘是一项非常重要而有益的工作,它将为研究生物学、生态学提供宝贵的资料。我们相信,在不久的将来,人类可以解开这一自然之谜。

蒙古死亡之虫存在之谜

在蒙古内陆的戈壁沙漠里,据说有一种世界上最奇异、最难以琢磨的怪物——死亡之虫。当地人关于这种动物的传说已经流传了几个世纪,直到今天仍不时有人声称看见过它,但是它到底是怎么一回事,却至今没有一个确切的答案。

当地人认为,蒙古死亡之虫是一种巨大的毒虫,据说它居住在戈壁滩里,它的长度可以达到 1.5 米,外表看起来和牛的肠子差不多,通常情况下是红色的,它的身体两端有时还会探出犄角。这种动物极为危险,它能吐出像硫酸一样的腐蚀性液体(甚至可以腐蚀金属),它的眼睛可以放射电流,其强度甚至能够让数米之外的人或动物顷刻毙命,然后,它就会将猎物慢慢地吞噬掉。

蒙古人称死亡之虫为肠虫,因为这种怪物十分可怕,很多当地人甚至没有胆子提它的名字。据有些目击者说,它的身上有斑点,它的尾巴很短,而且很难区分出它的头和尾,因为谁也没有看到过它的眼睛、鼻子和嘴巴长在什么位置。它的行走方式也很特别,要么是向前滚动,要么是向一侧蠕动。人们只能在一年中最热的 6 月和 7 月里看到它,一般是在雨后地面很湿的时候它才会爬到地面,过了这两个月,它就会钻入沙土中开始"冬眠"。

当然,这些都是目击者的一面之词,迄今谁也没有拍到过死亡之虫的照片,也没有人找到足够的证据来证明死亡之虫是确实存在的。

有学者认为,蒙古戈壁沙漠里存在一种行踪神秘的动物,这种可能性不能排除,但像当地人所说的"死亡之虫"有那么大的、可怕的杀伤力,这一点却令人怀疑。有人联想到中世纪欧洲的火蜥蜴谜案。当时的人们以为火蜥蜴有剧毒,甚至有人推测,当年亚历山大大帝的几百名士兵正是因

内蒙古库布齐沙漠

蒙古死亡之虫

为喝了火蜥蜴待过的溪水之后才丢了性命。但现在科学家知道，火蜥蜴并没有毒。另外，类似的可怕的传说在今天非洲大陆上的苏丹也同样存在。当地人普遍认为沙蟒蛇剧毒无比，人们只要碰它一下，就会立刻死掉，但是事实却是这种蟒蛇根本就没什么毒性，完全是传说使然。

有人认为，所谓的肠虫其实并不是一种虫子，因为虫子生存需要湿润的空气和泥土，而肠虫所处的环境显然不具备这样的条件。如果说蒙古戈壁沙漠里果真有这样一种动物的话，那么它更有可能是石龙子，也就是一种长有短小或退化了的腿的蜥蜴。

但是，问题随之而来。让科学家迷惑不解的是，石龙子虽然喜欢生活在沙子里，但它们并不能分泌毒液。当今世界上，人们只知道两种有毒的蜥蜴——毒蜥和墨西哥须蜥，但是迄今人们还从未在亚洲发现过这两种蜥蜴的踪影。如果不是蜥蜴的话，那么它就可能是一种未知的蛇类。一些神秘动物学家表示，死亡之虫的特征符合人们对致命毒蛇的描述。

致命毒蛇，是一种产自澳大利亚的带有剧毒的蛇。致命毒蛇与眼镜蛇类似，在自卫时会喷射出毒液。但是，它喷出来的这种毒液只有在接触到眼睛时才有危险，另外，它肯定不具有任何的腐蚀特性。另外，眼镜蛇不可能会释放电流，鳗鱼和其他几种鱼类虽然可以放电，但它们不可能生活在陆地上，而对于所有生活在陆地上的动物来说，它们又完全不具备这种技能，所以人们很难确定死亡之虫的存在。

迄今，对于蒙古死亡之虫是否真的存在的问题，科学界意见不一，但科学家们的经历却足以证明，越是让人觉得神秘、流传得越久远的"怪物"，要给它们验明正身的难度越大，所以要想知道死亡之虫的真相，恐怕还很困难。

趣味大自然之谜

QUWEI DAZIRAN ZHIMI

白夜奇观之谜

白天突然变成黑夜,森林里出现万鸟归林、百兽返窝的趣事;中午时分,"黑暗天使"突然光临,使全城万家灯火齐放;敌众我寡,却在光天化日之下借得天赐"夜景"良机,顺利突围……这种神秘的"白昼夜景图"究竟是怎么一回事呢?

天助神佑的突围战

这,是一个真实的故事。

1936年2月,中国工农红军由陕北出发,率领东征大军渡过黄河,进入山西,开赴山西河北抗日前线。4月18日,红一军团第二师在师长刘亚楼率领下,转战晋南平原后,挥师途经蒲县境内的常家湾皮条沟时,与入境的国民党军关麟征所属25师不期而遇。

当时,由于敌众我寡,形势对我军十分不利。在我军被围困的紧要关头,晴朗的天空突然变了脸,一时风尘蔽日,整个天空弥漫着厚厚的尘土。多亏当地群众带路,我军才顺利突围。时隔60多年之后,当时为红军带路的皮条沟老人侯牟子,提起此事仍兴致勃勃,认为红军有诸葛孔明借东风的法术。

无独有偶,类似这样的战争奇迹在山西的沁县也发生过一次。

据当时八路军老战士冯秀邦回忆:1943年夏,八路军129师386旅第16团在黑盆山一带休整,团长去旅部请示战役部署还没回来。那天上午9点左右,阳光普照,风和日丽。猛听到哨兵一声大喊:"敌人来了!"营地内的八路军战士急忙向村头望去,只见浓烟滚滚,几处民房已被敌人放火点着了。

冯秀邦所在的连部冲到村口,发现我军已被日伪军及当地汉奸重重包围。就在这万分危急、千钧一发之际,忽听连长大喊一声:"隐蔽!"喊声过后,奇迹出现了,晴朗的白昼突然变成了伸手不见五指的黑夜。

战士们在当地群众的带领下,趁着这天赐的"黑夜"良机,经过数小时的摸索前进,终于成功突出重围。这时,救援部队也已赶到。但他们却说战场之外并无黑暗现象出现。于是,当地百姓中便一直流传着我军首长有

沙滩白夜奇观

神奇法术的传说。

灯火齐明、万鸟归林的"白夜"奇观

白天突然变成黑夜("白夜")的神秘事件,在世界各地均有发生。

比如1991年7月11日中午,在美洲就出现了极为壮观的"白日夜景图"。首先从夏威夷开始,经墨西哥和中美洲国家,最后到达哥伦比亚和巴西。数以千万计的公众目睹了这场被专家誉为"世纪奇观"的天文现象。

在墨西哥城,从上午起,太阳便在云层中时隐时现。临近中午时分,月亮也开始一点点露出身影,随后遮住太阳,气温随之骤降,天色也越来越昏暗,还不时刮起阵风。13时24分左右,月亮抹去了太阳的最后一束光辉。当日月重叠的奇观呈现于苍穹时,拥有1800万人口的墨西哥城如隔天日,整座城市笼罩在骤然出现的黑暗之中。

奇妙的是,突如其来的夜色使森林里出现了万鸟归林、百兽返窝的趣事。于是,历史上长达10 000千米、宽250千米、范围最大的"白昼夜景图"奇观被载入史册。那么,这种现象该作何解释呢?一些天文学家认为,这是一次没有预测到的"日全食"现象。

我们知道,当太阳、月亮、地球呈一条直线时,就会出现日全食、日偏食、日环食等天文现象。当日食发生在白天时,地球上也会出现这种"白夜"现象。因此,1991年7月11日中午在众多美洲国家出现的长达7分钟的"白夜"现象,可以用日全食现象来释疑。

然而,"日食现象"之说仅适用于解释某些特殊的例子,而它却无法解释另一种神秘黑暗的现象。

据30多年前的《纽约时报》记载:1980年5月19日,美国英格兰垦区的人们度过了一个神秘的"黑暗日子"。那天上午10点左右,一种突如其来且不可名状的"神秘黑暗"笼罩了大地,顿时人们感到天昏地暗、手足无措、惊恐万分。

令人惊奇的是,天空上根本没有云朵遮住太阳,只是太阳比月亮还要暗得多。当时在室内工作的人们不得不开灯照明,而在室外工作的人们也不得不停止手头的活儿。到中午12点,整个垦区彻底被黑暗"吞噬",伸手不见五指。而且黑暗一直持续到第二天上午,天地间才恢复了本来的面目。

事后,据有关部门调查,那天并没有发生任何天文和地理上的

白夜奇观——极昼

异象。"日食现象"只能使地球上某些地域黑暗几分钟或几个小时,而美国英格兰垦区的"黑暗"持续时间如此之长,实在是无法解释。

各抒己见,百家争鸣

学者们已达成共识:真正的白夜现象,只能在南北极内发生,这就是众所周知的极夜现象。春分之后,太阳直射点从赤道北移,南极出现无昼的极夜;秋分之后,太阳直射点从赤道南移,北极则同样会出现极夜。那么,远离南北极的地方发生的上述奇观,又该作何解释呢?

除气象学家和天文学家提出的上述解释外,大气环境学家则认为,这很可能是大面积火灾或核污染引起的。

持续时间长、涉及范围广的火灾,其喷发出的大量浓烟升腾至半空后,如果没有遇到强大的对流将之驱散开,再加上气压低,在其行进过程中就会挡住阳光,从而造成局部地区的"白夜"奇观出现。

人们记忆犹新的是海湾战争结束前,伊拉克纵火烧毁了科威特的大量油井,滚滚浓烟使科威特多处地方光线被阻,造成白昼如同黑夜的景象。此外,核试验、核污染挥发出的物质如若未及时散去,而正巧又与太阳处于同一直线上,也会造成"白夜"。典型的事例是1986年4月26日苏联基辅(今属乌克兰)郊外的切尔诺贝利核电厂发生的爆炸事故。爆炸后升腾起的核污染尘埃在一些地区上空集结,遮天蔽日,这些地区的白昼一时便如漫漫长夜。

地质学家也提出了他们的见解,认为地震、海啸、火山爆发等自然灾害也可能形成"白夜"现象。

根据史料记载,"白夜"现象可追溯到2000多年以前。公元前100年,古罗马统帅恺撒诞生在一个没落的贵族家庭,此后在罗马民主派与老贵族派的斗争中,因深得平民百姓拥护而迅速崛起。公元前46年,恺撒在罗马建立了军事帝国;两年后,遇刺身亡。史载,恺撒大帝遇刺身亡后,罗马帝国上空竟然日色昏沉达一年之久,成为历史上历时最长的"白夜"现象。

地质学家们认为,那时根本没有核武器和核装置,只能将这种现象解释为:由于当时罗马境内有大规模火山爆发,大量熔岩、尘埃弥漫于天地之间,遮住了太阳光,因而产生了"白夜"现象。但问题是,火山爆发所产生的尘埃又为何终

漠河白昼

年不散呢？这又让人百思不得其解。

最近，一些学者提出了比较新颖的观点："白夜"现象可能与宇宙来客有关，这位不速之客可能是一种名叫"小黑洞"的暗天体，是它倏来忽去，在所经过的地球上空暂时"吞噬"了阳光。

诸多"白夜"现象究竟是多种原因所致，还是源自同一种根本原因呢？如果是后者，那这根本的原因又是什么？随着科技的日益发展，我们期待着科学家能够解开这个困惑世人千年的谜团。

神奇的"海火"之谜

夜幕下，站立在海滩，你也许会看到大海上光亮闪烁，仿佛有人点燃了许多灯火，这类神奇的现象被渔民称为"海火"。1976年7月28日唐山大地震的前一天晚上，秦皇岛、北戴河一带的海面上就出现了这种发光现象。尤其在秦皇岛油码头，人们看到当时海中有一条明亮光带似一条火龙横卧在海水之上。海火现象让不经常在海边或海上旅行的人感觉很不可思议。其实，经科学研究发现，海火主要分为三种：火花型（闪耀型）、弥漫型和闪光型（巨大生物型）。每一种又依光亮程度被划分为五个等级。那么，神奇的海火是怎么产生的呢？

1933年3月3日凌晨，日本三陆海啸发生时，人们看到了更奇异的海火。当时，波浪涌进，浪头底下出现三四个像草帽般的圆形发光物，横排着前进，色泽青紫，像探照灯那样照向四面八方，光亮可以使人看到随波逐流的破船碎块。一会儿，互相撞击的浪花又把这圆形的发光物搅碎，随之海火就不见了。1975年9月12日傍晚，江苏省近海朗家沙一带，海面上发出微微的光亮，随着波浪的起伏跳跃，像燃烧的火焰那样翻腾不息，一直到天亮才逐渐消失。第二天傍晚，亮光再现，亮度更强。以后逐日加强。到第七天，海面上涌现出很多泡沫，当渔船驶过时，激起的水流明亮异常，如同灯光照耀，水中还有珍珠般闪闪发光的颗粒。几个小时以后，这里发生了一次地震。

从上面这两个实例可以看出，海火出现的时候，会伴随灾难的发生。然而，事实上并不是海火就代表着灾难。关于海火产生的说法有三种。

海火

一是，水里会发光的生物受到扰动而发光所致。比较著名的例子是美洲大巴哈马岛的"火湖"。那个湖水里生长着很多会发光的甲藻。在夜晚的时候，随着船桨的摇动，万千"火光"闪烁。其实，会发光的海洋生物有很多，比如放射性虫、水螅、水母、鞭毛虫，以及一些甲壳类、多毛类等小动物。这些生物在海水遭受地震、海啸的影响而剧烈晃动的时候受到刺激发光，于是形成了神奇的海火现象。对此，也有人提出异议，在海水遭受大风大浪剧烈晃动的时候，这些海洋生物为什么不会受到刺激发光而产生海火现象呢？他们认为海火和地火是相类似的发光现象。

海啸

二是，海洋中发光浮游生物大面积聚集而引起海水发光的现象。最常见的发光浮游生物有甲藻纲的夜光藻，辐足纲的胶体虫，水螅纲的多管水母，钵水母纲的游水母，有触手纲的侧腕水母，无触手纲的瓜水母，针亚纲的针纽虫，头足纲的耳乌贼，多毛纲的毛翼虫，甲壳纲的海萤，等等。有些人认为这些海洋生物的异常聚集、发光，从而产生了海火现象。

三是，电流机制说。持此说法的人们做了一个实验。他们对圆柱形的花岗岩、玄武岩、煤、大理岩等多种岩石式样进行压缩破裂实验时发现：当压力足够大时，这些岩石会产生爆炸性碎裂，并在几毫秒钟内释放出一股电子流，电子流激发周围气体分子发出微光。如果把样品放在水中，则碎裂时产生的电子流能使水发光。当海啸或地震时，会广泛出现岩石爆裂现象，产生的电子流足以形成海火现象。这也就是为什么海火经常出现在地震发生前后。

那么，在海啸发生时，地震海啸除外，海火是怎样产生的呢？有人认为，海火是一种复杂的自然现象，其成因有很多种。生物发光和岩石爆裂也许只是其中的两种。

其实，海火还有季节性的特征。在我国的上海、江苏、山东、河北、辽宁等沿海地区，海发光现象在冬季不甚明显，而且发光亮度很低，至多勉强可见。然而到了秋季，不仅发光亮度级别增高，而且是一年中海发光现象最显著的时期。我们知道，会发光的海洋生物如夜光虫、细菌、甲藻、磷虾、介形类海萤科、水母、火体虫等的生长发育是具有季节性的。那么，海火的产生与它们应当有一定的关系。

海火不仅是一种神奇的可供观赏的自然现象,而且有更为重要的实用价值。海火现象,不仅是海洋生物学领域中的研究课题之一,而且在国防、航运交通及渔业上均有着一定的实用价值。比如,用可发光细菌做成的细菌灯,安全可靠,常用于火药库、油库等地的照明。神奇的海火是大海给予人们的馈赠,了解它、利用它,可以为人类事业作出很大的贡献。随着海火之谜的逐渐破解,它会给人类带来更多的实用价值。

明朝风动石悬立千年之谜

大千世界,无奇不有。谁能想象出一块巨石与下面山体的相接处仅有数厘米见方,风轻轻一吹,巨石便轻轻摇动,却千年也不倒?谁又能想象出这块风吹即动的巨石能在数艘巨轮的拉扯下安然不动?这样的巨石就被称为风动石。

风动石又名兔石,石头像兔子一样蹲踞在山体之上,一般是指倾斜悬立在崖边上,与地面接触面积极小,风吹时摇摇欲坠却又屹立不倒的巨石。在我国,这样的巨石有60多块,而闽南的铜山风动石,以其奇、险、悬居全国风动石之最,被誉为"天下第一奇石"。

铜山风动石位于东山县铜陵镇铜山古城东门海滨石崖上,故而得名"铜山风动石"。它高4.37米,宽4.47米,长4.69米,重约200吨,正面刻有明武英殿大学士黄道周等人所题"铜山风动石"五个大字。铜山风动石状似玉兔蹲伏,底部"双足"接触悬崖仅数厘米。有风吹来,巨石晃动;有时人力也可以推动,但是要选择好角度。据当地人讲,铜山风动石的着力点在西南角。也就是说,向东北方向推动,即可摇晃巨石。

铜山风动石以"天下第一奇石"载入《中国地理之最》《中国名胜词典》等辞书,当地有"不观风动石,枉到东山岛"之说。

从侧面看,铜山风动石就像一只玉兔,蹲伏在磐石之上,呈梯形,底部接触面呈现圆弧状,接触面积只有10多平方厘米,整块石头稍稍向海边倾斜。如此奇石,自然吸引了很多名人。比如,明代大旅行家徐霞客居士曾在风动石左侧下岩壁上题写"东璧星辉"四个大字,其字体饱满圆润、

铜山风动石

题写有徐霞客"东壁星辉"的铜山风动石

端方浑厚,不愧出于大家之手。风动石正面的巨大平面上刻有南明永历戊子二年(1648年)秋,巡抚路振飞题写的"铜山三忠臣:黄道周、陈瑸、陈士奇"。此三人为当时征战沙场、宁死不屈的英雄人物。清康熙三十年(1691年)进士陈汝咸游览铜山风动石,有感三人之事,写下诗句:"何年鞭到故留踪,袍笏吾将拜此中;饮羽醉归真避矢,点头顽化似因风。幡幢动处闻禅语,鳞甲秋时想汉功;石上依稀数行字,我来磨洗认三忠。"另外,我们伟大的领袖毛主席还在此题刻"风景这边独好"六个大字。

传说,铜山风动石是天上的文曲星下凡所化。若是与其朝夕相伴,必能沾其灵气,高中魁首。于是人们便在风动石边建造了"东壁书院"。此乃东山三大书院之一,又称"魁星楼",其寓意就是与风动石交相辉映,受其灵气熏染,能够培育文人墨客,造就贤达能人。

相传明万历年间,参戎诗人李楷和水师提督程朝京来到东山,东山的官员在此设宴款待。酒至三巡,大家诗兴大发,李楷即景赋诗一首:"鬼斧何年巧弄丸,凿得拳石寄层峦,翩翩阵阵随风漾,辗转轻轻信手抉,潮撼孤根危欲坠,雨余苍苏秀堪餐,五丁有意留奇迹,特为天南表大观。"程朝京随口对道:"文昌祠边大石球,神仙蹴戏灵山头。万夫欲举移不动,天风撼之动不休。"话音刚落,其他人还没来得及应和,忽然一阵大风吹来,石头摇晃不定,满座皆惊,纷纷逃离。此后,再也没人敢在此设宴,于是当地也有了"石下难设宴,吟唱不出三"的说法。

1918年2月13日,东山岛发生7.5级地震,山石滚落,屋倒人亡,可风动石却安然无恙。

"七七事变"后,日军企图搬走风动石。日舰"太和丸"用钢丝索系于风动石上,开足马力,多条钢丝索都被拉断了,而风动石却纹丝未动,最后日军只得放弃这一企图。

铜山风动石历经沧桑,依然晃而不倒,这到底是怎么一回事呢?

曾有专家对铜山风动石的形成原因进行过考证,称铜山风动石和下面的磐石原本是一块完整的巨石。在第四纪海侵时期,海浪沿着巨石的纹理缝隙剧烈地冲刷,使得上面这块石头和底下的磐石产生裂痕,经过长期的风化作用后二者的接触面越来越小,最后仅存十几平方厘米,其余悬空。由于接触面不平,仅由几个接触点支撑着,所以风动石就显得摇摇欲坠。虽摇摇欲坠却不会倒下,则与它的形状有关。它上小下大,重心位置偏低,而重心又正好对着接触面,虽然摇动时重心位置会被抬高,但在重力作用下,重心一会儿又会回到原来的位置,就像不倒翁一样。说白了,风动石的原理和不倒翁是一样的。然而,事实真是如此吗?还需要做进一步的科学考证。

据了解,早在1987年,铜山风动石景区就被福建省人民政府批准为省级风景名胜区,并且成为福建省首批10个省级风景名胜区之一。如今,铜山风动石依然面朝大海,屹立于崖边,迎接着一批又一批来自五湖四海的游客。

"响山"之谜

一座普通的山却发出了神奇的响声,山底下到底藏着什么样的不为世人知晓的秘密呢?

怪坡风景区:响山,是被称为沈阳十大景点一的怪坡风景区的重要景点之一。说起响山,就不得不提及怪坡。

神奇的怪坡,位于沈阳市沈北新区清水台镇附近,西距102国道1.32千米,南距沈阳30千米,西邻哈大公路和沈铁高速公路。怪坡发现于1989年4月,坡长80多米,宽约15米,呈西高东低走势。若开面包车,车上载10多人,能滑行上坡,到坡顶停住。如果骑自行车从坡上往下骑,不蹬不走,猛蹬才能到达坡底。从坡下往上骑,不用蹬,车会自动往上滑行。接踵摩肩来此观赏的游人,无不称"怪"。

"怪坡"附近有座"响山":而另一奇观——"响山",就位于怪坡东南侧100多米处的山坡上,方圆200多平方米。游人只要用脚一跺,响山就发出"咚咚"的响声,仔细倾听,声音好像是从地底下传上来的。顺坡行至山顶,倘若用木槌敲击地面,响声更大,如万马奔腾、鼓震雷鸣。游人至此,用石块或木槌敲击(或脚踏)它的特定部位,都会发出一种特殊的声响,其声深厚,故得雅名为"响山"。

这一奇异的现象引起了人们的极大兴趣。自从新闻媒介披露了这件事以后,有关科研部门便到现场进行了考察。1990年12月13日上午,中国刑警学院基础部物理实验室教师陈国纲和东北

沈阳怪坡

工学院物理系教授黄畅之分别带领考察小组赶往现场实地考察,希望能解开"响山"之谜,以释众疑。

谜底探究: 考察小组科研人员在考察响山时,用比较大的木槌撞击地面,他们在听到"咚咚"声的同时,身体也能感受到明显的震动。而当用听诊器隔着橡胶水袋探听地面时,这种震动声就更大了。科研人员猜测,响山山体内部可能被水长期侵蚀或由于其他什么原因而形成了空洞。从响山西侧的采石坑边缘,可以看到坡上的土层分布薄厚不均,土层下面还有一层风化石。在测试时他们发现,山坡上凹凸不同的部位的响声有明显的差异,土质软与土质硬的地方也有不同的响声,处于土层与岩石之间的风化石层可能存有空隙,响动感或许与此有关。科研人员还发现,响山表层疏松,为共振层;而下面岩石相对紧密,为反射层。所以,敲击起来才会产生声音的共振共鸣现象,声音经反射作用和共鸣效应后被放大了。大自然上亿年对岩石的侵蚀和风化,在不经意间再次创造了无限的神奇。

这些假设和种种猜想,为响山蒙上了一层神秘的色彩。至今,"响山"之谜还未完全解开,仍需进一步考证。

奇风洞"呼吸"之谜

奇风洞位于石林西北5000米,北大村、北小村、水塘铺三村交界处马鞍山东侧的一旁石林奇峰间。石峰造型迥异,各具特色,有的像撒尼人火把节时点燃的火把,有的形似可爱的蘑菇,有的酷似冰清玉洁的雪莲。奇风洞旁边有一巨石突兀独立,像一兢兢业业的卫士日日夜夜守卫、保护着洞口。石峰下的庄稼地里有一直径约1米的小洞,这个毫不起眼的小洞就是大名鼎鼎的奇风洞。

会"呼吸"的奇风洞

在石林风景区的众多溶洞中,奇风洞是最为奇特的一个。它不以钟乳石的怪异出名,而是因其像人一样会呼吸而为世人关注,从而名扬天下,故也被称为"会呼吸的洞"。每年雨季,大地吸收了大量的雨水,干涸的小河再次响起淙淙的流水声时,奇风洞也就开始了它那吹风吸风的神奇历程。那陆陆续续接连发出的"呼""嘛""呼""嘛"的声音,像一只疲倦的老牛在喘着粗气。要是有人故

沈阳怪坡标志

意用泥巴封住洞口,它也会毫不费力地把泥巴吹开,照样自由自在地呼吸,你说神奇不神奇?

奇风洞吹风时,安静的大地突然间尘土飞扬、长声呼啸,并伴有隆隆的流水声,似乎洞中随时都可能涌出洪水巨流,而定眼窥视,却不见一滴水。风量大时,若有人站在洞口,则有置身于狂风之中,暴雨即将来临之感。若在洞口燃起干草柴枝,则洞中吹出的风可以把火苗浓烟吹得冲天而飞,足有两三米高,持续两分钟后火势渐弱,暂停10多分钟后,洞中火苗浓烟突然被吞进洞中,这样一吹一吸,循环往复,像一个高明的魔术师在玩七窍喷火的魔术。奇风洞的呼吸现象并非四季常有,而是通常发生在每年6—10月的雨季。

路南石林

虹吸泉位于奇风洞景区最低点,它又是自然的另一奇观。

清澈透明的地下河水从洞口汩汩而出后,注入了一个较深的落水洞,随河水流淌,洞中的水位也逐渐上升,升高到1~2米时,水位猛降,并伴有雷鸣般的排水声,三四分钟后一切恢复原状,节水水位又逐渐上升……二三十分钟后又重复一次。

美丽的神话传说

关于石林的奇风洞,在云南大地上有这样一个美丽动人的神话传说。

很久之前,有一位叫果基的撒尼青年,靠给土司放牲畜来养活双目失明的母亲。有一天,果基到一个山坳放牲畜,听到远处传来这样的声音:"勤劳善良的人啊!到我这里来吧!我将给你幸福。"果基循声而去,发现前面有一个山洞。而声音恰恰是从洞中发出的,他勇敢地向漆黑的洞里爬去。爬了一段后,渐渐有了光线,来到一个明亮的大洞。只见洞里堆满了金银财宝和粮食药材。果基不爱金银财宝,只拿了一点儿草药和粮食就爬出了洞口。他把粮食分给穷乡亲,用草药医好了母亲的病。

果基找到宝洞的消息传到土司耳中,贪财的土司带着凶恶的家丁,逼着果基下洞去背金银财宝。果基背了又背,背了又背,却丝毫得不到休息。他又累又渴,一口气便喝完了洞里的一汪泉水。喝完后竟觉得身体发胀,不久他渐渐变成了一条巨蟒。他想:自己这一身怪模样,怎能去见母亲?想到自己再也不能回去奉养母亲,又听到土司在洞外疯狂又无人性的催促喊叫声,他的复仇之心油然而生,便爬出洞去,张开大口把土司吞进肚里。

母亲不见儿子回来,找到山洞,对着洞口不停地呼唤果基的名字。果基怕自己这一身巨蟒的怪模样吓着母亲,只能在洞里无奈地大口大口地喘着气,以回应着母亲的呼唤。久而久之,母亲变成了歪着头喊儿子的歪头山,而果基呢,只能在洞里大口大口地喘着气……

"呼吸"之谜揭秘

奇风洞所在地区为石灰岩岩溶地貌。据地质考察,奇风洞这一奇特的地质是由间歇喷风洞、虹吸泉、暗河三部分组成的。间歇喷风洞在山坡中腰的石林边,山脚下有一条 10 余米长的小溪,溪水由地下河流出后,流淌 10 余米便进入了暗河,流过几米长的暗河后落入虹吸泉。虹吸泉是由质地不均的石灰岩溶蚀而成,呈葫芦状,外部洞中狭窄,而内部却有较大的空间。虹吸泉与间歇喷风洞在底下有空洞相连。因此,当水流到葫芦口时被堵塞,水流增大所产生的压力迫使水迅速往葫芦口肚中挤去,下落的水又把葫芦肚中的空气由地下空洞从间歇喷风洞口挤出,产生喷风现象,水流走后,葫芦口又被堵塞,葫芦肚中的空气压强与外面的不等,物理作用使空气从喷风洞口回填,于是形成吸风现象。

间歇喷风洞、虹吸泉、暗河三部分是相互作用的,如果山脚小溪中没有流水,奇风洞就不会呼吸,反之,若小溪流量太大,淹过暗河,奇风洞也不会呼吸。因此,奇风洞的呼吸现象并非四季都有,通常发生在每年的 6—10 月。

奇风洞

巫山唱歌洞之谜

巫山,有我国境内发现最早的人类化石,有匪夷所思的悬棺,有沟通古代蜀、巴、楚三国的大宁河古栈道,有保存完好的"明清风格"的古建筑群,更有"巫山神女"神话流传至今。

石头会唱歌,你或许听说过;那现实版的,你见到过吗?

奇怪的山洞

重庆市巫山县官渡镇境内一个直径 2 米左右的洞穴里有一块形似大鼓的大石头,每到春夏时节,石头就会发出有节奏的清脆响声,宛如乐器在演奏,当地人称其为"唱歌洞"。传说洞中有仙女在唱戏,凡进入洞内能听到石头"唱歌"的人,就会有好运降临。

不仅如此,唱歌洞还能根据天气情况不同喝水、吐水:不管多大的洪水,它都能"喝"进洞里,等天晴后,再慢慢"吐"出来,所以外面的小河沟从不会涨大水。因此,老百姓又将其称为"喝水洞"。

因此,种种传说便慢慢传开了,吸引了不少人专程前往一探究竟。

探究

2009年10月28日,在当地镇政府工作人员和当地村民邓应雄老人的带领下,记者一行前往巫山唱歌洞一探究竟,期待能够解开巫山唱歌洞之谜。

这个名气很大的"喝水洞",其实只是一个洞口直径2米左右的土石洞,与附近其他山洞看上去并无二致。从洞口看进去,里面明显低于洞口。

攀着嶙峋的怪石下行2米左右,进入一片相对平坦的"河道",四周石壁满是被水流冲刷的痕迹。前行50米左右后,邓应雄老人在一块椭圆形的大石前停下来,将耳朵贴上去,听了半响,摇了摇头:"现在季节不对。每年3月到8月,这块石头就会经常'唱歌'。"

邓应雄老人说,自己从小就是在这些山洞里跑大的,石头会"唱歌"的事,村里人祖祖辈辈都知道。随行的镇政府工作人员冯艳也证实了邓应雄老人的说法。他们说,石头"唱歌"的声音很清脆,有节奏,像敲锣打鼓,时作时止。

传说洞里住着仙女,且会唱戏

邓应雄老人津津有味地讲道,山洞会唱歌的故事是这样来的。传说洞里住着仙女,以前,谁家有红白喜事,都到洞里借桌椅碗筷。只需磕头焚香后,说出想要借的东西,然后稍作回避,碗筷就会出现在洞口。有一次,一个村民太好奇,还碗筷时,他焚香后躲在旁边的大树后偷看。只见出洞抬碗筷的,是两个赤身裸体的仙女,此人忍不住"扑哧"一笑,此举惹怒了仙女,仙女手中的碗"啪"的一声跌落地上,摔碎了。

此后,仙女再也不将洞中碗筷借给村民了。但仙女在洞中打锣唱戏的声音却一直存在。居住在"喝水洞"附近的村民顾红建说,年轻人也曾怀疑这一流传多年的传说,甚至怀疑有人故弄玄虚,把磁带录音放在了洞里。于是他们搭起长梯,在石头周围找了几天,最终一无所获,就相信了是石头在"唱歌"。

小小的洞穴能将大股山洪吸入洞内

该洞之神奇不仅在于里面的石头会"唱歌",还在于该洞穴会"喝水"。

巫山唱歌洞

每年夏天，暴雨倾盆，山上都会有大量泥水流下来。小小的洞穴好像有强大的吸力，总是将大量雨水吸入洞内。而一旦雨歇天晴，流入洞中的雨水又会慢慢漫过洞口反流出来，进入旁边的小河沟。因为有"喝水洞"的调节，小河沟从没涨过大水，附近居民也免受洪涝之灾。

巫山小三峡

洞口明显高于洞底数米，为什么水却能从洞口流出来？数十年来，许多人想对神秘的"喝水洞"一探究竟。

专家释疑：喝水、唱歌不神秘

"喝水洞"究竟为啥能"唱歌"、会"喝水"？西南大学地理科学学院副教授、地质学博士沈立成在听记者讲述了详细情况、看了洞口和洞内图片后分析，这一切其实并不神秘，只是因为洞内地形有玄机，内藏位置较高的"蓄水罐"所致。

沈教授分析，从洞内有钟乳石可以看出，这应该是一条连接地表河与地下河的通道，所以不管多大的雨水，都能通过这个洞流入暗河。至于晴天返水，那是因为"喝水洞"内位置较高的地方应该有一个较大的水函，形成了一个"蓄水罐"效应。暴雨倾盆时，雨水会顺着洞口流入洞内。暴雨来势凶猛，在较大的水压下，水流会被冲入较高位置的"蓄水罐"，一旦雨停，进来的水压小了，"蓄水罐"内的水就会流下来，在水压作用下，就从看上去位置较高的洞口流出来。

洞内石壁会"唱歌"，进一步证实了上面的分析。沈教授说，石壁之内必然有一个相对封闭的暗河水道，平时水并未充满，上面有空气，水流通过时带动空气冲刷石壁，就会产生清脆的响声。每年响声主要集中在夏天，那是因为夏天正好是旱季，水流小后空气更多，冲刷石壁力量大，声音便会更大，人就容易听到。而其他季节因水流大了，空气少了，冲刷力量不够，再加上其他季节潮湿的空气也不利于声音传播，人们就不易察觉。

荧荧"鬼火"之谜

阴雨时分，行走在乡间的路上，三两座坟茔散落在田野里，忽然火光闪烁。那荧荧之光会随人前行，使人感觉心惊胆战。这就是传说中的"鬼火"。据科学研究，人骨中含有磷，磷遇水或者碱会产生磷化氢。磷化氢是一种比空气要轻的气体，而且能够自燃。随便一点儿风，甚至人走路时产生的风也会使磷化氢移动。磷化氢的燃点低，当其自燃后，人在旁边行走带动的风会使磷化氢跟着移动。这就被胆小而迷信的人称为"鬼火"。然而，事实真的是这样吗？

民间传说是这样解释的。在古代，科学不发达，人们迷信思想严重。"鬼火"经常在死人的地方产生。人们不知道其原因，认为是鬼点的火，乃不祥之兆。世界各地都有关于"鬼火"的传说故事。比如，在爱尔兰，"鬼火"就衍生为后来的万圣节南瓜灯，安徒生的童话中也有以"鬼火"为题的故事《"鬼火"进城了》。在日本，"鬼火"指人的灵魂在人将死或刚死之后离开人体时伴随有怪火发光现象，也称磷火。一些动画片描绘鬼怪时，尤其是夏天出没的鬼怪身边

聊斋鬼屋前的"鬼火"

几乎都是有"鬼火"存在的。在中国，著名的鬼怪小说《聊斋志异》中关于"鬼火"的描述不可胜数。但是，很早之前的一些文人却指出"鬼火"就是磷火。南宋著名诗人陆游《老学庵笔记·卷四》中说："予年十余岁时，见郊野间'鬼火'至多，麦苗稻穗之杪往往出火，色正青，俄复不见。盖是时去兵乱未久，所谓人血为磷者，信不妄也。今则绝不复见，见者辄以为怪矣。"清代纪昀《阅微草堂笔记·第九卷》更直接写道："磷为'鬼火'。"

人死如灯灭，是没有什么灵魂存在的，也不会有变成"鬼火"的阴魂。科学家研究表明，人体的骨骼里含有较多的磷化钙。人死了，躯体埋在地下腐烂，发生着各种化学反应。磷由磷酸根状态转化为磷化氢。磷化氢是一种气体物质，燃点很低，在常温下与空气接触便会燃烧起来。磷化氢产生之后沿着地下的裂痕或孔洞冒出到空气中燃烧发出蓝色的光，这就是磷火，也就是人们所说的"鬼火"。那么，为什么在夏日多见"鬼火"呢？这是因为夏天温度高，化学反应加快，"鬼火"也就能更加频繁地产生了。至于"鬼火"追人，是因为磷化氢很轻，即使微弱的风也能使之移动。当人行走时，脚周围空气流速快，压强小，所以磷火在大气压强的作用下，就会跟着人行走。

还有一处疑点，夏日白天温度要比夜晚高，可为什么"鬼火"经常在夜间出现呢？于是科学家们对"鬼火"的构成做了更深入的研究。研究一，"鬼火"主要是由磷化氢引起的。研究二，"鬼火"中还可能存在甲烷。"鬼火"属于"冷火"，是化学发光现象，与生物发光现象类似。"鬼火"不是燃烧的结果，它发光释放的不是热量，只是单纯的可见光。研究三，苏联物理学家卡皮查是这样解

"鬼火"

释的:云、树、建筑物在某些特定环境下都会产生大量电荷。这些电荷的变化可形成不同波长的电磁波射向地面,经反射,在入射波与反射波之间引起干涉,遂产生与地表平行的驻波。驻波的波腹存在极强的电场,这一巨大的电场足以使空气形成等离子状态或激励状态,从而导致原子或分子那样的物质发光。这一理论解释了城市中"鬼火"总在离地3米高处发生,先是固定不动,后骤然消失,接着又在离地6米高处再度出现。这便是在驻波的第一波腹和第二波腹连续出现"鬼火"。研究四,"鬼火"是空气中的等离子在强大的磁场中产生的光学特性。以上的研究解释都没能拿出最科学的依据来阐述。按磷化氢气体的燃烧状态来说,任何气体的燃烧状态都应当是一种连续的时间性供给,而坟墓中的磷化氢气体是极少量的,化学分解也是阶段性的不连续状态,能够保持连续的气体释放是没有科学依据的。磷化氢气体的燃烧只是一瞬间的问题,形成不了火焰燃烧的长时间状态,也就不存在火焰的移动方式。空气中的等离子在电场或磁场的高压强下而产生的光学效应形成的"鬼火"现象并非科学性的解释,他与人们常见的"鬼火"意识形态有所不同,"鬼火"距离地面高度存在可变性和移动性,其形体类似火焰状态。等离子的光学效应是范围的多面区域性和规模性,不仅限于埋葬尸体的区域。

其实到现在为止,"鬼火"的真实身份还没有被揭开。还有一些很不科学的解释,如"鬼火"是多个萤火虫发光形成的;尸体分解产生的反粒子与空气中的正粒子相撞产生的发光现象;人类灵魂反物质粒子的光学显像特性……

不管"鬼火"的身份是什么,总有一天人们会揭开其神秘的面纱,用科学去还原事物的真实面目。要知道,人世间只有"火",没有"鬼",好好地利用火,人类文明才能进步。

海市蜃楼之谜

"忽闻海上有仙山,山在虚无缥缈间。"很多古人寻访蓬莱,总是不得其路,遥看仙山在海上漂荡,却无路可通。其实他们所看到的仙山大多是海市蜃楼。那么,什么是海市蜃楼呢?它是怎么形成的呢?

蜃是一种海洋生物,传说中的蜃能吐出气体,形成楼宇的形状。科学家经研究表明,海市蜃楼是一种大气折射现象。平静的海面、大江江面、湖面、雪原、沙漠或戈壁等地方,偶尔会在空中或地下出现高大楼台、城郭、树木等幻景,称为海市蜃楼。其实这些都是因为光线在沿直线方向密度不同的气层中,经过折射造成的结果。根据蜃楼出现的位置相对于原物的方位,可以分为上蜃、下蜃和侧蜃;根据它与原物的对称关系,可以分为正蜃、侧蜃、顺蜃和反蜃;根据其颜色可以分为彩色蜃景和非彩色蜃景;等等。

由于海市蜃楼形成的原因是光线在不同密度的大气中产生折射,所以,海市蜃楼的形成与特殊的地理条件有关。一般海市蜃楼的形成与地理位置、地球物理条件及那些地方在特定时间的气象特点有密切联系。气温反常分布是大多数海市蜃楼形成的气象条件。

威海的海市蜃楼景观

在平静的海面上航行,或是在海边驻足远望,你有时会看到在大海上空的地方有船舶或者楼台,可当大风一起,这些景象就消失了,这些就是海市蜃楼。我们知道,光在均匀的介质中是沿直线传播的。当它穿过不同密度的介质时就会发生折射现象。比如光通过三棱镜就会改变方向;放在水中的笔直的筷子,我们看到的却是弯折的。这些都是光的折射。知道这些后,我们再谈论空气的密度。空气是由多种气体形成的,最主要的是氮气、二氧化碳、氧气。从化学分子质量分析,一个分子的二氧化碳大于氧气大于氮气。也就是说,一般情况下,二氧化碳总是处在大气的下部,氧气处于中间,氮气处于上部。但是这些不是绝对的。空气的流动会使它们混合在一起。到一定的海拔高度,人会很明显地感觉到氧气不足,如高原反应。一般情况下,空气的密度会随着高度上升而降低。前面说过,光从一种介质进入另一种介质时,若是密度不同,或者从同一个介质穿过不同的密度时都会发生折射。假设这样一种情况:在地平线之下有一艘轮船,一般情况下我们是看不到的,但是这时空气下密上稀的差异太大了,来自船舶的光线先由密的气层逐渐折射进入稀的气层,并在上层发生全反射,又折回到下层密的气层中来,经过这样弯曲的线路,最后投入我们的眼中,我们就能看到它的像。举一个现实中的例子。我国渤海有个庙岛群岛,在夏季,白昼海水温度较低,空气密度会出现显著地下密上稀的差异,在渤海南岸的蓬莱区

（古称登州），就会常常看到庙岛群岛的幻影。沈括的《梦溪笔谈》记载："登州海中时有云气，如宫室台观，城堞人物，车马冠盖，历历可睹。"他记录的就是海市蜃楼。

海市蜃楼还有两个主要特点：一是，在同一个地方重复出现，比如美国的阿拉斯加上空，我国的长岛、惠来等地。二是，出现的时间一致，比如我国蓬莱的蜃景大多出现在每年的五六月份，俄罗斯齐姆连斯克附近的蜃景往往是在春天出现，而美国阿拉斯加的蜃景一般是在6月20日以后的20天内出现。

在古代，西方人把蜃景描绘成魔鬼的化身；我国把蜃景描绘成仙境。比如，秦皇汉武就曾派人到海上去寻找仙山蓬莱。《史记》记载："自威、宣、燕昭，使人入海求蓬莱、方丈、瀛洲。此三神山者，其传在勃海中，去人不远，患且至，则船风引而去。盖尝有至者，诸仙人及不死之药在焉，其物禽兽尽白，而黄金白银为宫阙。未至，望之如云；及到，三神山反居水下；临之，风辄引去，终莫能至。"明朝人陆容《菽园杂记》记载："蜃气楼台之说，出天官书，其来远矣。或以蜃为大蛤，月令所谓雉入大海为蜃是也。或以为蛇所化。海中此物固多有之。然海滨之地，未尝见有楼台之状。惟登州海市，世传道之，疑以为蜃气所致。苏长公海市诗序谓其尝出于春夏，岁晚不复见，公祷于海神之庙，明日见焉。是又以为可祷，则非蜃气矣。"明朝人袁可立有《观海市》诗和序，整篇描述的都是海市蜃楼。

有确切时间记录的海市蜃楼有很多，甚至还有现场录制的视频。这种神奇的大自然现象不仅给了我们一种美的享受，还让一些文人墨客创作了很多优美的散文和诗歌，激发了人们的想象力和好奇心。海市蜃楼之谜已经破解，但是海市蜃楼带来的美却会永久地留存下去。

"雾凇"和"雨凇"之谜

"香清一榻氍毹暖，月淡千门霭凇寒。闻说丰年从此始，更回笼烛卷帘看。"这里的霭凇就是雾凇。雾凇即树挂，在北方很常见。我国是世界上最早记录雾凇的国家，《春秋》（成书于春秋时代，前770—前476年）一书中称之为"树稼"，其实就是雾凇。"雾凇"一词最早出现在南北朝时期宋国吕忱（420—479年）所编的《字林》里。其释义为:"寒气结冰如珠见日光乃消,齐鲁谓之雾凇。"那么,雾凇是如何形成的呢?

雾凇是其学名,因其外观美丽皎洁,晶莹闪烁,像盎然怒放的花儿,所以又称"冰花"。其实它是附着于地面物体迎风面上的白色或乳白色的不透明冰层。它是由水滴凝结而成的。当过冷的水滴(温度低于零度的水滴)遇上低于冻结温度的物体时就会形成雾凇。当空气中的水蒸气碰到低于冻结温度的物体凝华时也会形成雾凇。雾凇是由小冰粒组成的,之间有孔隙,而且由于雾凇是过冷水滴的迅速冻结,所以小冰粒的内聚力很小,很容易从物体上脱落。雾凇又分为硬凇和软凇。形成硬凇的温度差是由天气变暖引起的。软凇是一种白色沉积物,水珠在半冷冻雾或薄雾冻结的外表面凝结,无风或微风状况下形成。

吉林雾凇

雾凇似繁花盛开,美丽大气,像大自然赠予人们的艺术精品。很多文人骚客对其赞美不绝。然而,严重的雾凇也会给人类带来灾害。我国比较著名的雾凇有吉林雾凇、松花江雾凇、伊春库尔滨雾凇等。观赏雾凇的最佳时间是早晨。早晨5点左右,松柳凝霜挂雪。随着太阳慢慢升起,红色的朝霞洒在洁白的雾凇上,别有一番风情。

超冷却的降水碰到温度等于或低于零摄氏度的物体表面时所形成的玻璃状的透明或无光泽的表面粗糙的冰覆盖层,叫作雨凇。雨凇和雾凇相比,其密度较大,而且雨凇的结构清晰,表面光滑。雨凇可以发生在水平面上,也可发生在垂直面上,与风向有很大关系,多形成于树木的迎风面上,尖端朝风的来向。根据形状的不同,雨凇可分为梳状雨凇、椭圆状雨凇、匣状雨凇和波状雨凇等。

雨凇通常出现在阴天,多由冷雨产生,是一种在特定的天气背景下产生的降水现象。雨凇形成时的典型天气为微寒有雨、大风、大雾滴。冷空气与暖空气交锋,在后者势力强的情况下,一般都会产生雨凇。形成雨凇的雾滴、水滴均较大,而且凝结的速度也快。当这些雾滴、雨滴布满物体表面时,迅速冻结,就会形成雨凇。

雨淞

雨淞一般在山区和湖区多见。在我国大部分地区，雨淞出现的季节为12月至次年3月。雨淞同雾淞一样，很有观赏价值，但是严重的雨淞也会对人类社会造成危害。雨淞与一般的地表水结冰不同，雨淞边降边冻，能立即黏附在裸露物的外表而不流失，形成越来越厚的坚实冰层，从而使物体负重加大，严重的雨淞会压断树枝、农作物、电线、房屋，并妨碍交通。有时，雨淞也会威胁飞机的飞行安全。雨淞的危害程度与雨淞持续时间也有关系。有资料显示，上海市1957年1月15日和16日曾出现一次雨淞，持续了30小时9分钟；北京最长连续雨淞时数是30小时42分钟，发生在1957年3月1日和2日；哈尔滨最长持续28小时29分钟，发生在1956年10月18日和19日。中国雨淞连续时数最长的地方发生在峨眉山，从1969年11月15日一直持续到1970年3月28日，即持续了3198小时54分钟之多。在资料记载中，特别严重的雨淞损失案例有下列几次：河北省的承德市塞罕坝林场于1977年10月27日和28日出现了一次罕见的雨淞，造成损失人民币2700万~2800万元之巨；2008年1月下旬，我国中部地区就出现了严重的线路覆冰，造成10多个省的部分电力供应中断。

雾淞和雨淞在不严重的情况下都可以作为风景观赏，但是当它们集聚到一定量的时候就会产生灾害。所谓物极必反就是这个道理。雾淞和雨淞形成的原因已经为人们所知，在它们造成灾害之前加以控制，就会变成美丽的风景，供人们欣赏。

唐山大地震"怪"在何处

1976年7月28日凌晨3时42分，一场突如其来的大地震将唐山这座拥有百万人口的工业城市顷刻间夷为平地，强震产生的能量相当于400颗广岛原子弹爆炸。在这次地震中，全市682 267间民用建筑中有656 136间倒塌和受到严重破坏，24.2万生灵在睡梦中葬身废墟，16.4万人重伤……

7.8级的唐山大地震是20世纪破坏性最大的一次地震，死亡人数名列20世纪世界地震史第一，给城市建筑和人民生命财产带来了巨大的灾难。10年建一城，重创之后的唐山10年之后才重新崛起。时隔30多年，唐山大地震的伤痛依然留在我们心间。这次地震有好多奇异之处，而这些现象用传统的地震学理论根本无法解释。

地震现象的七大谜团

南京地质学校（2000年并入东南大学）教师李泰来向记者讲述了他在唐山大地震后考察的惊人发现。

李泰来，1930年出生于唐山，1953年从长春地质学院毕业，1955年调往南京地质学校任教，长期讲授构造地质学和李四光创立的地质力学。1978年政策落实后他成为东南大学副教授，后又被评为教授。

李泰来的外甥、外甥女不幸在地震中遇难，当时他立即向单位请假乘火车赶往唐山。从事地质研究的他也很想看看地震究竟是怎么回事。李泰来的弟弟也是研究地质的，两人的想法不谋而合。于是，两人便扛起相机，骑着自行车在唐山市开始了地震考察。一个星期的考察下来，两人发现了很多奇怪的现象，而这些现象用传统地震学理论根本无法解释。

当时唐山地震烈度为11度，唐山市一片废墟，厂房和住宅几乎全被破坏，然而令人惊奇的是：一些建筑却完好如初。

现象一：所有的树木、电线杆直立如初，均未直接受害。

例如，唐山市内65米高的微波转播塔巍然屹立于大片废墟之中，而且震后两个微波塔之间仍可直接、准确地传递电视信号。

现象二：唐山的人防坑道除个别有小裂纹外，其余均未受到破坏。

现象三：唐山地震中死伤的人里没有直接死于震动的，绝大多数是因为建筑物坍塌遇难。

现象四：唐山地震后，除个别地区受采空区塌陷或其他影响出现局部起伏外，绝大部分地面、路面完好如震前，很少出现波浪起伏现象。

现象五：唐山启新水泥厂的一栋三层库房，一楼二楼基本完好，而三楼的窗柱却全部断裂。而且旋转方向和角度各不相同，现存旋转角度最大的一个右旋达40度，旋转角度更大的当时即已脱落。

现象六：建筑体的破坏，尤其是砖石结构和水泥制件的破坏，一般都是分段裂开，四面开花崩塌，而整体歪斜的现象很少。

现象七：唐山公安学校有三栋三层楼房，形状相同，相互间隔10米，且平行排列。在地震中，南面一栋完全塌平，中间一栋只是部分

唐山大地震纪念碑

散落,北面的一栋几乎没有损坏。而即使在一栋房中有的是第一层破坏比较严重,有的是第二层,有的是第三层。为什么同一区建筑的受震程度会存在如此大的偏差呢?

所有这一切现象都使李泰来给传统的地震学理论打上了大大的问号。但也激发了他的好奇心,他回到南京后,又先后两次赴唐山考察并开始认真收集相关资料。

唐山大地震震后照片

解开谜团

过去的地震学理论认为地震波分为纵波、横波两种,地震破坏主要是横波造成的,可是,李泰来发现如此理论根本无法解释在唐山地震现场发现的种种现象。

理由一:根据横波破坏原理,高的建筑物(重心较重)在地震破坏对象中首当其冲。可是,在唐山大地震中,前面提到的电线杆、树干、微波塔、烟囱基本上安然无恙。

理由二:在地震现场考察中,他发现地震断裂均具有旋转性,而纵波、横波的振动是没有旋转性的。

理由三:不论横波还是纵波,它们的传播都是连续的,强度是渐变的,从震中向外逐渐衰减。因此,在此同一震区内,同样的建筑物受破坏程度大致相当。可是在唐山地震中出现的现象并非如此。

从唐山返回南京,李泰来运用地质力学的分析方法,对地震波进行了应变分析。他逐步发现了地震有纵波、横波和扭波,而扭波才是地震破坏的元凶。扭波产生扭动,扭动产生地震破坏。这种破坏不在物体外部,而在物体内部。比如楼房,扭波在楼房内部扭动,将其扭酥扭散,继而"趴架"——四面开花垂直下落。

1979年,在南京地震学会年会上,李泰来发表了《扭波与抗震》的论文,在与会代表中引起了轰动。在1996年第30届国际地质大会上,其以扭波为主题的发言也引起了代表们的注意。

极光形成之谜

极光这一术语来源于拉丁文"伊欧斯"一词。传说伊欧斯是希腊神话中"黎明"的化身,是希腊神泰坦的女儿,是太阳神和月亮女神的妹妹,她又是北风等多种风和黄昏星等多颗星的母亲。在艺术作品中,伊欧斯被说成是一个年轻貌美的女子,她不是手挽个小伙子快步如飞地赶路,便是乘着飞马驾挽的四轮车从海中腾空而起;有时她还被描绘成这样一个女神:手持大水罐,伸展双翅,向世上施舍朝露,如同佛教故事中的观音菩萨,普洒甘露到人间。

北极光之一

我国古文献《山海经》中也有过极光的记载。书中谈到北方有个名叫烛龙的神仙,形貌如一条红色的蛇,在夜空中闪闪发光,"西北海之外,赤水之北,有章尾山。有神,人面蛇身而赤,直目正乘,其瞑乃晦,其视乃明。不食不寝不息,风雨是竭。是烛九阴,是谓烛龙"。这里所指的烛龙,实际上就是极光。

神奇的极光

极光是地球上三大最壮丽的天文现象之一,它轻盈地飘荡,同时忽暗忽明,发出红的、蓝的、绿的、紫的光芒,经常于夜间出现在南北极附近地区的高空。因此,任何国家或地区的民族或部落都可以以其熟悉的事件去理解极光这种美丽而又独特的自然现象。几个世纪以来,它以绮丽夺目的色彩和神秘莫测的身世之谜,吸引了无数观察者。

它形状不一,色彩纷纭,变幻无穷。它有时出现时间极短,犹如节日的焰火在空中一闪而逝;有时却可以在高空中几个小时闪烁着光辉;有时如一条彩带当空舞,有时似一团火焰炫耀着华丽的身姿;有的呈银白色,犹如棉絮、白云,凝固不变;有的异常光亮,掩去星月的光辉;有的淡雅清幽,恍若一束青丝;有的结构单一,状如一弯弧光,呈现淡绿、微红的色调;有的软如纱巾,随风飘动,呈现出紫色、深红的色彩;有时极光密聚一起,犹如窗帘幔帐;有时极光又射出众多光束,宛如孔雀开屏。

观看北极光的最佳地区其实是北美洲,有时,极光活跃地带从北美洲可以延伸到很南的纬度。阿拉斯加山脉北部、育空地区中部、大奴湖周围、任何一个加拿大北部州,以及冰岛全岛和斯堪的纳维亚北部都是理想的极光观测点。

观看北极光的最好时间是每年的8月15日到次年的4月15日,黄昏到黎明则是最佳观测时间段,最好选择没有月亮的夜晚,而且要尽可能远离城市和人类制造的光源。

对于极光，经过多年深入的研究之后，许多问题仍然没有令人特别满意的答案。"每次我们感觉已经与答案如此接近，即将揭开奥秘时，一些新的问题又出现了。"查尔斯·迪尔说。迪尔是阿拉斯加大学地球物理学会的极光预报员，该学会位于北半球极光活跃地区的中心费尔班克斯。

北极光之二

极光身世之谜

极光是怎么产生的呢？许多世纪以来，这一直是人们猜测和探索的天象之谜。13世纪时，有人认为那是格陵兰冰原反射的光；有人认为，它是极圈的冰雪在白天吸收储存阳光之后，夜晚释放出来的一种能量。到了17世纪，人们才称它为北极光——北极曙光（在南极所见到的同样的光称为南极光）。从人类第一次仰望天际惊见极光的那一刻开始，极光就一直是人们心中迫切需要解开的谜。直到人类将卫星火箭送上太空之后，才有了物理性、较为合理的解释。

随着科技的进步，极光的奥秘也越来越为我们所知晓，原来，这美丽的景色是太阳与大气层合作表演出来的杰出作品。在太阳创造的诸如光和热等形式的能量中，有一种能量被称为"太阳风"。太阳风是太阳喷射出的带电粒子，是一束可以覆盖地球的强大的带电亚原子颗粒流。太阳风在地球上空环绕地球流动，以大约每秒钟400千米的速度撞击地球磁场。地球磁场形如漏斗，尖端对着地球南北两个磁极，因此太阳发出的带电粒子沿着地磁场这个"漏斗"沉降，进入地球的两极地区。两极的高层大气受到太阳风的轰击后会发出光芒，形成极光。在南极地区形成的叫南极光，在北极地区形成的叫北极光。

长久以来，极光的神秘一直是人们迫切想要了解与探索的，但美好的愿景也只能存在于想象与祷告之中。直到20世纪，人们利用照相机、摄影机及卫星，才清晰地看到及了解到太阳能流与地球磁场碰撞产生的放电现象，它是一束束电子光河，在远离地球96.56千米的高空，释放出高达100万兆瓦的光芒，但在无科学和科学不发达的时代，人们只有发挥无穷的想象力，来解释这奇妙的大自然景色，因而有了许多古老的代代相传的神秘传说与故事。

神奇的夜明珠之谜

茫茫宇宙，无奇不有，价值连城的夜明珠以其举世罕见的稀缺、珍奇、神秘而傲然于世，为历代大亨商贾、文人墨客所钟爱，进而津津乐道，悬挂于世人心间。历朝历代的人们对夜明珠惊异、爱慕而又迷惑不解的五味心情，加之古代的一些文学作品和民间传说的大肆渲染，本身神奇的夜明珠又被涂抹上了一层又一层的神秘色彩。

夜明珠真的存在吗

传说，唐朝大败东突厥后，唐太宗李世民宴请刚从东突厥归来的隋炀帝的皇后萧氏。为此，他命令工匠把宫殿装饰一新，并且到处张灯结彩，把夜晚的宫殿照得如同白昼。万万没想到，萧氏却指责说，宫殿里灯火过多，只觉得黑烟缭绕，烟气逼人，虽华丽，却不舒服。她接着夸口说，过去隋王朝在举行类似活动的时候，从来不用这些东西，而是在宫殿内外悬挂120颗夜明珠，珍奇华贵，光彩照人。那么，世界上到底有没有夜明珠呢？

有，确实有！众所周知，1928年发生了一起震惊天下的东陵大盗事件。该事件是军阀孙殿英借军事演习之机，开进清东陵，盗掘了清乾隆皇帝和慈禧太后的陵墓的事件。该事件发生在民国时期军阀混战的年代，堪称中国文物史上继八国联军进北京、火烧圆明园之后第三大文物浩劫……

于善浦所著《孙殿英东陵盗宝记》一书中引用孙殿英的话说："她（慈禧）口里含着一颗夜明珠，分开是两块，合拢就是一个圆球，分开透明无光，合拢时透出一道绿色寒光，夜间百步之内可照见头发。听说这宝贝可使尸体不化，难怪慈禧的棺材被劈开后，老佛爷像睡觉一样，只是见了风脸才发黑，衣服也有些上不得手了。我把夜明珠托雨农代我赠给蒋夫人（宋美龄）。"

古籍记载

夜明珠，古称"随珠""悬珠""垂棘""明月珠"等，在我国古典文献中多有记载；在古代民间则被称为"夜光璧""夜光石""放光石"等，相传是世界上极为罕见的夜间能发出强烈光芒的奇珍异宝。古文献记载，著名的夜明珠，有"随珠""悬黎""垂棘之璧"

夜明珠

夜明珠手链

"石磷之玉"等。

据史籍记载，早在史前炎帝神农氏时期我国就已出现过夜明珠，如神农氏有石球之王号称"夜矿"。春秋战国时代，有"悬黎"和"垂棘之璧"，价值连城，可比和氏璧。楚、秦、魏等国的大夫曾借夜明珠寓意哲理，讨论国家大事。千古一帝始皇帝嬴政以夜明珠为殉葬之物，在陵墓中"以代膏烛"，以求永享光明。汉光武帝刘秀的原配皇后的弟弟郭况"悬明珠与四垂，昼视之如星，夜望之如月"以炫耀富有。宋元明时期，皇室尤喜夜明珠。元明曾派官员远赴海外有"狮子国"之称的锡兰（今斯里兰卡）高价购买红宝石夜明珠和石榴石夜明珠。明代内阁曾有数颗祖母绿夜明珠，夜色有光明如烛。

夜明珠何以会发光

夜明珠究竟是一种什么性质的奇珍异宝呢？它又神秘在何处呢？

英国著名学者李约瑟在其巨著《中国科学技术史》中记载，古代中国人喜爱叙利亚产的夜明珠，它别名为"孔雀暖玉"。据说，印度一些人把夜明珠称为"蛇眼石"。据日本宝石学家玲木敏于1916年在他编纂的《宝石志》中记载，日本的夜明珠是一种特殊的红色水晶，被誉为"神圣的宝石"。

夜明珠究竟何以能发光呢？

古今中外的说法颇不一致。据一些专家考证，夜明珠并不像某些人所吹嘘的那样神秘，通常情况下所说的夜明珠是指荧光石、夜光石。它是大地里的一些发光物质经过了千百万年后，由最初的岩浆喷发，到后来的地质运动，集聚于矿石中而成，含有这些发光稀有元素的石头，经过加工，就是人们所说的夜明珠。而夜明珠发出的光，也并不像神话中传说的那样能把"龙宫照得如同白昼"。有了发光强度较大的夜明珠，在黑暗中，人们在距离它0.15米的地方，能清清楚楚地观看印刷品。夜明珠常见的颜色有黄绿、浅蓝、橙红等。把荧光石放到白色荧光灯下照一照，它就会发出美丽的荧光，这种发光性明显地表现为昼弱夜强。

其实，夜明珠之所以能发光，与其含有稀土元素有关，是矿物内有关的电子移动所致。当矿物内的电子在外界能量的刺激下，由低能状态进入高能状态，当外界能量刺激停止时，电子又由高能状态转入低能状态，这个过程就会发光。稀土元素进入萤石晶格，在日光灯照射后可发光几十小时，白天晚上都在发光，白天不易看到，晚上就可以看到了。萤石雕琢成珍珠者即唤作"夜明珠"，雕成玉板者叫"夜交璧"。

夜明珠本从矿石中采集而得,但地球上分布极为稀少,开采也很困难,故而显得格外珍贵。一些古籍描写它具有"侧而视之色碧;正面视之色白"的奇异闪光。因此,历来被奉为神秘、珍奇、稀有之物。

自然界的矿物种类数以千计,其中有20多种矿物在外来能量的激发下能发出可见光,这就是矿物的发光性。例如萤石、金刚石、锂辉石、祖母绿等稀有矿物。这些发光的矿物,发光时间长短、强弱有别。最有代表性的是一种具有磷光现象的萤石。它因含有各种稀有元素而呈紫红、粉绿、翠绿、墨绿和斑斓状的云雾白色。萤石矿物在结晶过程中有一种特有的稀土元素进入晶格时形成自身光源的"发光中心"。它的摩氏硬度为4~4.5,经过工艺加工而成,小则珠形、大则球状。在夜幕下,珠形如星光闪烁,球状似皓月吐银。而且有的优质萤石磷光珠强光熠熠,恒光不衰。这就是历代传说中的神秘的"夜明珠"。

冰洲石夜明珠

夜明珠的价值

物以稀为贵,夜明珠在古代非常稀少,因而价值连城。话说离我们最近的、最著名的夜明珠,莫过于慈禧太后口含的那颗了吧。据记载,它重四两二钱七分,合今133.4375克,1908年时价1080万两白银,相当于现在的7亿~8亿元人民币。据说,同样是这个让国人无比憎恨的老佛爷,在八国联军侵华期间曾把凤冠上的4颗夜明珠取下,意图赠予外国侵略者,以博取苟延残喘的机会。幸运的是,她身边担当此项艰巨任务的宫女竟有心为国护宝,她非常气愤地将宝物暗藏民间。1964年,这4颗夜明珠在西安被发现,并被无偿献给国家。经郭沫若同志考证,这正是失踪了几十年之久的慈禧太后珍藏过的4颗夜明珠。据报纸上发表的消息说,把这4颗明珠放在抽屉里,"晚上进屋未开灯,一拉抽屉即见满屋放出耀眼的白光"。

之所以历来人们对夜明珠都有一种神秘之感,一是由于古文献上有很多传奇化的记载,二是因为它本身会发光。

而会发光并不神奇,夜明珠在吸收外来光后会发出荧光或者是磷光。随着现代科技的发展,要人造夜明珠就像人造大理石、人造钻石、人造水晶一样容易,其实就是在普通矿石中加入一些发光的物质它就会发光。

梅雨形成之谜

居住在长江中下游地区的人们往往有这样的体验：晴雨多变的春天刚过，初夏随之而来，但不久，天空又会云层密布，阴雨连绵，有时还会夹带着一阵阵暴雨。这就是人们常说的"梅雨"季节来临了。

梅雨是6—7月间我国长江中下游地区所特有的自然景象。又因此时正值江南梅子成熟期，所以称其为"梅雨"。

梅雨季节中，空气湿度大、气温高，衣物等容易发霉，所以也有人把梅雨称为同音的"霉雨"。连绵多雨的梅雨季过后，天气开始由太平洋副热带高压主导，正式进入炎热的夏季。

梅雨，在中国史籍中记载较多。如《初学记》引南朝梁元帝《纂要》"梅熟而雨曰梅雨"，唐朝柳宗元《梅雨》"梅实迎时雨，苍茫值晚春"等。

中国历书上记载，梅雨季节起于芒种后第一个丙日，终于小暑后第一个未日。即始于6月6日—15日，终于7月8日—19日。

武汉梅雨天气

梅雨天气虽然是长江中下游地区所特有的，但它的出现却不是一种孤立的现象，而是和大范围的雨带南北位移息息相关，梅雨天气就是因为雨带停滞在这一地段而产生的。

那么，这条雨带又是怎样产生的呢？我们还要从梅雨期间高、低空的大气环流形势入手，了解梅雨期的天气过程。

每年从春季开始，来自西太平洋的暖湿空气势力逐渐加强，从海上进入大陆先至华南地区，随后逐步北移，到了初夏常常北移到长江中下游地区，有时还可到达淮河及其以北地区。

特别是在2~3千米的低空，常有一股来自海洋的非常潮湿的强偏南气流，风速达到每秒钟十几米到20米。当它进入我国以后,就与从蒙古高原、西伯利亚南下的冷空气相遇。由于从海洋上源源而来的暖湿空气含有大量水汽,冷暖空气相遇,交界处便形成了锋面,锋面附近产生降水,形成了一条长条形的雨带。梅雨就属于锋面雨的一种特殊情况。

如果冷气团势力比较强,雨带则向南移动;如果暖气团比较强,雨带则向北移动。但初夏时期在长江中下游地区,由于冷暖气团势均力敌,这两股不同的势力就在这个地区长时间对峙,展开一场较为长久的"拉锯战",因而在长达一个多月的时间内就形成了一条稳定的降雨带,造成了这种绵绵的阴雨天气,较长时间横贯在长江中下游地区。

这就是我国长江中下游地区初夏季节梅雨形成的原因。

光线雨形成之谜

2010年7月9日晚上11点半左右,厦门市的夜空中出现了几条垂直的光线,最初只有5条左右,位置较低。其后,天空中密密麻麻地陆续出现了近50条光线,而且位置越来越高,仿佛一张五线谱挂在天空中,非常亮。2010年7月10日凌晨,厦门市的环岛路黄厝附近,天空中也出现了数十条垂直的神秘光线。当晚,金门也有居民看到同样的景象。这种神奇的现象是怎么回事呢?

对于这一奇异现象,厦门市的气象工作人员表示没有监控到类似的天文现象,并说"但也不可能是流星雨"。金门航空站工作人员也表示没有监测到异常现象,并说当时也没有举行什么特别重大的活动。当地的居民看到奇异的光线现象后打电话向气象台询问,气象台也对此进行了观测。有些居民还拍摄了光线现场的照片。

那么,这些光线到底是怎么回事呢?很多人对此作出了猜测。有人怀疑地上有射灯。当地的人表示否认,事发地段属于海面,如果是射灯的话,光线不大可能那么垂直;而且,"光线"的头尾两端都在空中,所以不大可能是从地面或海面照射上去的。有人提出是极光。有关专家认为,厦门纬度太低,不可能是极光,而且这些"光线"的样子和极光也不一样。还有人怀疑是孔明灯。若是孔明灯,不可能在空中静止不动,且孔明灯的形状与

光线雨

"光线"的线条和长度也不大符合。更有人开玩笑说是外星人入侵地球。

以上说法几乎都没有科学根据，被人一一推翻了。那么，我们听听专家是如何解释的吧。福建省天文学会副秘书长潘先生看到拍摄的照片后，做了一些分析。他表示，这些"光线"都是在空中静止不动的，几乎可以排除来自太空的可能性。如果"光线"来自太空，由于地球的自转，这些"光线"也会随之发生位移。

根据目击者的描述，当时"光线"的产生地点应当是小金门附近。事发当晚天空有云层，只要云层中的水汽密度达到一定条件就可以产生海市蜃楼现象。也就是说，这些"光线"很可能是小金门地面或海面的光线折射到空中而产生的。这也能解释"光线"从少到多，从多到少的景象。因为海市蜃楼就有从发散到消失的过程。当然，这种解释也未必是真实情况。要想科学地解释出"光线"形成的原因，还需要提供更加精确的"光线"形成的地理位置、高度、方位等数据。只有搜集到更多的、更确切的资料，才能准确地解释其产生的原因。

"光线"产生之后，一些报刊也对此作了报道，并用了一个新词"光线雨"。看着那些照片，那些光线不就像是光在下雨吗？

幻日之谜

我国古代有后羿射日的神话传说。故事大概是这样的。传说在远古尧帝当政时，天上突然同时出现了 10 个太阳！之后，江河枯竭，草木枯死，百姓奄奄一息。在这种危难时刻，尧帝命箭法超群、百发百中的神箭手后羿射下了其中 9 个太阳，以挽救万民于苦难之中。后羿不负众望，9 个太阳纷纷落地。从此，人们日出而耕、日落而息，又过上了既美满又幸福的生活。

这当然只是一个美丽的神话故事而已，无须考证真伪，但天空中出现多个"太阳"，却是有人亲眼看见的。

"数日同辉"奇观

1933 年 8 月 24 日上午 9 时 45 分，我国四川省峨眉山的上空出现了一种奇异的景象：在太阳的左面和右面，各有一个太阳，人们惊奇不已。

1974 年在陕西发生过三日同辉。1975 年或 1976 年在新疆发生过两日同辉。

幻日景观之一

1985年1月30日早晨,加拿大西部平原也出现了3个太阳相映生辉的奇特景观。

2003年1月20日,新疆塔城地区上空出现三日同辉天空的奇观,太阳两侧出现了两团明亮的光晕,宛如天空中有3个太阳。

2007年2月15日,新疆温泉县上空突现"二日同辉"的奇观,这种天象持续了约50分钟才消失,引来当地群众好奇观看。

"数日同辉"这种奇特的现场,在中外古今历史上接连不断地出现。难道说太阳系真的存在几个不同形状的太阳吗?

谜底揭开

作为地球上万物生长的动力之源的太阳,当然是独一无二的。离开太阳,万物生灵就不能维持正常的生命。

幻日景观之二

据专家介绍,"二日同辉""三日同辉""数日同辉"等现象在气象学上的学名为"幻日"。如若在同一城市,不同位置的人们还可以看到不同数量的太阳,这种较为特殊的现象是由观测者的角度不同造成的。

"幻日"是大气的一种光学现象。通过光的折射,太阳旁边出现的一个或者若干个小斑点,就叫作"假日",也就是我们气象学上所说的"幻日"。

天空出现的半透明薄云里面有许许多多飘浮在空中的六角形柱状的冰晶体,它们偶尔会整齐地垂直排列在空中。当太阳光射在这些六角形冰柱上的时候就发生了非常有规律的折射现象,折射到周围反射到人的眼睛里看起来会是多个太阳。在人们看到的诸多太阳中,除那个最亮的是真正的太阳外,其余的全是"冒牌货"。

"假日"是"日晕"的一种,其成因与彩虹成因类似。就像我们置身几面镜子面前可以同时看到自己的几个影子一样,在高空中反射太阳的镜子正是这些冰晶。

冰晶在高空中扮演着三棱镜的作用,能使太阳光发生偏折。不过,平时空中的冰晶是呈不规则形状排列的,一般反映不出太阳的影像。只有当冰晶呈六角形时,而且垂直浮悬着、排列很规则时,才会将太阳"复制"到空中。不过,冰晶呈有规则排列的概率很小,即使呈规则排列,也会因"视角差"而成了"不规则"。所以,"数日并现"的奇观极为罕见。

发生幻日的基本天气条件

要求有一种比较适宜的云层,而且所含的冰晶数量比较大,排列得非常整齐。有风,不过还得非常小,但又不能没有风。其他的条件稍微一有变化,这种幻日奇观马上就会消失。所以,幻日奇观往往持续的时间也比较短。

由于幻日是由天空中规则的六角形冰晶体折射阳光造成的,所以只有同时具备了风雪、薄云和适宜的温度这几个条件,才能出现这种阳光折射的大气层现象。

东营的海水黄蓝之谜

东营位于山东省东北部,省辖地级市,东北临渤海,西接滨州,南与淄博、潍坊接壤。东营别称油城,东方湿地之城,黄河水城,地势西南高东北低,属于温带大陆性季风气候,盛产石油和天然气。东营是黄河入海口的所在地,黄河每年携沙造陆三万多亩,是中国"生长土地"最快的地方。前几年各地流传着一句顺口溜:全国公路看山东,山东公路看东营。虽然东营在全国不太出名,但是个十分富足的后起之秀,因为盛产石油而闻名遐迩,更让旅游爱好者喜闻乐见的是它独特的海之景色。在黄河汛期或黄河调水调沙时,从高空俯瞰东营黄河入海口,广阔的海面上,一条黄蓝相间的彩色飘带,把浑浊的河水与碧蓝的海水分成两半,一半黄色一半蓝色,上演了一片水,两片景,黄蓝一线分的绚丽景色,形成了世界最大的"鸳鸯锅"。

东营的黄河入海口为何会出现"黄蓝交汇"的壮丽奇观呢?这一奇观形成的原因是:黄河在东流的过程中,流经黄土高原时,滚滚的黄河水和它的支流渭河从黄土高原上带来了大量泥沙,使水颜色变黄,河水注入渤海后,与蓝色的海水交汇在一起,由于带沙河水与海水密度不同,它们之间相互扩散得慢,所以在接触面形成一个狭窄的过渡带,在海面上形成了黄蓝分明的海水分隔线,从而出现了黄蓝交汇的壮丽奇观。

黄河入海口不仅有如此美景,还盛产黄河口刀鱼、东方对虾、文蛤、梭子蟹等名优海产品,素有"百鱼之乡""黄金海岸"的美誉。

东营的海水

神奇古迹之谜

SHENQI GUJI ZHIMI

茶马古道的由来之谜

"茶马古道"这一名称，最早是由云南大学教授、云南茶马古道研究会副会长木霁弘提出来的。茶马古道源于古代西南边疆和西北边疆的茶马互市，兴起于唐宋，繁盛于明清，最为兴盛之时是第二次世界大战中后期。

实际上，所谓茶马古道，就是一条地道的马帮之路。具体来说，它主要有两条线路：一条从四川雅安出发，经泸定、康定、巴塘、昌都到西藏拉萨，出国境后再到尼泊尔、印度，国内路线全长3100多千米；另一条路线从云南普洱茶原产地（今西双版纳、思茅等地）出发，经大理、丽江、中甸、德钦，到西藏邦达、察隅或昌都、洛隆、工布江达、拉萨，再经江孜、亚东，出国境后分别到缅甸、尼泊尔、印度，国内路线全长3800多千米。

史料记载，早在南北朝时期，中国的茶叶就已经开始向海外传播了。当时在与蒙古毗邻的边境，中国商人通过"以茶易物"的方式，向土耳其输出茶叶。到了隋唐时期，随着边贸市场的发展壮大，再加上丝绸之路的开通，中国茶叶以"茶马互市"的方式，经回纥及西域等地向西亚、北亚和阿拉伯等国输送，中途辗转西伯利亚，最终抵达俄国及欧洲各国。

茶马古道博物馆

自唐代开始，历代统治者都对茶马交易采取了积极控制的手段。唐肃宗至德元年（756年）至乾元元年（758年），在蒙古的回纥地区驱马茶市，开了茶马交易的先河。北宋时，茶马交易主要在陕甘地区，朝廷还在成都和秦州（今甘肃天水）各置榷茶和买马司，而易马的茶叶就地取自川蜀。元代时，官府废止了宋代实行的茶马治边政策。明代时，在恢复茶马政策的基础上变本加厉，并把这项政策作为统治西北地区各族人民的重要手段。清代时，茶马治边政策有所松弛，雍正十三年（1735年），官营茶马交易制度终止。茶马交易治边制度始于隋唐，止于清代，前后延续近千年。

川藏南线茶马古道雕塑

历史上的茶马古道以川藏道、滇藏道与青藏道（甘青道）3条大道为主线，辅以众多的支线、附线，从而构成了一个庞大的交通网络。它地跨川、滇、青、藏，向外延伸至南亚、西亚、中亚和东南亚，远达欧洲。

滇藏线茶马古道：出现在唐朝时期，它与吐蕃王朝向外扩张和对南诏的贸易活动密切相关。678年，吐蕃势力进入云南西洱海北部地区。两年后，吐蕃在云南当地建立神川都督府，在南诏设置官员，向白蛮、乌蛮征收赋税，摊派差役。此后，双方的贸易也获得长足的发展，重要内容之一就是茶马贸易。

历史上，滇藏线茶马古道有3条道路：一条由内江鹤丽镇汛地塔城出发，经崩子栏、阿得酋、天柱寨、毛法公等地至西藏；一条由剑川协汛地维西出发，经阿得酋再与上一条道路相合至西藏；一条由中甸出发，经尼色落、贤岛、崩子栏、奴连夺、阿布拉喀等地至西藏。就其主要通道而言，与今天的滇藏公路接近。

唐朝时期南诏政权的首府所在地大理，就是茶马古道在云南境内的起点。其中，大理、丽江、中甸、阿墩子（德钦）等地是茶马贸易十分重要的枢纽和市场。滇藏线茶马贸易的茶叶，以云南的普洱茶为主，也有来自四川和其他地方的茶叶。

滇藏茶马古道南起云南茶叶主产区西双版纳易武、普洱市，其中普洱独具优势，作为茶马古道上的货物产地和中转集散地，具有悠久的历史。古道中间经过今天的大理白族自治州和丽江市、香格里拉进入西藏，直达拉萨。因为有的还从西藏转口印度、尼泊尔，所以这是古代中国与南亚地区一条重要的贸易通道。

川藏线茶马古道：和滇藏线茶马古道一样，川藏线茶马古道也始于唐代，距今已有1300多年的历史。它东起雅州边茶产地雅安，经打箭炉（今康定），西至西藏拉萨，最后通到不丹、尼泊尔和印度，全长近4000千米。这条路线具有深厚的历史积淀和文化底蕴，是古代连接西藏和内地的必不可少的桥梁和纽带。

陕甘茶马古道：明代时，由陕西商人与古代西北边疆的茶马互市形成。这时所谓的茶马古道，从四川到西北，主要的运输工具是骆驼，而茶、马的贸易方式，指的是贩茶换马。之所以选择骆驼作为运输工具，是因为明朝时要有数百万斤茶叶要贩运，到清朝时运量更大，由于运量大，所以马不能胜任，只能用骆驼。

明清时，由于政府对贩茶实行管制，故而贩茶分区域，陕甘茶马古道是当时唯一可以在国内跨区贩茶的茶马古道。其中，最繁华的茶马交易市场在康定，称为"蹚古道"。

金源故地之谜

金源，即大金国的源地，在黑龙江省松花江支流阿什河畔，因女真族崛起于此而得名。古阿什河出产沙金，女真语中"按出虎"即"金"的意思，所以古阿什河又被称为"按出虎水"。女真族风俗以水为德，故完颜阿骨打建国时取国号为"金"。

阿城金上京历史博物馆

正隆二年（1157年），海陵王为开国元勋封爵，以"金源郡王"为首，此后"金源"被作为殊荣爵号而广泛应用。当时以冠"金源"二字为时尚,如把松峰山称为"金源乳峰"。后来的史学家也称大金的肇兴之地为"金源内地",而把这一历史时期和空间范围内形成、延续和遗留的文化印迹称为"金源文化"。金源文化,即广义上所说的金源,它以女真民族文化为基础,吸收兼容中原文化,从而创造了一种新北方文化,其特点是质朴粗犷、豪放雄健、开拓进取、务实创新。

那么,金源故地为何会被耕地、坟墓"蚕食"呢?

在阿城位于金上京遗址皇城内的村子里,还生活着几十户人家。这里几乎家家户户种大白菜,并且差不多每家都有储菜大窖,窖口面积

阿城金上京完颜阿骨打雕塑

有十几平方米,深达数米。但与普通储菜窖不同的是,这里的有些窖就挖在金上京遗址这个国家级重点文物保护单位的特别保护区内,而个别窖的窖壁甚至就是皇城中轴线上宫殿的殿基址。其实在金上京遗址内,这种对文物的破坏并不罕见。

有一句话说:"中国历史有金代,金代故都在阿城。"阿城是大金的开国都城,史称"金上京会宁府"。1115年,完颜阿骨打在阿什河畔建都立国,即金太祖。此后,这里又历金太宗、金熙宗和海陵王3位皇帝,前后共计38年。在这短短的38年国都史上,金源遗存了大量遗址和丰富珍贵的文物。1153年,金国迁都燕京(今北京)。清宣统元年(1909年),金源设县,名为阿拉楚喀城,简称阿城。1987年撤县建市,2006年撤市设区。

阿城境内至今遗存有40余座重要遗址,如金上京会宁府遗址、亚沟金代摩崖石刻两处,为国家级文物保护单位,再如省级文物保护单位金太祖陵、金代冶金遗址、金代合陵遗址、金代皇帝寨、天坛和社稷坛等。2002年的"中国十大考古发现"之一,就是在阿城亚沟镇发掘出土的金国"朝日殿"。这是目前已知的中国历代皇帝使用过的最大的郊祀宫殿遗址,被考古学家称为"宋金第一殿"。

阿城金上京会宁府遗址是重要的历史遗存,考古史料表明,这座都城周长11千米,分南、北两城,城墙夯筑,有角楼、马面、瓮城等防御设施。南城西北部是皇城,为长方形,分为五重殿,现存午门、5个宫殿和左右廊基址,殿基平面呈"工"字形。

然而由于种种原因,宫殿基址成了菜窖壁,这一重要的历史遗存正在遭受着严重的破坏,古城垣被一点点地蚕食着,耕地、坟墓、房屋全都跑到了城垣上。

当地一位姓孟的老人回忆说,他在这儿已经住了 26 年,记忆中他小的时候古城垣得有七八米高,冬天能当滑梯玩,现在古城垣越来越矮了。

另外,一位当地村民还说,由于古城垣是夯土版筑的,当地有些村民家盖房子垫房基没有土,就来挖古城垣取土,这也是古城垣日渐消失的一个重要原因。

据考证资料记载,金上京的城垣基阔为 7~10 米,最宽的地方可达 13 米。但是,近年来由于农民扩耕严重,城墙一点点地被耕地蚕食了,有的城墙被扩耕成了白菜地,还有一些人直接就顺坡把小葱、白菜种在了城墙上,许多坟墓也修在了城墙上。

那么,是什么原因导致了金上京遗址被"蚕食"破坏得如此严重呢?其实,阿城在 1993 年就已颁布施行了《阿城市文物保护单位管理规定》。该《规定》上说:"金上京会宁府遗址为全国重点文物保护单位。""遗址的城垣两侧三米以内为特别保护区;外城城垣两侧十米以内为重点保护区;都城内的皇城内为重点保护区;皇城内宫殿址周围五米内为特别保护区;保护区要树立界标。""本市文物保护单位的特别保护区以内,禁止一切动土活动和堆放杂物。在本市文物保护单位的重点保护区以内,不得挖沟、取土、打井、建房、修坟、深挖、平整土地和采伐树木,禁止开山采石、放牧狩猎;禁止存放易燃品、爆炸品;禁止进行破坏地貌、文化层以及一切危及文物安全的活动。"

由此可见,法律法规是完善的,那为什么有法不依呢?因为历史原因,金上京会宁府遗址的皇城内还住着七八十户村民,村民要生活,有些动土行为就在所难免。再加上村民们的文物保护意识较差,导致部分城垣和城内地表遭到不同程度的破坏。一位文物保护人士说,如果不对古城垣肆无忌惮地开垦、破坏的话,有草护着城墙坡,古城墙就不会水土流失这么严重,金源故都遗址应比现在更具震撼力。

据国家文物局文保司人员说,我国历史文化遗址中像金上京会宁府这样的遗址在农村或野外有很多,仍有村民居住、管理保护难度大是一个普遍存在的问题。

阿城具有丰厚的金源文化底蕴。近年来,阿城制定了金源文化开发的中长期规划,先后投资

女真族服饰

建成了金上京历史博物馆、金太祖陵址公园和金城仿古建筑群等重要文化项目,组织了两届金史国际学术研讨会,出版了《金史研究论文集》《金源文化论》《金源文化应用研究成果集》等20余部著作,拍摄了《话说金源》《金源故乡说大金》《神舞》《五百里话廊》《金都——金陵》《古都新韵》等10余部反映金源文化的电视专题片。

云南水下城之谜

神秘的抚仙湖位于云南省玉溪市,是中国最深的大型淡水湖泊之一,曾经因传言有"水怪"而远近闻名。最早声称发现"水下古城"的,是一个被当地人称为"水鬼"的名叫耿卫的潜水爱好者。1992年5月,当时耿卫在抚仙湖中潜水,偶然发现湖底有大量的人工建筑遗迹,且遗迹的规模相当之大,不禁令人震撼。其实,当地人的传说中就有"水下古城"的概念,难道它真的是水城吗?

据耿卫说:"我第一次潜下去的时候就发现很多垒积的大石料,包括石板、石条,上面有非常厚的青苔。"出于潜水员特有的敏感,这个现象令耿卫非常惊奇:因为他通过多年的潜水观察了解到,抚仙湖底的地貌是以淤积的泥沙为主的,但怎么会突然在这个区域出现了大量的散落石块呢?

接下来,一个让耿卫更加瞠目结舌的景象出现了。耿卫说:"那些建筑都是高台式的,堆积的都是一些非常大的石块,非常规整,一米二乘一米二,这种方方正正的石头,随处可见。"那么,这些石头是浑然天成,还是出自人工所为?在好奇心的驱使下,耿卫决定一探究竟。他经过仔细观察后发现,这些石头具有非常明显的人工痕迹,所以应该是人工建筑。

为了解开谜团,进一步探明真相,耿卫先后38次潜入抚仙湖进行探测,并拍摄了大量的水下录像。随后,他把相关的资料写成专题报告,向云南省有关部门和相关专家作了通报。一时之间,人们众说纷纭,有人说水下建筑是码头、水坝,有人认为是祭祀台、庙宇,还有人断定是古城……凡此种种,不一而足。

人们莫衷一是的猜测,为烟波浩渺的抚仙湖又披上了一层神秘的面纱。那么,湖底的"水下古城"到底是什么呢?如果它真的是传说中

云南抚仙湖风光

抚仙湖水下古城出土的牛虎铜案

的古城，又会是历史上的哪一座城市呢？为了驱散"地下古城"的迷雾，中国水下考古队正式进驻抚仙湖，就此拉开了一场声势浩大的水下考古的帷幕……

2005年12月，通过对抚仙湖水下世界的进一步探测，人们发现古城确实存在。据考古结果称，这座古城是由8座建筑组成的古建筑群，其中一座高20多米，相当于10层楼高。此外，还有另一些重大发现：一座类似"金字塔"形的建筑；一个底座宽63米、高21米的类似古罗马"斗兽场"的巨大建筑；一条长300米、宽7米的石板路，上面镌刻着精美的图案。另外，还有一些建筑很可能是当时用来举行祭祀活动的场所。总之，建筑群蔚为壮观，十分引人注目。

初步考察研究结果表明，水下古城是一座2000年前的古城，很可能是历史上记载的古滇国的国都。抚仙湖周围曾经出土了大量的青铜器，人们通过研究发现，当时的古滇国青铜文化已经比较发达。那么，这次水下考古对解开古滇国兴衰之谜会提供另一个重要的依据。

从水下古城的建筑特点和加工程度来看，湖底的各类建筑均为石质，带有明显的当地彝族的建筑风格，建筑群整体与在滇中发现的古长城颇为相似。而从声呐图上看，该建筑群还具有中轴线，有正南、正北方向之分，和普通城市里的"一般居民区"相似。

"高级住宅区"位于"一般居民区"大概40米处，这里的石料明显大而厚，其中有二三十米长的石墙、两三米宽的石板等。石墙修造得十分平整、精细，石料三面都有人工加工的痕迹，有的还凿有圆洞或石槽，而所有散落的石块也都有序地排列着。另外，这里还有数米宽的南北向石板大道，大道两旁则建有大型的建筑物。专家推测，这里可能是古城的"富人区"或者是寺庙、祭坛。

绕过一段长200多米、宽9米宽的石埂城墙后，便到了"贫民区"遗址，占地面积约2.4平方千米。这个区域的建筑物规模明显小于前两片，石料加工的工艺也较为粗糙，且摆放零散，没有什么规律可循。

云南的地质资料显示，抚仙湖属于地震断陷湖。与此同时，由于受板块运动的影响，青藏高原的东南边界也形成了一条地震分布带，而且地震、滑坡等地质灾害比较严重，这就是著名的小江断裂带。史料记载，自1500年以来，小江断裂带上已发生过38次破坏性地震，最大的一次震级达到8级。那么，抚仙湖底的古城遗址会不会是因为某次大地震而沉入湖底的呢？

云南抚仙湖晚霞

专家们的考察和研究结果称，抚仙湖水下遗址是由于地震引起的滑坡造成的。有专家推测，这座水下遗址很有可能是曾经在历史上神秘消失的俞元古城。

在近半个月的探测中，潜入水下的考古队员和"蓝鲸"号都在不停地小心翼翼地搜寻着，最后终于找到了一些附在石块上的螺壳。专家通过对这些螺壳进行碳14测定之后，得出了这样的结论：贝壳正好处在东汉到魏晋时期。但是由于贝壳是附着在建筑体上的，因此说明水下遗址的年代肯定早于这个时期。不管怎么说，水下古城遗址的年代通过对贝壳所做的碳14测定结果，被初步确定了下来。

这个碳14测定结果让部分专家开始对之前有关俞元古城的猜测产生了质疑。因为测定结果表明，古城显然是汉代掉下去的，汉代以后它就不在陆地上而在水下了，但是俞元古城在唐朝书里的记载是在陆地上的，所以它根本不是俞元古城。

那么，抚仙湖水下遗址不是俞元古城又会是什么呢？难道是古滇王国的都城吗？

据史料记载，公元前276年，楚国将领庄蹻在云南建立了古滇王国，这是一个文明程度非常高的国度。但是到了公元前86年以后，史书上就再也没有任何关于古滇国的记载了，也就是说，古滇王国连同它的都城都神秘"消失"了。由此来看，抚仙湖的水下遗址可能就是古滇国的都城。

围绕这座在水底沉寂了近2000年的古城，关于它是古滇国的都城还是神秘消失的俞元古城，专家们各持己见，看法不一。不过也有专家认为，现在下结论还为时过早，要真正解开抚仙湖水下古城之谜，还有待将来进行更为艰苦细致、更长期的考古发掘和研究。

舞阳贾湖遗址之谜

贾湖遗址位于河南省舞阳县舞渡镇贾湖村东侧，发现于1962年。遗址东西长275米、南北宽260米，面积约7万平方米，文化层厚度为1.5~2.5米。从1983年到1987年，河南省文物研究所对贾湖遗址共进行了6次发掘，发掘面积达2600多平方米，共发现房基30多座，灰坑300多个，墓葬300多座，陶窑10座，出土遗物数千件，有陶、石、骨和龟甲等。

2001年4—6月，中国科技大学科技史与科技考古系和河南省文物考古研究所合作，对贾湖遗址进行了第七次发掘。根据考古结果，这次发掘面积为300多平方米，发现房基8座，墓葬96座，灰坑66座，陶窑3座，兽坑2座，发现陶、石、骨等各种质料的遗物数百件，还有大量的炭化水稻稻粒、豆粒等植物种子，以及各种鱼类、龟、鳖、鹿类、猪、狗等动物骨骼。

根据对贾湖遗址出土木炭标本的碳14测定结果，它距今7600—8600年。这是一处典型的裴李岗文化聚落遗址，为研究原始聚落的形态、宗教、生产力水平和社会性质等提供了宝贵资料。原中国历史博物馆馆长、著名考古学家俞伟超说："贾湖文化提供了一个黄河、长江之间新石器时代早期的、居当时文化发展前列水平的相当完整的实例，对于研究中国新石器文化起源，以及黄河、长江流域新石器文化的关系有着重要意义。"

其实，早在1979年秋天，该村小学教师贾建国就已经发现了遗址。当时，贾建国正在带领学生开荒种地，他们意外地挖出了一些石铲和陶壶。作为村里的文化人，有一定文物保护常识的贾建国把发现的物件上交到了县文化馆。他当时不会想到的是，他的这一举动造就了贾湖遗址，成为"中国20世纪100项重大考古发现"之一。

贾建国上交到县文化馆的这些物品引起了县文化馆文物专干朱炽的重视。当时，裴李岗文化刚刚被发现，全国特别是河南省各级文物考古部门十分重视对新石器早期文化的探索。1980年春，河南省博物馆文物工作队（河南省文物考古研究所前身）组织专人前往贾

贾湖遗址出土的石制品

湖进行实地调查,随后确认这是一处裴李岗文化遗址。1983年春,河南省文物研究所(河南省文物考古研究所前身)派人前往贾湖遗址发掘,从此,发掘工作陆续进行着。

贾湖遗址的发现,为我们了解先祖的生活提供了极为丰富的资料。此处出土的骨笛是世界上迄今发现最早、保存最完整的乐器;龟甲上的契刻符号可能是中

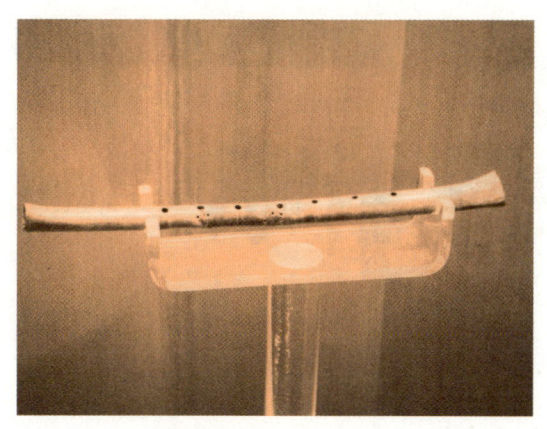

贾湖遗址出土的古笛

国最早的文字;龟灵崇拜则是原始的宗教信仰;稻作遗存、狩猎、捕捞和聚落布局反映了当时人类社会生活的情况。

房基:均为圆形或椭圆形半地穴式,房间分单间和多间,有门槛或隔墙,每间面积2~6平方米。房基附近是灰坑,有圆形、椭圆形和不规则形,有的是窖穴,壁上留有台阶,有的周围还有柱洞。

墓葬:均为土坑墓,多仰身直肢葬式,个别为侧身直肢或俯身直肢葬式。大多数墓内还有随葬品,多则数十件,少则一件。少数墓中还用成组龟甲或骨笛作随葬品。龟甲多穿孔,孔内装有不同颜色的小卵石,个别龟甲上契刻着符号,被认为是中国最早的与汉字起源有关的实物资料。

陶窑:发现的陶窑均为横穴式,上口近似于圆形,残存着一些火门、火膛、火台、窑壁、烟道和出烟口。出土陶片中以夹砂陶为主,泥质次之,还有夹炭陶、夹云母陶;颜色以红色为主,褐色也占一定比例,灰色和黑色较少。在制陶技术方面,由于火候不匀,陶色多不纯正,陶胎多呈灰色或黑色。器表以磨光和素面为主,夹砂褐陶和红陶普遍施赭石色陶衣;有绳纹、划纹、戳刺纹、附加堆纹、乳钉纹、齿状纹、篦点纹和拍印纹等纹饰。典型的陶器代表有:凿形足盆形鼎、凿形足卷沿罐形鼎、筒形角把罐、束颈鼓腰圆底罐、卷沿深腹罐、折沿深腹罐、罐形壶、折肩壶、圆肩圆腹壶、扁腹横耳壶、敛口钵和浅腹钵等。

其他工具:石器以磨制石器为主,有少量打制石器。骨器有骨鱼镖、骨针、骨钗和条形骨器等。农业生产工具有刮削器、弧刃斧、斜刃斧、两端弧形斧和齿刃镰,谷物加工工具有鞋底状、四柱足的石磨盘和磨棒。

贾湖骨笛:是用鹤类尺骨钻孔制成,有固定形制、制作方法和过程,与现在民族管乐器的制法很相似。骨笛全长22.2厘米,多为7孔,制作精致,保存完好,有的骨笛是先刻好等分记号,然后再钻孔而成的。骨笛制成后,在第六孔与

贾湖遗址出土的骨匕

第七孔之间又钻了一个小孔,用这种方法是为了调整个别孔的音差,它反映出的音律水平和计算水平之高,让现代人都甚为震撼。

1987年10月,由中央民族乐团黄翔鹏带队,音乐专家们对贾湖骨笛共同进行了测音研究。他们从比较完整的6支骨笛中选出了最完整、无裂纹的一支七孔骨笛,然后进行了测音实验,结果发现它的音阶结构至少是六声音阶,也可能是七声齐备的、古老的下徵调音阶。

与西安半坡陶哨(只能吹奏出一个二度音程)、河姆渡陶埙(只能吹奏出一个小三度音程)相比较,贾湖骨笛不知道要先进多少倍。可以说,这是我国音乐考古中继湖北曾侯乙墓编钟、编磬之后,又一重大的考古发现。根据目前已知资料,贾湖骨笛是世界上出土年代最早、保存最为完整、出土个数最多且现在还能用以演奏的乐器实物。

到目前为止,贾湖遗址中出土的骨笛达30多支,除去半成品和残破者外,有17支是比较完整的。但令人遗憾的是,由于长时间在地下叠压,有些骨笛取出来时已经成了粉末状。这样一来,真正比较完整的骨笛就只有6支,一支是5孔,一支是6孔,三支是7孔,一支是8孔。其中,三支7孔骨笛现分别藏于北京故宫博物院、河南博物院和河南省文物研究所。

此外,在第七次考古发掘中还发现了一支2孔骨笛。这支2孔骨笛出土时已断为两截,复原后长20多厘米,呈棕黄色,且骨笛两端刻有规则的细如发丝的菱形花纹。骨笛两孔靠近笛的两端,孔径约3毫米。后经测定,这支骨笛距今约有8000年的历史。在贾湖遗址,这支2孔骨笛是首次发现,也是历次发掘中发掘出的最为精美的一件,同时也是迄今世界考古界发现的最早、最为精美的2孔骨笛。

海上丝路沉船之谜

海上丝绸之路是相对陆上丝绸之路而言的,最早是由日本学者三杉隆敏在《探索海上丝绸之路》一书中提出的。作为中国古代对外贸易的重要通道,海上丝绸之路早在中国秦汉时期就已经出现,到唐宋时期最为鼎盛。它的具体路线是:由广东、福建沿海港口出发,经中国南海、波斯湾、红海,将中国生产的丝绸、陶瓷、香料、茶叶等物产运往欧洲和亚非其他国家，而欧洲商人则通过此路将毛织品、象牙等带回中国。海上丝绸之路的开辟，使中国古代的对外贸易兴盛一时。

华光礁位于中国西沙群岛范围内的永乐群岛南部，1996年，我国渔民在这里发现了华光礁Ⅰ号沉船遗址。该沉船遗址位于华光礁礁盘内的东西边沿，表面低潮时距水面约0.5米，高潮时水深1.4米，其中散落在沉船表面的遗物呈东南—西北走向分布，范围约38米。

1998年，国家博物馆和海南省文物部门对华光礁Ⅰ号沉船遗址做了初步试掘工作，当时出水文物近1800件。该地点发现的沉船和遗物，作为我国南宋时期海外贸易的重要史迹，具有一定的考古价值。

2007年，西沙考古工作队对华光礁Ⅰ号沉船遗址和北礁沉船遗址开展了抢救性发掘和水下考古调查工作。当时共出水文物近万件，并发现了船体和南宋瓷器、铁器、朱砂等遗物，而且新发掘了玉琢礁等沉船遗址10处。

在出水文物中，陶、瓷器占绝大部分，它们的产地主要为福建和江西景德镇。陶瓷产品主要有青白釉、青釉、褐釉和黑釉几种；器型主要为碗、盘、碟、盒、壶、盏、瓶、罐、瓮等；装饰手法和纹样丰富。

海上丝绸之路博物馆

据海南省文管办副主任、西沙考古工作队副队长王亦平说，华光礁Ⅰ号沉船沉没时的背景是这样的：南宋中期的某一天，一艘从福建地区驶出的货船在西沙群岛附近借着北风向东南亚行驶。突然海面上狂风大作，这艘排水量在60吨以上的木制帆船，在狂风与巨浪的驱使下，漂至华光礁北边。这里水浅礁多，船搁浅后慢慢沉入海底，距离现在大约有800年的历史了。

目前，这艘沉船仍保存较好，结构基本清晰。残存船体的残长为20米，宽约6米,舱深3~4米,覆盖面积约180平方米。据初步估计,该船为南宋福建造商船,是我国目前在远海发现的第一艘古代船体。

此外,在华光礁Ⅰ号沉船遗址发掘期间,工作人员新发现的10处沉船遗址是:华光礁Ⅱ号、华光礁Ⅲ号、华光礁Ⅳ号遗址、玉琢礁Ⅰ号、玉琢礁Ⅱ号遗址、玉琢礁Ⅲ号遗址、北礁Ⅵ号沉船遗址、北礁Ⅶ号沉船遗址、北礁Ⅷ号沉船遗址和北礁Ⅸ沉船遗址。

趣味文明之谜

QUWEI WENMING ZHIMI

夜郎古国之谜

夜郎古国是西南夷中一个较大的部族,其人文历史非常悠久。秦汉时期,这里是夜郎国的治地;唐宋时期,朝廷曾两次设置夜郎县。夜郎国的历史很悠久,大致起源于战国时期,至西汉成帝和平年间为止,前后约有300年,之后古夜郎国就神秘消失了。由于夜郎古国灭亡时间较早,而且关于其具体位置的史籍记载都很简略,所以夜郎国的具体位置一直是一个谜团。

历史记载中一般都只说夜郎国"临牂牁江",其西是滇国。牂牁江是汉代以前的河流名称,今人根据其向西南通抵南越国都邑番禺(今广州)的记载,考订其为贵州的北盘江和南盘江。所以多数人认为,夜郎国的地域主要集中在今贵州的西部,可能还包括云南东北、四川南部及广西西北部的一些地区。

贵州桐梓县"夜郎城"门楼

有专家认为,湖南怀化新晃侗族自治县是夜郎古国的国治。他们的依据是:这里人文历史悠久,秦汉时期属夜郎国治地,唐宋时期曾两次置夜郎县,而且这里是我国稻作、鼓楼、巫傩文化保存最完整的地区,千百年前延续至今的"竹崇拜""牛图腾"与斗牛、斗狗等独特的民族风情,与古代夜郎文化十分相似。

有人认为,夜郎古国应该在贵州。有专家表示,根据有关的历史文献记载,夜郎国的首府在黔北地区。他们判定的依据有两个:一是汉朝唐蒙出使夜郎;二是地区发达程度。汉武帝建元年间(前140—前135年),政府曾派郎中将唐蒙出使夜郎。史料记载表明,唐蒙到夜郎,是从今天的四川合江进入夜郎国的,那么他只能是进入今黔北的赤水、习水、桐梓（遵义市）等夜郎国故地，而且在桐梓境内，还有蒙渡桥的历史遗迹为证。历史上，黔北和贵州的其他地区相比，政治、经济和文化都是最发达的，夜郎王不可能选择贫穷落后的地区安营扎寨，最主要的是，在黔北地区特别是桐梓境内发现了大量的夜郎国遗址。

古夜郎国的神像图腾

虽然争论很多，而且都有自己的事实依据，但是这些都不能完全说明夜郎国的具体位置，所以有关这个问题的争论恐怕还要持续下去。

在历史上，有关夜郎国的历史事件有许多，最主要的有以下几个。

同蒙之盟：同，指的是夜郎王多同；蒙，即唐蒙，汉代外交家，它的成就不逊色于出使西域的张骞。关于同蒙之盟，《史记》《汉书》《华阳国志》等史籍都有详细的记载。汉代时，唐蒙上书汉武帝，想借夜郎国十万精兵攻打南越。公元前135年，唐蒙出使夜郎，并与夜郎王多同达成了协议，其内容是：在夜郎国设置犍为郡；犍为郡治为鳖邑，体现夜郎王意志，汉都尉驻扎娄山关，体现汉朝意志；尊重夜郎王在政治、宗教中的地位；犍为郡初期名义上入朝，实际上仍由夜郎国控制；夜郎王属下君长封侯，各有领地；借兵伐越等。

借兵伐越：公元前111年，"上使驰义侯因犍为发南夷兵"，五路大军进攻南越。原夜郎各部发兵协战，沿江而下，与其他四路汉军会于番禺。唯"且兰君恐远行，旁国虏其老弱"，没有发兵。"汉乃发巴蜀罪人尝击南越者八校尉击破之。会越已破，汉八校尉不下，即引兵还，行诛头兰。头兰，常隔滇道者也。已平头兰，遂平南夷为牂牁郡"。汉朝五路大军进攻南越，夜郎军队与汉朝八校尉为一路，沿牂牁江而下，会于番禺。实际上夜郎军队已经顺江而下，但八校尉并没有出兵。原来，汉朝西路伐越军的后面还有汉朝的八校尉，因此，夜郎王没有发动全部的夜郎军队，且兰部其实就是作为留守提防汉军的，但终究防不胜防。汉八校尉"诛头兰"，以原犍为郡大南夷县及附属君长国置牂牁郡，头兰没有守住夜郎。

杜钦之谋：公元前135年，朝廷在鳖邑设置犍为郡并在娄山设置都尉，多同统治下的夜郎实际上已经受到了汉朝的控制。公元前111年，朝廷平且兰，设置牂牁郡，多同部、且兰部都已失势，汉朝随后扶持句町、漏卧等部。夜郎国晚期依托属于彝系的谈指等部与汉朝作最后的周旋。汉朝地方官故意挑拨夜郎鳖部、彝部与越部之间的矛盾，而且扶持越部，以弱制强，鳖部和彝部不服，发起反叛，朝廷派大将军王凤出兵平叛。杜钦对王凤说：要趁着夜郎叛军的目的还没有达到、还没有怀疑汉军的意图，秘密地派遣兵马、囤积粮草、选任太守，等到秋天的时候进军夜郎，诛杀其王侯特别是那些对朝廷图谋不轨的人。正是在杜钦的这个计谋的指导之下，公元前27年深秋，新任牂牁太守率军攻入夜郎国，斩杀夜郎贵族，夜郎国灭亡。

楼兰古城消失之谜

历史上的楼兰古城在汉时又称鄯善国，位于新疆罗布泊西岸，是一个历史悠久的文明古国。古代"丝绸之路"在这里分为南、北两道，加之楼兰古城依山傍水，河流两岸水草丰美，土地肥沃，因此楼兰古城成了西部的交通枢纽重镇。一时间往来商旅不断，热闹非凡，繁华一时。然而，400年时，高僧法显西行取经时途经此地，他在《佛国记》中记载，此时的楼兰已是"上无飞鸟，下无走兽，遍及望目，唯以死人枯骨为标识耳"。从此，这座昔日绿草遍地、人往如织的丝绸之路上的重镇便在人们的视线中悄无声息地消失了，只留下"城郭巍然，人物断绝"的不毛之地和其神秘消失之谜。

人们对楼兰古城自4世纪后的神秘消失，历来说法不一。

一说楼兰消失于战争。随着楼兰国的衰落，被其他国家入侵，后被灭亡。

二说楼兰消失于干旱、缺水和生态恶化。持此说者认为，这里逐渐干旱，缺水，生态环境恶化，于是人们便离开楼兰迁到了其他地方生活。同时，罗布泊的干涸也印证了此处生态环境的恶化。

三说楼兰消失于丝绸之路北道的开辟。丝绸之路北道的开辟使经过楼兰的丝绸之路逐渐被废弃不用，没有了经济支撑，加之这里风沙较大，楼兰便逐渐衰落下来。

四说楼兰消失于一场大规模的瘟疫疾病。一场突袭而来的瘟疫疾病夺去了楼兰城大部分的生命，侥幸存活下来的人纷纷逃离楼兰，躲避瘟疫。

五说楼兰消失于生物入侵。相传，在楼兰有一种从两河流域

罗布泊楼兰古城遗址

传入的螟蛄昆虫,对人类健康和生活有极大的危害,但苦于其生命力顽强,在楼兰又没有天敌,人们无法消灭它们,便只得举城迁移。

在众多的说法中,被大多数人认可的说法是:由于泥沙淤积,孔雀河改道,塔里木河断流,旧湖在炎热的气候中逐渐蒸发变成沙漠,使得下游的楼兰地区水源逐渐枯竭。加

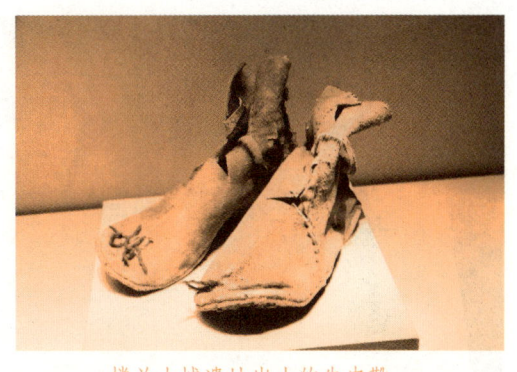

楼兰古城遗址出土的牛皮靴

之汉、匈奴及其他游牧国家常在这里展开战争,导致植被破坏严重,从而加剧了自然环境的恶化。而水是生命之源,于是楼兰古城的人们纷纷搬离此地,楼兰古城逐渐成为空城,湮没在肆虐的风沙中。

另外,楼兰古城的消失还与其经济地位的丧失有关。海上丝绸之路的开辟,使陆上丝绸之路逐渐被废弃,楼兰古城便慢慢丧失了其原有功用,回归宁静。在这片西北荒漠中,没有了经济支撑,伴随着漫天黄沙的楼兰古城,只能湮没在这片黄沙中了。

如今,楼兰古城遗址中,空留坍塌、破败的城垣,孤零零地矗立在西北荒漠中,更为其增添了几分苍凉、悲壮之感。于这苍凉悲壮之中留给人们的是其神秘消失之谜。

"女儿国"消失之谜

《西游记》描写了这样一个国家——在这个国家里,没有男人,不论是高高在上的君主还是普普通通的老百姓,全部都是女性,她们承担了包括战争在内的全部国家责任;在这个国家里,要想繁衍后代,就必须喝子母河里的河水,只要饮水就可怀孕,只等十个月后分娩,不过新生儿仍旧都是女性……这个国家就是"女儿国"。"女儿国"随《西游记》广为人知以后,留给人们无数的幻想,人们都想知道:"女儿国"是吴承恩凭想象力虚构出来的理想乐园,还是历史上果真有过这样一个国家?

据史书记载,"女儿国"在历史上确实曾存在过,不过不叫"女儿国",而是叫"东女国",其位置大约在今天的四川省甘孜州丹巴县至道孚县一带。在这些地区,至今还有一些村寨保留着"女儿国"的古老习俗。

据《旧唐书》第一百九十七卷《南蛮西南蛮传》记载:"东女国,西羌之别称,以西海中复有女国,故称东女焉。俗以女为王。东与茂州、党项接,东南

与雅州接，界隔罗女蛮及百狼夷。其境东西九日行，南北22行。有大小八十余城。"东女国南北长22天的行程，东西长9天的行程，如果按照过去一天骑马40千米或者步行20千米，那么东女国应该南北覆盖400千米到800千米，东西覆盖180千米到360千米。这样的面积，在古代西南小国中，算是比较正常的大小了。

丹巴县古碉群遗址

在东女国，建筑都是碉楼，女王住在九层高的碉楼上，一般老百姓则住在四五层高的碉楼上。女王穿的是青布毛领的绸缎长裙，裙摆拖地，贴有金花。东女国最大的特点是重妇女、轻男人，国王和官吏都是女人，男人不能在朝廷做官，只能在外面服兵役。宫中女王的旨意，通过女官传达到外面。东女国设有女王和副女王，在族群内部推举有才能的人担当，女王去世后，由副女王继位。在一般家庭中，也是以女性为主导，不存在夫妻关系，家庭中以母亲为尊，来掌管家庭财产的分配，主导一切家中事务。

《旧唐书》中关于东女国的记载十分详细，但是到了唐代以后，史书关于东女国的记载几乎中断。难道东女国的出现只是昙花一现？它是怎么消失的呢？

唐玄宗时期，唐朝和吐蕃的关系较好，吐蕃国的国土从雅鲁藏布江东扩张到大渡河一带。到了唐代中期，唐朝和吐蕃的关系变得紧张起来，打了100多年仗。为了稳定西南地区，唐朝逐步招降了一部分吐蕃统治区的少数民族到内地，当时有8个少数民族部落从岷山峡谷迁移到大渡河边定居，而东女国就在其中。

当时，东女国女王到朝廷朝见，被册封为"银青光禄大夫"，虽然是虚衔，但是品级很高，相当于现在的省级官员。后来到了唐代晚期，吐蕃势力逐渐强大，多次入侵到大渡河东边，唐朝组织兵力反击。在犬牙交错的战争中，东女国为了自保，采取了两面讨好的政策。

随着唐王朝的逐渐衰落直至分裂和吐蕃的

泸沽湖摩梭人的走婚桥

灭亡，一直依靠两国的东女国失去了庇护，在西南恶劣的生存环境中，逐渐四分五裂，成了许多部落。它的一些遗留部落由于靠近交通要道，受到了外来文化的影响，没有保留传统习俗，逐渐演变成了父系社会，而有一些部落依旧生活在深山峡谷，从而保留了母系社会的痕迹。

有专家认为，一些部落保留着母系社会的痕迹，是适应当地生产环境需要的表现。这些地区处在高山峡谷之中，生产条件差，土地、物产稀少，如果实行一夫一妻制，儿子娶妻结婚后要分家，重新建立一个小家庭，以当地的经济能力根本无法承受，生产资料分配不过来。除此之外，这里环境封闭，和外界交流几乎隔绝，不易受到其他文化的影响。

也有一些学者认为，一定的生产力要有一定的社会制度相配。在东女国这种生产能力比较落后且相对封闭的地方，劳动强度不大，居民自给自足，男性的优势得不到充分发挥，所以女性掌握着经济大权和话语权。另外，还有一种深层的社会心理因素：保持母系氏族制度，表明了人们对过去的社会形态和社会结构的一种追念。

摩梭人木楞房

有专家考察后认为，主要位于道孚县的扎坝极有可能是东女国的残余部落之一，这里至今保留着很多东女国母系社会的特点。在扎坝，女性是家庭的中心，掌管着财产的分配，主持家庭事务；有的家庭有30多个人，大家都不结婚，男性是家中的舅舅，女性是家中的母亲，年龄最大的老母亲主宰着家中的一切。这些虽然和原始的母系社会不完全一样，但仍保留了一些基本的特点。

在扎坝，依然实行走婚。通过男女的集会，男方如果看上了女方，就从女方身上抢来一样东西，比如手帕、坠子等，如果女方不要回信物，就表示同意。到了晚上,女方会在窗户边点一盏灯,等待男方出现。扎坝人住的都是碉楼,大概有10米高,小伙子必须用手指头插在石头缝中,一步一步爬上碉楼。此外,房间的窗户都非常小,中间还竖着一根横梁,小伙子就算爬上了碉楼也要侧着身子才能钻进去,就好像表演杂技一样。这样一个过程十分耗费体力,而且要求身体灵活,可以说这其实是一个优胜劣汰的过程。

等到第二天天明的时候,小伙子就会离开,从此两人再没有任何的关系。男方可以天天来,可以几个月来一次,也可以不来,他们之间的这种关系叫作"甲依",就是伴侣的意思。女方可以同时有很多"甲依",但也有极少数姑娘一辈子只有一个"甲依",两个人走婚到老。女方生小孩以后,"甲依"一般都不去认养,也不用负任何责任,小孩由女方的家庭抚养,但当地的小孩一般都知道自己的父亲是谁。

巴人王朝湮没之谜

巴人是生活在长江三峡峡江地区的一支古老民族,起源于湖北清江下游长阳的钟离山,后在清江边建筑夷城,建立了巴王国。巴人以虎为图腾,好鬼神,实行祖先崇拜。从原始社会起,巴人就活跃在这峡江地带。商、西周时期是巴国的全盛时期。战国以后,巴国的支柱产业巫盐的盐泉沦落楚国,巴国由此开始衰落。战国后期,中原七雄争霸,西边的秦国在商鞅变法后强大了起来。巴蜀遂成为强秦猎食的对象。公元前316年,巴国被秦灭亡。

一个王朝有起源,有发展,有衰落,这本十分正常。但让大家百思不得其解的是,巴国被秦灭亡后,巴族没有留下任何文字记载,数十万巴人也在历史中突然消失,杳无音信,无相关资料记载,也无迹可寻。从此巴人王朝湮没在历史长河中。

有人猜测说,秦军残暴,也许是巴人被秦军打败后被全部坑杀,因为秦军就曾坑杀赵军40万之多。

也有人说,也许是巴国兵败后存活下来的人迁移他地了。最近,商洛地区出土的一些文物与三峡地区出土的巴人文物有很

湖北长阳巴人故里

大的相似性,几乎如出一辙,而且器具上的符号也惊人的一致。于是,人们猜测,也许是人们为躲避战乱祸害而迁移他地并隐居起来。

还有一种说法是巴人并没有被坑杀,也没有迁移他地,而就是现在土家族的祖先。之所以史料上没有记载,是因为巴国已经灭亡,不复存在,没有巴国,他们也便不称自己为巴人了。而且,据考察研究发现,现在的土家族的生活方式、习俗等与曾经的巴人很相似。但这种说法也并没有进一步更有力的证据来证实。

这个曾活跃在三峡峡江地带的古老民族,早在公元前十几世纪就拥有可以与中原强大的商王朝相媲美的青铜文明,并且拥有自己独特的至今难以破解的文字符号,创造了属于自己的辉煌文化。但其更多的文明、文化及湮没之谜尚待人们的进一步探索。

南越王国宫殿之谜

20世纪80年代,广州先后发现了西汉南越王墓、南越王官署遗址的地下石构建筑、南越国御花园和南越国宫殿遗址。其中,南越王官署遗址具有浓厚的岭南地方特色,被评为"20世纪中国十大考古发现"之一。南越王官署遗址包括两个部分:南越国官署御花园和南越王官署主宫殿区。同时,伴随南越王宫出土的还有它带给人们的"五大谜团"。

第一大谜团,是否有番禺城存在:据史料记载,秦末汉初时期全国有10多个商都,而岭南就只有番禺这一个重要的商都,来这里经商的人不少都财运亨通,发达者众多。按照考古专家推测,南越王官署之外应该还有集市、生活区及城墙等,然而这些东西却一点出土的迹象都没有。按常理推断,南城王官署应该只是番禺的一部分。那么,番禺城在哪里呢?城墙修建在什么地方?根据这些年已挖掘的遗址,并没有发现它们的踪迹。因此,番禺城是否存在,成为历史留给人们的一个谜。

第二大谜团,印章上的"老外"头像:被挖掘的南越王宫殿并不只是一个朝代的遗址。在这里人们可以看到多个朝代的珍贵遗迹错落交叠:2000多年前的南越王宫、

西汉南越王墓墓道

西汉南越王墓出土的丝缕玉衣

1600多年前的东晋古井、1000多年前的唐末漫道,等等。在堆积成山的出土物件中,最神秘的是一枚大约5厘米高、质地坚硬、未完成的象牙印章。这枚象牙印章只有一枚核桃大小,上面有一道裂痕,周围还有一些象牙材料、水晶、外国玻璃珠等文物。它刚好出土在唐代的漫道上,广州历来出土的唐代文物非常有限,它的出土正好弥补了这一不足。这枚印章虽然没有打磨完成,也没有挑字署名,上面却印着一个明显是外国人的头像。从开关上看,这枚印章不是中国传统的长方形或正方形,而是以椭圆形为主的西方印章形式。种种迹象表明,这是一枚给外国人刻的印章。这反映了当时广州外国人的存在。这一意义非同小可,因为据文献记载,唐代广州聚集了数万外国人,尤其以西亚阿拉伯人为多,但苦于缺乏具体物证,这一印章正好证实了文献所述。但这枚印章上面的"老外"到底是哪国人?当时的广州外国人的数量有几何?这些仍然是有待解开的谜团。

第三大谜团,南越王宫"石头城"之谜:在考古学界有这样一个共识——中国古代建筑以木结构为主,西方古代建筑则是以石结构为主,这形成了中国与西方在建筑文化上的分野。过去一般认为,中国建筑在唐宋以后才大量使用石质材料,但是在刚刚出土的南越王宫殿和之前出土的南越王御花园,都发现了大量的石质材料,如石柱、石梁、石墙、石门、石砖、石池、石渠,等等。有人认为,整个南越王官署的石建筑普及程度可以用"石头城"来形容。其中甚至有的结构与西方古罗马式建筑有相通之处,这在全国考古界都是罕见的。有行内人士提出,南越王官署独树一帜的石建筑,是否意味着当时的广州已经引进了西方的建筑技术和人才,这些"外籍建筑工程师"是否真的存在?如果得以证实,那么中外建筑文化交流史就有了新的篇章。当然,在没有确切的证据之前,这些都还只是未知的谜团。

第四大谜团,石渠流向图形之谜:专家预言,南越王宫殿全部出土后,将可以见证南越王官署当时的辉煌。其实,在王宫一侧发掘的御花园,光一条曲流石渠就初显出"皇家霸气"的风范。

这条曲流石渠约180米长,由北向南,再向东,注入一湾月形石池后又继续西流,蜿蜒贯穿整个御花园。这条以观赏为主要功用的渠道,说不定还别有他意。因为从宏观上将石渠分为上下部分，而上下部分的石渠走向均呈黄河"几"字形。这种惊人的相似难道是巧合？当年，秦末当政者对当时的赵佗在岭南称"南越王"心有不悦，恐其对中原有所企图。现在看来，石渠也许暗暗映射了南越王赵佗当年觊觎中原的野心。但没有史实证明，真相只有泉下的南越王自知了。

第五大谜团，"龟鳖石池"上的建筑之谜：南越王宫御花园中，最吸引人的便是东南角的弯月形石池。这个深约1.5米的石池出土时，仅存两列大石板和两根带榫的石柱，近池底还发现了成

西汉南越王墓"文帝行玺"金印

层的龟鳖残骸。池壁西边顶上还有三条呈放射式的石梁，端部各有一口拳头大的榫眼，形如牛鼻，有专家称此为"牛鼻石"。有专家断定，在这些石板、石柱和牛鼻石之上，会有一个建筑覆盖整个石池，这很可能是整个南越王官署中最具亮点的一个建筑造型。那这会是一个怎样不同凡响的建筑呢？为此，南越王官署筹建处特别举行了一个"弯月形龟鳖池复原设想方案展览"。对此，华南理工大学建筑系的师生对此提出了几种设想：有人认为它是一个供帝王后宫歇息赏水赏龟的凉亭；也有人认为它是一个池上舞台；还有人认为它是一座造型独特的曲桥。但种种设想还必须与原有的建筑设施和榫眼等相吻合，具体到这一点，又让众多古建筑专家费解。2000多年前的石池上究竟是什么景象，又成了一个谜。

随着对遗址考古的推进，或许人们能解开谜团，或许会有更多谜团，历史留给人们太多的想象空间，它的秘密永远值得我们探寻！

古滇国之谜

古滇国是位于我国西南边疆的一个古代民族建立的王国，其疆域主要在今以滇池为中心的云南中部及东部地区，其境内的主要民族是古代越民族的一支，历史学家们通常称他们为滇族。

据《史记·西南夷列传》记载："楚顷襄王时（前298—前263年）使将军庄蹻将兵循江上，略近蜀黔中以西。至滇地方三百里，旁平地肥沃数千里，以兵威

古滇国考古现场

定属楚。"这段文字说的是,在战国楚顷襄王时,楚国欲将势力范围扩展到西南,派楚将庄蹻入滇。大约在公元前279年时,庄蹻领兵通过黔中郡,经过沅水往南,攻略西南,连克且兰(今贵州省福泉市一带),征服夜郎(今贵州省桐梓县一带),一直攻到滇池(今云南省昆明市一带),征服了黔中、夜郎、滇等地区。庄蹻以兵威戡定上述地区,正要归报楚王,而楚国的巫郡、黔中郡在公元前277年时被秦国攻占,庄蹻回国之路被切断了,于是就留在滇池自立为滇王,号"庄王"。

秦始皇时,曾打败滇国,并开通了五尺道通往当地,但秦朝灭亡之后,滇国通往外部的交通再度中断。西汉元封二年(前109年),汉武帝兵临滇国,滇王举国投降,并请置吏入朝。于是,汉武帝赐给了滇王王印,让他继续管理这一区域。此后,汉武帝在云南设置了益州郡,滇王的权力被郡守取代了,从此以后便受制于汉王朝的郡县制度。到了东汉时,随着汉朝郡县制的推广、巩固及大量汉族的迁入,滇国和滇族被逐渐分解、融合、同化,最终完全消失。据《滇国史》的考证,古滇国在东汉元初二年(115年)才完全灭亡。

据考证,古滇国是云南古代少数民族建立的奴隶制帝国。它勃兴于滇池之滨,鼎盛于战国至西汉时代。由于偏居西南一隅,远离中原文化视野,古滇国曾长期湮没于历史尘埃之中,显得神秘而离奇。

云南在公元前7世纪时,就已存在一种独具风格的青铜文化。当时的古滇国民族很少受中原传统礼教的束缚,无论艺术构思和表现手法,都显得更加开放和富有创造性。以器物及其种类而言,无论生产工具、生活用具、兵器、乐器还是装饰品,基本上都由青铜制作而成,而当时中原地区的青铜器主要是兵器和礼乐器。青铜器上的装饰图案多为大自然中的动物、植物图像和人们日常生活中的典型情节,栩栩如生。以装饰题材中动物图像为例,古滇国青铜器经常出现的就有40余种,大到虎豹小至蜜蜂甲虫,都刻画得十分精致、逼真。

在滇池一带出土的文物几乎代表了滇国时代青铜文化的精品,有滇国重器贮贝器、铜编钟,还有带金鞘的剑、黄金珠、玛瑙、玉、车马饰和造型奇异的铜扣饰等,它们都价值连城,代表着一个湮没了的云南古代史上的第一个地方政权——古滇王国的真实存在。

1955年至1960年，考古工作者在滇池之滨的晋宁县石寨山发掘了战国到西汉时期的古墓葬50座，出土文物4000多件，其中绝大多数是青铜器，这说明墓葬的主人们生活在云南青铜文化的鼎盛时期。1956年，石寨山6号墓出现了令学者们震惊的发现：一颗金质的"滇王之印"被挖了出来，《史记》中有关汉武帝"赐滇王王印"的史实得到了印证，这充分说明古滇王国确实存在，它的都邑就在晋宁一带。

史学家们历来认为汉俞元古城在史书上消失是个谜，在历史上，即使俞元建制变更地名，也应该在史书中有所记载，但在南北朝以后，有关俞元古城的信息就中断了，俞元古城到底哪里去了呢？

古滇国的木祖雕塑

据《汉书·地理志》记载："俞元，池在南，桥水所出……""桥水上承俞元之南池，县治龙池洲，周四十七里。"据记载，俞元县境应该在现在的澄江、江川、红塔、石林（路南）等县区，这样一个大县、强县，其县治龙池洲也应该是一个繁华的、不小的城池，但这个城池肯定不是现在的澄江城。那么，汉代的俞元县城到底在什么地方呢？这个城池是否已经沉入抚仙湖里了呢？

有专家认为，抚仙湖水下古城的内城可能是古滇王的离宫，而滇王离宫可能就是后来的俞元县。俞元古县城正是当地百姓所说的"澄江湖里有一座沉没的城"，它是因地震而沉没湖底的，由此看来，它应该就是抚仙湖下残存的古城。

虽然有关古滇国的谜团和争论很多，但是目前还没有一个确切的答案，要想证实这些猜测，还需要进一步的考古研究，让我们拭目以待。

扶桑国究竟在哪里

扶桑国是我国古人对神话传说中的极东国家的称呼。"扶桑"一词，可以追溯到战国时代。屈原在《楚辞·九歌》中写道："饮余马于咸池兮，总余辔乎扶桑。"除此之外，《淮南子·天文训》《山海经·海外东经》也都将扶桑比作日出之地。《山海经·海外东经》："下有汤谷，上有扶桑，十日所浴，在黑齿北。居水中，有大木，九日居下枝，一日居上枝。"从某种意义上说，扶桑在上古时代，是作为中华文化的一个侧面而存在的，它代表了我国先民的宇宙观。

有关"扶桑国"的具体地理位置的记载，最早可以从《梁书》中找到，而有关扶桑的争论，也是由《梁书》的记载引起的。《梁书》中"扶桑国"条开宗明义地写道："扶桑国者，齐永元元年，其国有沙门慧深来荆州，云：'扶桑在大汉国东二万余里，地在中国之东，其地多扶桑木，故以为名。'"那么，扶桑国究竟在哪里呢？这个海外极东地区，是指墨西哥，还是指日本？

扶桑国的太阳神

一些学者主张：扶桑国是指美洲的墨西哥。他们认为，499年（齐永元元年），我们的祖先就已经与扶桑国互相往来了。在古时候，国人所说的"扶桑国"，相当于现在的墨西哥和美国的加利福尼亚州一带。其依据如下。

第一，从地理位置来看，《梁书》记载说："扶桑在大汉国东二万余里""大汉国在文身国东五千余里""文身国在倭国东七千余里"。也就是说，"扶桑国"在日本东北方向1.6万千米之外，在我国东方约1.7万千米的地方，以此为依据，"扶桑国"非美洲莫属，而绝不会是日本。

第二，从墨西哥地区的特产植物来看，依照《梁书》的记述，扶桑国"其土多扶桑木"，同时还列举了扶桑木的三个特征："扶桑叶似桐，而初生如笋。国人食之，实如梨而赤。绩其皮可为布，以为衣，亦以为棉。"棉花是当时墨西哥地区的特产植物之一，同时棉花又具备了扶桑木的特征，而我国直到唐代才引进棉花，所以，当时到那里的中国人从未见过这种作物，于是就以古代传说的神木"扶桑"作为它的名字，称它为"扶桑国"。

第三，在墨西哥境内发现了许多中国的古碑、古钱、古雕刻。秘鲁发掘的一块古碑上竟然刻有"太岁"二字；在厄瓜多尔也发掘出过许多汉王莽古币。

此外，还有人说法显和郑和去过美洲，这种说法虽然未必可

日本人最喜欢的花——菊花

信，但我们可以坚信，从人类社会进入新石器时代以来，中国人往来于美洲的步伐从未停止过。从加拿大到南美，具有中国属性的汉字、铜钱、服饰、雕像等广泛分布于东太平洋沿岸，而墨西哥一带的文物又最为丰富。

但多数学者认为，"扶桑"即日本。据《淮南子·天文训》记载："日出与汤谷，浴于咸池。拂于扶桑，是谓晨明。扶桑、汤谷皆日出之所。"而日本国名的原意就是"日出之所"。据《隋书》记载：607年，倭国（日本）国王在给隋炀帝的图书中就有"日出处天子致书，日没处天子无恙"的说法。于是，后人也多把"扶桑"用于诗文之中以代指日本。

"扶桑国"指的是日本还是墨西哥，目前还无定论，但有一点可以肯定，扶桑国必定吸收了很多中国的传统文化的精华，至于它究竟在哪里，还需要我们做进一步的探索和研究。

吐谷浑王国消失之谜

吐谷浑王国是我国历史上少有的一个传奇，这个由从东北的白山黑水间万里跋涉、辗转迁徙到青藏高原上的吐谷浑人建立的草原王国创造了诸多奇迹：王国存在了350多年，开创了我国少数民族地方政权历时最长的纪录；成就了丝绸之路南道几个世纪的繁华；培育了中国历史上闻名遐迩的千里马"青海骢"；在其历代国王中，涌现出了许多雄姿英发、见识不凡的杰出之士……1600多年前，吐谷浑人在神奇而瑰丽的青藏高原上用热血和生命谱写了一曲令人扼腕叹息的历史长歌。

吐谷浑原本是辽西慕容鲜卑的一支。4世纪初，由于兄弟内讧，这支部落在其首领吐谷浑的率领下，长途跋涉，经过阴山，进入今天甘肃东南部和青海东部，征服了群羌，创建了新的国家，统治者的后裔以其先祖之名为姓，并将"吐谷浑"作为国号。在立国350年后，吐谷浑王国被青藏高原上新崛起的吐蕃于663年攻灭。从此，一个古老的王国埋进了大漠，被封杀在历史的断层中。

吐谷浑王国到底经历了什么？它是如何消失的呢？

在历史上，吐谷浑人先是西迁到了阴山一带，不久又继续向西迁移到甘陇一带，后来又渡过

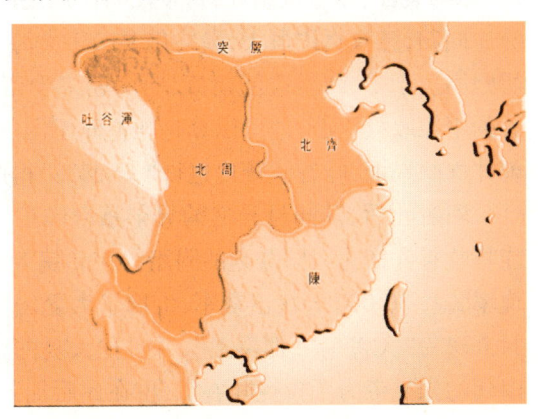

南北朝时期吐谷浑

洮水,于西晋怀帝司马炽永嘉末年(313 年)在羌族故地建立了吐谷浑王国。这一时期,中原地区正处于一个大动荡、大分裂的时代,而地处偏僻的西北边陲的吐谷浑王国却并没受到多少冲击,在北起甘松、南至白兰、东临洮河、西至于阗的数千里疆域内,吐谷浑人过着宁静的游牧生活。吐谷浑王国的创始人吐谷浑本人活到了 72 岁,在当时可以算得上是难得的高寿了,并且还留下了 60 个儿子。

继承吐谷浑事业的是他的长子吐延,他在位 13 年,留下了 12 个儿子。在和昂城羌族首领姜聪争夺草场的战争中,吐延被姜聪用剑刺伤,伤重不治身亡。在临终前,吐延托孤于大将纥拔泥,让他辅佐自己 10 岁的长子叶延继位。叶延饱读《诗》《传》,后来还曾宣称自己的曾祖父奕洛韩曾被封为昌黎公,自己是公孙之子。根据周礼,公孙之子可以用王父的字作为氏,所以叶延就把姓氏改为了吐谷浑。

叶延有才略、有大志,但可惜天不假年。在 33 岁时,正当壮年的叶延就去世了。其后继位的几代吐谷浑王,或父子相承,或兄终弟及,虽然也有王族政权的内部纷争,但始终没有酿成什么大乱,还算是比较太平。后来,叶延的曾孙阿豺(《资治通鉴》作"阿柴")即位,他致力于开疆拓土,先后吞并了相邻的氐羌两族的数千里土地,从而使吐谷浑成为陇西一带的强国。

虽然取得了重大的胜利,阿豺却并没有因此而狂妄自大。一次,他来到垫江(原为褰江,今重庆垫江,嘉陵江与涪江在此交汇),看到奔腾浩荡的两条大江殊途同归,感叹百川虽大,最终仍要归于大海。他觉得自己是边塞小国,应当有所归属。于是,阿豺遣使南渡,向南朝宋少帝纳贡称臣。以边塞贫弱小国向强大的中原政权臣服,这可以算是吐谷浑王国的求存之道。但当时中原正是南北朝并立的局面,吐谷浑哪边也得罪不起,只得两面称臣,委曲求全。

阿豺死后,其同母异父的兄弟慕瑰即位,虽然他有作为、有才干,但也是只能将吐谷浑作为大国北魏的附庸。在北魏太武帝拓跋焘平定大夏的战役中,慕瑰率骑兵 30 000 人伏击夏军,生擒了大夏国皇帝赫连定。拓跋焘非常高兴,册封慕瑰为"大将军""西秦王",并且把大夏的金城、枹罕、陇西三地分封给慕瑰。南朝的宋文帝为了拉拢吐谷浑,也在此后加封慕瑰为征西大将军、陇西王,任命他为秦、河二州的刺史。一时间,吐谷浑左右逢源,春风得意。

到了隋代,隋朝与吐谷浑结下了姻亲之谊,但隋炀帝杨广即位后,崇尚武功,萌生了吞并吐谷浑的想法。他扣留了到长安哭奠文帝的外甥吐谷浑顺,并在大业四年(608年)派黄门侍郎裴矩授意铁勒部侵袭吐谷浑。随后,隋炀帝又派遣杨雄、宇文述率大军出击吐谷浑,俘获吐谷浑10万余众、牲畜30余万头。吐谷浑故地几乎都被纳入了隋朝的版图,允伏率残部逃奔党项,吐谷浑顺则被迫长期留在隋炀帝的身边陪王伴驾。

隋炀帝的统治很快灭亡了,允伏趁着天下大乱又回到了故地,并以为唐效力平定凉州为条件,换回了嫡子吐谷浑顺。就在唐与吐谷浑关系处在"蜜月期"之时,允伏却以为天下大乱之时有机可乘,忘记了当初几乎被隋朝灭国的教训,主动发兵进攻大唐。唐太宗即位后,允伏派兵劫掠侵扰鄯州、兰州、廓州等地,唐太宗大怒之下,派遣名将李靖、侯君集大举讨伐,一直打到黄河源头,因此有诗人留下了"前军夜战洮河北,已报生擒吐谷浑"的诗句。在唐军的猛烈进攻之下,允伏死了,据传是被其部众所杀,也有人说他是自缢而亡。允伏死后,太子吐谷浑顺举国降唐。

唐太宗李世民

因为吐谷浑顺久居长安,所以大唐君臣对他都颇为满意。唐太宗封他为郡王,还让他回国当可汗,但吐谷浑顺在中原浸染太久,各部头人不服其统治,当被派来声援他的唐军撤走以后,他就被杀害了。之后,他的幼子诺曷钵被拥立为王,大臣们趁机争权。唐太宗怕再出乱子,便派兵声援诺曷钵,还封他为"河源郡王""乌地也拔勒豆可汗",在诺曷钵成年后,还把宗室女弘化公主嫁给了他。

经过几起几落,吐谷浑的国力已经颇为不济,而青藏高原上的吐蕃则强盛兴起。唐高宗龙朔三年(663年),吐蕃禄东赞大举进攻吐谷浑,在吐谷浑亲吐蕃大臣的帮助下,顺利攻入吐谷浑。为了挽救吐谷浑,唐高宗派大将薛仁贵出兵援助。然而,由于种种原因,唐军在大非川溃败,吐谷浑王族后妃随唐军撤回凉州。自此,吐谷浑国境被吐蕃吞并,再也没有复兴,吐谷浑国就此灭亡。

三星堆文明突然消失之谜

三星堆遗址位于四川省广汉市城西南兴镇,分布范围达12平方千米。是四川境内目前所知一处范围最广、延续时间最长,文化内涵最为丰富的古蜀文化遗址。1929年的一个春天,当地农民燕道诚在宅旁清淘水沟时发现一坑精美的玉石器,因其浓厚的古蜀地域特色引起世人广泛关注。1933年,前华西大学美籍教授葛维汉及其助手林名均首次对三星堆进行发掘。由此开始了对三星堆半个世纪的发掘研究历程。经考古发掘证实,三星堆遗址文化距今5000—2800年,延续时间近2000年。三星堆遗址曾为古蜀国都邑所在地,该重大考古发现揭开了川西平原早期蜀国的面纱,将蜀国的历史向前推进了2000多年。因此地出土了大量精美的青铜、陶瓷等历史文物,所以被誉为"世界第九大奇迹"。

三星堆博物馆

三星堆出土的"三星堆人"高鼻深目、颧面突出、阔嘴大耳,耳朵上还有穿孔,不像中国人,倒像是"老外"。这里数量庞大的青铜人像、动物不归属于中原青铜器的任何一类,青铜器上也没有留下一个文字。三星堆文明到底起源何方呢?在这一问题未得到解决的情况下,还有一个更大的谜团困扰着考古学家:古蜀国的繁荣持续了近2000年,却又突然地消失了。历史再一次衔接上时,中间已多了2000多年的神秘空白。是什么原因造成了古蜀国三星堆文明的灭亡?人们假想了种种原因,但都因证据不足始终停留在假设上。

假设一：水患说。 三星堆遗址北临沱江支流湔江，马牧河从城中穿过，因此有学者认为是洪水肆虐的结果。但考古学家并未在遗址中发现洪水留下的沉积层。

此外，远古时，四川盆地是一个湖泊，由于水位逐渐下降进而适宜人居的说法基本无异议。在三星堆文明鼎盛时期，四川盆地因岷江、沱江、涪江、嘉陵江等水系而常年发生水灾也不足为奇。相反，正是每年的水灾形成的冲积效应，使成都平原一带累积到如今仍然有厚达两三米的沃土，这些沃土也正是古蜀先民每年赖以开展农业生产，尤其是水稻种植的重要依托。况且成都平原周边浅丘较多，即便发生较大水灾，也不会造成毁灭性打击。

四川广汉三星堆出土的商朝青铜人首

假设二：地震说。 有学者认为至少是 8 级以上地震导致了三星堆文明的突然消失。地震发生时，三星堆人因为从未经历过如此强烈的地震，对这一自然现象认识不清，以为是自己触怒了神灵，遭受惩罚，而且不断的余震更坚定了神灵迁怒于三星堆人的认识，于是三星堆人在不安与惶恐中相继死亡。在遗址中发现的器具大多被事先破坏或烧焦，也很有可能是地震导致的火灾造成的破坏。但后来人们发现，这些器具的年代相差数百年。因此这一说法无法得到确切的肯定。

假设三：战争说。 人口大量消失，很有可能是由于战争带来的屠杀。在历史上也有过战争屠城的例子。如果战争是三星堆文明消失的原因，那么在这片肥沃的土地上应该有新的文明诞生，但三星堆文明消失之后中间却留下了 2000 多年的历史空白。此外，在三星堆考古过程中，并未发现因战争留下的大量人尸骨，因此，这一说法也无法令人信服。

假设四：迁徙说。 有人认为，三星堆文明的消失缘于古蜀国人民的迁徙。并设想了其大致迁移的线路：从重庆至滇黔，到广西（桂林、柳州等地），到越南；从长江至湖南、湖北，再折上至河南南部；少部分直接越秦岭（通过汉中）上中原，至豫鲁。这样设想的原因是如今这些地方的方言或同于或接近四川方言。还有，就文明迁徙而言，上述地方的生产生活习惯，尤其是农业、农村相关习俗，是与今四川非常接近的，就连越南的农业文明，也有很多相似的因子。但是这些毕竟都只是设想，并没有具体实证。更何况成都平原物产丰富，土壤肥沃，气候温和,非常适宜人类生产生活。人们为何要迁徙？他们迁徙到了何方？又为何留下了如此丰富的器具呢？这些问题尚不能找到答案。迁徙说也不能确切解释三星堆文明的消失。

　　三星堆是在我国境内重大的考古发现,由此出土的大量的珍贵文物铸造精美、形态各异、最具神秘色彩。它给人们带来惊喜的同时也给人们留下了许多难解的谜团。也许正是这许多的未解之谜才是三星堆最大的魅力所在！

江河湖海山川之谜

JIANGHE HUHAI SHANCHUAN ZHIMI

白石海子血色湖水之谜

羌族是中国最古老的民族之一,位于四川岷江上游的茂县是他们的主要聚居地。面积约8平方千米的白石海子位于叠溪镇松坪沟,距茂县城关90千米,是岷江上游的堰塞湖。白石海子周围的山里坐落着10多个羌族村寨。

这里平均海拔高达2000米,众多的美丽湖泊散布在崇山峻岭之间,当地人称之为"海子"。2001年7月的一天,一个关于灾难即将来临的传言不胫而走,巨大的恐惧笼罩着整座村寨,人们纷纷涌向湖边,祈求神灵保佑。那么,这里究竟发生了什么?

原来,7月10日那天,正当人们沉浸在他们的传统节日"转山节"的欢乐之中时,海子里出现的一种奇怪现象使他们陷入了恐惧:清澈、透明的湖面出现了几缕红色的水带,宛如血丝在蔓延。顺着湖边一路察看,红色水带在逐渐增多,原来清晰的红色丝絮状水体也逐渐散开,最后整个湖面都成了鲜红色。很快,消息在周围引起了极大震动。更有村民称,在血红的湖水中曾亲眼见到有怪兽出没。有村民说,当时他和四名游客在船上,快到湖心时发现船右侧的湖里突然冒出一个浪花,一个巨大的黑影浮到水面上,原来是一只长着三个头的巨龟,当时游客被吓得把相机掉进了湖里。

难道海子里真的有村民所说的"水怪"吗?关于水怪的传说,世界上有很多,如英国的尼斯湖水怪、新疆喀纳斯湖水怪。虽然有众多科学家和探险者对此进行了调查,但至今都仍未解开这个谜。白石海子出现的三头巨龟只有几个人称曾亲眼看见,而且也没有留下任何影像资料。不过另一个现象却是当地大多数村民亲眼看见的,那就是在湖水变红的时候,有大量的鱼聚集在海子的入水口,并且,其中有很多鱼是村民们从未见过的。

难道血红的湖水、奇怪的大鱼是祖先和神灵在向羌族子民们昭示着什么吗?然而大家所有猜测居然都指向一个结果:这些怪象是一场大地震即将来临的前兆!地震时,一些动植物会相当敏感并做出种种异常反应,这种现象在湖泊、水库里会表现得更加明显,当地壳断层的气体或化学物质溢出,导致水里溶解氧变少时,湖水就会变浑,发白发红,水里的鱼就会成群结

羌族服饰

队地上浮或者跃出水面。白石海子出现的怪象正好与之相符，所以人们对地震的担心也在所难免。

为什么村民们对地震如此敏感？原来，历史上叠溪曾多次发生地震。据《茂县县志》记载，1933年8月25日15时50分30秒，叠溪发生了7.5级的特大地震。当时群山崩塌，巨石如雨，整个叠溪镇下沉了70多米。白石海子的异常现象受到当地有关部门的高度重视，一支由中国地震局、四川省地震局有关专家共同组成的工作组迅速赶赴现场进行调查。专家考察后认为，湖水发红的现象比较罕见，直观上很像地震前的宏观前兆。

白石海子风光

专家对白石海子的水文环境调查后发现，海子的入口处水质清澈见底，与发红的湖水之间形成了一条明显的分界线。

据中国地震局地质研究所有关人员介绍，地震前引起的湖水、井水发浑变色现象，通常有两种情况。一种是水颜色变白，如乳白色、黄白色，这种情况大多是由于岩层深部含钙的物质从裂缝溢出导致的。另外一种情况就是水发红，这通常是因为岩层中的铁、锰物质含量比较高导致的。

参与调查的专家们发现，湖水发红是从湖心开始向周围湖面扩散的。这很有可能是由于断层深处的地质活动所造成的。若这个结论得到证实，那么一场地震将在所难免。

但随后专家又发现湖水并非一直都是红色的。早晨湖水清澈透明，但随着日照增强、气温升高，湖水的颜色也会逐渐变红。而到了下午，湖水又会逐渐恢复清澈。而且即使在最红的时候，湖水也并不是通体变红，呈红色的只是表层湖水。

另外，让专家们感到费解的是，湖水变红并不是从固定的一个点逐渐向四周扩散，而是随着水流、风力等环境因素的变化而变化。这种现象和他们平时观察到的地震前兆现象有很大区别。

其实，湖水发红的异常情况并不能作为判定是否发生地震的唯一依据，还必须借助科学仪器来对各种前兆信息做监测研究。而专家们并没有从地震台的监测数据中看到反映地壳异常活动的信息，这表明当地的地质结构还是非常稳定的。那么，白石海子湖水发红到底是什么原因导致的呢？为了弄清事实真相，专家们对海子不同部位的湖水进行了抽样化验。在化验中他们发现湖水有机质含量非常高，却没有发现反映地壳异常变化的化学物质。

发生地震的可能性被排除了,村民们悬着的心终于放了下来。可住在海子边上的居民却怎么也高兴不起来,因为听说海子里长满了"红色怪物"后,人们再也不敢喝海子里的水了,因为这样,他们每天要到很远的地方挑水。

最后,茂县疾控中心的技术人员对白石海子的水质进行了检验。通过检验,整个水源基本上符合饮水标准,对人畜都没有危害。这才消除了人们心中的疑虑。

一场虚惊就这样平息了,可是风光秀丽的白石海子为什么会突然出现这红色微生物?这红色微生物究竟是什么?

正当有关部门进行深入研究时,白石海子的血红色却突然神秘地消失了,之后的两年里,再也没有出现过。就在人们以为白石海子的血红色将永远消失,谜团将永远难解时,神秘的红色微生物又再次出现在白石海子。有关专家得到这个消息后,立即前往叠溪并采集了水样送到位于湖北武汉的中国科学院水生物研究所进行化验。

水生所专家对白石海子的情况做了详细了解后,他们认为在淡水湖泊出现这种现象极为罕见。从叠溪海子的水质和环境来看,他们初步认为这种红色水生生物很可能是一种叫血球藻的微型藻类。

血球藻是绿藻类中的一种单细胞的微型藻类,其特点是细胞内含有一种类似于胡萝卜素的红色色素:虾青素,由于这种色素具有很好的抗癌作用,一些发达国家已经将其用于商业化生产。如果这种藻类就是血球藻,那么这对叠溪人来说有利无害。但随着进一步观察,专家们发现这种藻类具有血球藻所不具备的一种特性:运动速度非常快。

那么,它究竟是不是血球藻呢?这种引起轩然大波的神秘微生物在高倍显微镜下终于露出了真面目。这种微型藻类的细胞核呈紫红色,其身后拖着一条尾巴样的东西。它的确不是血球藻,而是微生藻类的另外一种,叫甲藻。它具有植物和动物的双重习性,是很特殊的一种生物,植物学家认为它是一种光合植物,它有叶绿素能够进行光合作用,能够把无机碳变成有机营养,这完全符合植物的生物特性。动物学家把它看成是动物,它长有鞭毛,也就是那个尾巴样的东西,它能感受一些环境的刺激,可以游动。

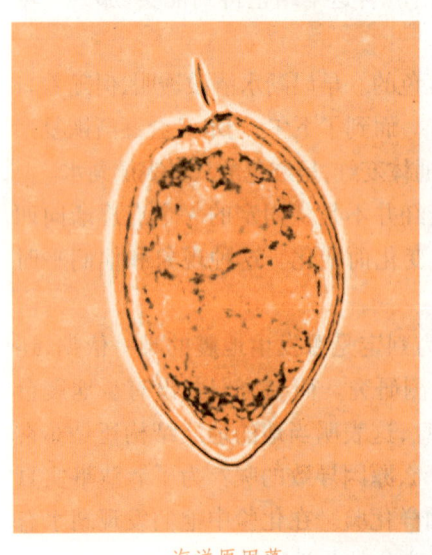

海洋原甲藻

甲藻这种独特的生物特性使得它们能在光线充足时大量聚集到湖面,在阳光下摄取了足够的营养,而后又迅速游回湖底。通常来说,如果微生藻类在一个水体里大规模地爆发,这或多或少和当地的环境污染有关。那为什么甲藻只在 2001 年和 2004 年出现呢?专家对当地做了进一步了解后发现,2001 年和 2004 年这两年当地气候有个共同特点:整个茂县地区出现了历史上少有的干旱少雨,导致湖水水位急剧下降和水流减缓。干旱的环境给甲藻的生长提供了有利条件。

白石海子湖水变红之谜一步步露出了真相。当地的村民们消除了对湖水变红的恐惧,恢复了安居乐业的美好生活。

神秘的血色海子之谜已经被解开。借助科学的力量,人们正在不断地解开一个又一个未解之谜,在这个过程中,人们也在不断地发现世界,发现自我。

钱塘江涌潮"有信"与"无信"之谜

北宋词人潘阆有一首词写道:"长忆观潮,满郭人争江上望。来疑沧海尽成空,万面鼓声中。弄潮儿向涛头立,手把红旗旗不湿。别来几向梦中看,梦觉尚心寒。"这首词写的是著名的钱塘江大潮,由此可见钱塘江秋潮之盛。

汉、魏和六朝时,观赏钱塘秋潮已蔚然成风,而至唐、宋时,此风更盛。相传农历八月十八是潮神的生日,故潮峰最高。南宋朝廷曾经定在这一天在钱塘江上校阅水师,从此以后,相沿成习,遂成为观潮节。潘阆的这首词便是人们当年"弄潮"与"观潮"活动的真实写照。

关于钱塘秋潮,有一个传说:春秋战国时期,吴王夫差打败了今浙江一带的越国。越王勾践表面上向吴国称臣,暗中却卧薪尝胆,准备复国。此事被吴国大臣伍子胥察觉,多次劝说吴王杀掉勾践。由于有奸臣在吴王面前屡进谗言,诋毁伍子胥,且吴王忠奸不分,反而赐剑让伍子胥自刎,并将其尸首煮烂,装入皮囊,抛入钱塘江中。伍子胥死后 9 年,越王勾践在大夫文种的策划下,果然灭掉了吴国。但越王也相信传言,迫使文种伏剑自刎。伍子胥与文种这两个敌国功臣虽然分居钱塘江两岸,各保其主,但下场一样,同恨相连。他们的满腹仇恨化作滔天巨浪,掀起了钱塘怒潮。

钱塘江大桥夜景

钱塘江潮

观潮期间，阳光朗照，秋风送爽。钱塘江口的海塘上，游客如织，兴致盎然，争睹奇景。观赏钱塘秋潮，有三个最佳位置。海宁市盐官镇东南的一段海塘为第一佳点，这里的潮势最盛。特色是齐列一线，故有"海宁宝塔一线潮"之誉。潮头初临时，一条白练从天边闪现，横贯江面，隆隆的声响，似天边闷雷滚动。潮头由远而近，飞驰而来，宛若一群洁白的天鹅排成一线，万头攒动，振翅飞来。潮头推拥，鸣声渐强，顷刻间，白练似的潮峰奔来眼前，耸起一面三四米高的水墙直立于江面，倾涛泻浪，喷珠溅玉，势如万马奔腾。潮涌至海塘，更掀起高9米的潮峰，正是所谓的"滔天浊浪排空来，翻江倒海山为摧"！这一簇簇声吞万籁的放射形水花，令人叹为观止。据说有一年，巨大的浪潮曾把一只一吨多重的"镇海雄狮"冲出100多米远。当潮涌激起巨大回响之后，潮水又突然飞逝而去。"潮来溅雪欲浮天，潮去奔雷又寂然"，十分确切地描绘了潮来潮往的壮观景象。

距盐官镇东8000米的八堡是第二个观潮佳点，可观赏到潮头相撞的奇景。海潮涨入江口之后，因为南北两岸地势不同，潮流速度南快北慢，潮头渐渐分为两段。进展神速的南段称为南潮；在北岸观潮者看来，迟迟不前的北段潮头，从东方而来，故称东潮。当南潮扑向南岸被荡回来，掉头向北涌去，恰与姗姗来迟的东潮撞个满怀。霎时间，一声巨响，好似山崩地裂，满江耸起千座雪峰，着实令人震撼！

距盐官镇西12千米的老盐仓是第三个观潮佳点，可以欣赏到"返头潮"。一道高9米、长650米的"丁字坝"直插江心，宛如一只力挽狂澜的巨臂。潮水至此，气势已经稍减，但冲到丁字坝头，仍如万头雄狮惊吼跃起，激浪千重。随即潮头转向，返窜向塘岸，直向塘顶观潮的人们扑来。返头潮的突然袭击，常使观潮者措手不及，惊逃失态。

此外，海宁观潮还有日夜之分。白天观潮，视野广阔，一览怒潮全景，自是十分有趣。而皓月当空时观赏夜潮，却也别有其妙。钱塘秋潮如此之盛，主要得益于其独特的地理条件。

钱塘江外杭州湾，外宽内窄，外深内浅，是一个非常典型的喇叭状海湾。出海口江面宽达100千米，往西到澉浦，江面却骤缩到20千米。到海宁盐官镇一带时，江面就只有3000米宽了。起潮时，宽深的湾口会骤然吞进大量的海水，由于江面迅速收缩变窄变浅,夺路上涌的潮水来不及均匀上升,使得后浪推前浪,一浪更比一浪高。到大夹山附近,又遇水下巨大拦门沙坝,潮水一拥而上,掀起高耸惊人的巨涛,形成陡立的水墙,酿成初起的潮峰。

但是,并非所有喇叭状的海湾都能产生涌潮。因为海宁大潮的形成,还有其他原因。在浙江沿海一带,夏秋之交,盛行东南风,风向与潮波涌进方向大体一致,风助潮势,推波助澜;因为潮波的传播在深水中快,在浅水中慢,所以钱塘江由深变浅的特点极为突出,这种特殊条件使得后浪能够迅速赶上前浪,层层的巨浪叠加,形成潮头。此外,潮涌与月亮、太阳的引力也有关。东汉思想家王充在《论衡》中说:"涛之起也,随月盛衰,小大满损不齐同。"农历每月初一和十五前后,太阳、月亮和地球排列在一条线上,太阳和月亮的引力同时作用于地球表面的海水,所以每月初一和十五的潮汐就特别大,而农历八月十八前后,是一年中地球离太阳最近、引力最大的时候,此时出现的涌潮,自然也就最猛烈。

人们说,"一年一度钱江潮",钱塘江潮景确实变化万千。涌潮天边,如同素练横江,等潮涌长驱直入来到眼前的时候,又有万马奔腾的气势,那种雷霆万钧、锐不可当的力量给人无比强烈的冲击。

其实,"一年一度钱江潮"的说法是不科学的。它给不了解情况的人一个错觉,以为钱塘江潮一年只有一度。其实钱塘江每个月都有两次大潮汛,每次大潮汛又有三五天可以观赏涌潮。从这个方面来说,潮汐是有"信"的,到了该来的时候就一定来,不会失误。

我们知道,地球上的海洋潮汐是海洋水体受天体(主要是月亮和太阳)引力作用而产生的一种周期性运动。潮汐的涨落有一定的规律,中国人早就认识了这一自然现象。东汉王充把涌潮同月亮和江道地形联系起来,首次作出了较为科学的物理解释——风对潮汐传播也有很大影响。钱塘江涌潮若得到东风或东南风推波助澜,将更为壮观;若遇西风或西北风,则将大大逊色。因此,阴历七月望汛的大潮常常胜过八月望汛的大潮,俗称"鬼王潮"。阴历八月初、九月初的大潮胜过八月望汛大潮的机会也很多。实际上,一年最壮观的涌潮并不都在八月十八日。宋代陈师道"一年壮观尽今朝"的说法,只不过是当时已形成八月十八日观潮的风气而已。

潮汐既然是海洋水体受天体引力作用而产生的一种周期性运动,那它应该是周而复始、

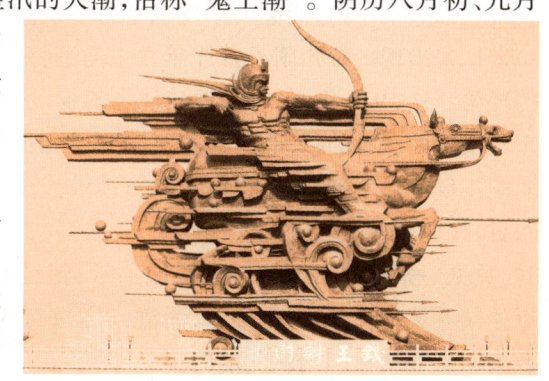

钱塘江边上的"钱王射潮"雕像

晚霞中的钱塘江

永不误期的。钱塘江涌潮为海洋潮波在钱塘江河口这种特殊地形条件下的特殊表现，当然也应遵守这种规律，可是唐代的孙承宗在他的《江濑》一诗中却写道："休嫁弄潮儿，潮今亦失信；乘我油壁车，去向钱塘问。"

然而，钱塘江潮也会有"失信"的时候。所谓失信，也称失期，就是该有涌潮的时候，看不见涌潮，让人捉摸不透。

早在南宋咸淳十年（1274年）就曾有"钱塘江潮失期不至"的记载。德祐二年（1276年）二月，元军初到杭州，因不知涌潮的厉害，扎营在钱塘江的干沙滩上，杭州百姓和宋室暗喜，急切盼望涌潮到来，将元军连营骧去，不料江潮三日不至，百姓无不为之大惊，以为天助元军，宋皇朝天数已尽。为此，吴兴华《钱塘江·怀古》诗中有"铁甲屯江潮不上"之句。无独有偶，元至正二十七年（1367年）也有"元灭之时潮亦不至，但略见江水微涨而已"的记载。难怪明代田汝成会发出"昔宋末海潮不波而亡宋，元末海潮不波而亡元，亦天数之一终也。盖杭州是闹潮，不闹，是其变矣"的感慨。更巧的是明末，顺治二年（1645年）六月清兵进入杭州时，多铎进取浙江，驻营江岸，敌兵见之，以为潮至必淹没，但江潮连日不至，清军惊以为神助。此外，元至正十二年（1352年）、十三年（1353年）和二十年（1360年），明嘉靖十三年（1534年）和二十六年（1547年），清乾隆三十一年（1766年）、道光二十一年（1841年）至道光二十五年（1845年），都有涌潮失期的记载。明人还专门给它起了名字，称为"冻死潮""晒死潮"等。

近二三十年内，涌潮失期现象也常有发生。不仅杭州市区，而且筛山、乔司一带也曾出现。杭州附近曾连年发生涌潮打翻船只，甚至涌潮冲上岸掀翻汽车的现象。从1976年开始，钱塘江江水偏少，加上1978年至1979年连续干旱，海宁八堡东面江心的沙洲北移，甚至同北岸相连，江道在这里又形成了一个大弯，涌潮不仅传播不到杭州，连海宁盐官镇的涌潮也大为减弱。1985年农历八月十八日，按例是观潮的最佳时候，这天，众多游人前往盐官镇观潮。可是，潮水来时，只见一条很细很细的银线缓慢逼近，银线时隐时现，越近越连不成线，到得近处仅看见片片浪花，据估算，涌潮高度只有50~60厘米，观潮者们大为扫兴。有人担心钱塘秋潮会就此消失。

事实上，钱塘江秋潮并没有消失，但是，让人不无忧虑的是，近10多年来，秋潮的确在渐渐衰弱。而1985年表现得尤为突出。据有关人士分析，澉浦以西已累计围垦海涂530多平方千米，八堡以上的河道变窄，造成进潮量减少，河床抬高。另外，1985年的梅雨时节，钱塘江流量比历年平均数减少了1/3，对泥沙的冲刷力大大减弱。大量被海潮带上来的泥沙淤积在同一带江面，泥沙淤积增厚迫使江道主线南移。这样，当海潮涌进钱塘江时折向南面逆流而上。由于流路加长，潮的能量消耗过大，当海潮到达盐官镇时，已经是"精疲力竭"，成了"强弩之末"。有学者认为，大规模围垦不仅使河道变窄，且变得更加弯曲，阻力变大，造成进潮量减少，这在一定程度上影响了钱塘江潮；但也有专家持反对意见，据林炳尧教授介绍，钱塘江围垦之后，钱塘江潮没有变小，反而变大了。钱塘江大规模围垦，主要不是为了获取土地，而是为了治理钱塘江。由于钱塘江是强潮河口，河道一直不稳定，南北摆动。

杭州西兴大桥夜景

还有一种说法是："杭州湾大桥会不会影响钱塘江潮的雄壮景观？"杭州湾大桥，全长36千米，其中正桥长35.7千米，估计有7000多根桩矗立在钱塘江。由于杭州湾大桥向海底打入7000多根桩，有关专家估计，这将使潮水高度降低约20厘米。水利专家称，如此规模的造桥，尤其是杭州湾大桥的建设，将极大地影响到钱塘潮。也有专家认为杭州湾大桥对钱塘江潮影响极小。经过水文工作者实体模拟和数字模拟，得出的结果是：建桥前，盐官的潮头高度为2~2.5米；建桥后，盐官潮头高度的降低不会超过2厘米，肉眼完全看不出来。

另外，也有人说，因为整个杭州湾的喇叭口形状并未改变，所以钱塘江潮不会消失。但由于江道的逐年变窄，钱塘潮的交汇点将逐步东移。今后，观潮的最佳点，北岸在盐官镇以东的丁桥至十堡一带；南岸则在杭州萧山围垦十七工段。

"八月十八潮，壮观天下无。"这是北宋大诗人苏东坡咏赞钱塘秋潮的千古名句。千百年来，钱塘江以其奇特卓绝的江潮，不知倾倒了多少游人看客。

长江源头之谜

长江是我国最长的河流，也是世界上最为壮丽的河流之一。古人称长江为

沱沱河

"江""大江"。它流经742个市县，流域面积超过180万平方千米。它与黄河一起被称为"母亲河"。关于其源头的探索经历了很长的一段时间。那么，长江的源头在哪里呢？

关于长江源头最早的记载是《尚书·禹贡》。文中说："岷山导江。"意思是长江起源于岷山。这当然是不确切的。然而在当时能够得出这样的结论已经很了不起了。明朝时，大旅行家徐霞客经过数年的旅行，对长江的源头提出新的看法：金沙江是长江的正源。虽然徐霞客没有探索到长江的源头，但是他为探索源头指明了方向。清朝时期，官方开始组织队伍对长江源头进行实地考察，大体摸出了长江的水流脉络，并绘制出了在当时来说很完备的地图。还有专门的著作《水道提纲》讲长江的上源是金沙江的上源通天河。但是对长江最上游众多支流的细节人们仍然模糊不清。而这却是决定长江源头的关键所在。

新中国成立后，关于长江源头的说法才趋向一致。1976年，国家组织科考人员进行考察，确定长江的源头是发源于各拉丹冬雪山的沱沱河。目前国内采用的长江长度数据仍是30多年前的那次测定的。那次测定的结果表明，长江是世界第三大河流。一般确定大河源头的标准是"河源唯远"和"水量唯大"，还有对应于河流主方向。因而有些科考人员对长江源头是沱沱河持保留意见。因为，当曲的水流量是沱沱河的5~6倍，流域面积是其1.8倍。

2000年，中国科学院的一名研究员对长江长度重新测试后发现，长江长度为6211.3千米，比之前公认的约6300千米少了80多千米。他同时还测出了当曲长360.8千米，沱沱河长357.6千米，通天河长787.7千米，金沙江长2322.2千米，宜宾以下长2740.6千米。据此，他认为长江的源头应该发源于唐古拉山北麓的当曲。

以往测量河流长度都是通过航空影像地形图来确定。由于长江源头水流散乱，所以哪里才是长江的正源在学术界一直争论不休。之前测量长江用的方法很落

武汉长江大桥

后,造成的误差和错误也很多,导致测量长度不准确也很正常。现在,一些科考人员采用卫星遥感技术测量长江长度,从技术上来讲,测量的结果是比较接近实际长度的。也就是说,现今测量的长江长度要比之前的短,那么,短在哪里呢?针对这个问题,科考人员给出了一个答案,短在长江的中下游。长江的源头只是短了3000米。但是这个源头是不是长江的正源呢?这个在学术界还没有得到真正的认可。也就是说,当曲是不是长江的正源还有待进一步的科学考察。

长江断流之谜

当说到"断流"这个词,人们总会将其与"黄河"联系在一起,似乎这个词跟长江不会有多大的联系。在1972—1996年的25年间,其中有19年,黄河出现河干断流,平均4年断流3次。但是,水量丰沛的浩荡长江其实也曾出现过断流现象,着实令人费解。

难道烟波浩渺的长江真的也会断流吗?不知是天意使然,还是纯属巧合,地处长江三角洲的江苏泰兴,曾两次目睹了长江顿失滔滔、河床裸露的奇特景象,泰兴也因此被称作泰兴"魔三角"。

在泰兴民国前的大事记里有这样的两个记载:其一,元大德二年(1298年)七月暴风,江水上涨,高达四五丈,人畜漂溺无数。其二,元至正二年(1342年)八月,长江水一夜之间枯竭见底。大德二年七月,作为沿江城市的泰兴遭遇了特大洪水,这我们不难理解。但至正二年八月的长江断流事件却令人匪夷所思,难以琢磨了。

据载,泰兴通航段的江水枯竭之后,沿江居民纷纷下江拾取江中遗物,不料次日江潮骤然而至,许多人因躲避不及被翻涌而至的江水冲没,命丧江中。1954年1月13日下午4时许,泰兴再度出现断流情况。当时天色苍黄,江水突然枯竭断流,江上的航轮搁浅,此情此景,好像昭示鬼怪即将现形。更奇怪的是,两个多小时后,江水突然汹涌而下,幸好人们听到水的响声后,迅速反应过来奔到岸上,才没有人员伤亡。

长江两次断流,已然令人费解,而时隔600多年,同样的情况竟然又出现在同

长江三峡

一江段，其中究竟有什么奥妙？难道是水怪把江水吞噬了吗？

关于长江断流的原因，其实还是应该从长江所处的地理位置的角度说起。地理学家发现，在地球北纬30°线上，既有无数奇妙的自然景观，又存在许多令人难以解释的神秘怪异现象。地球上最高的珠穆朗玛峰和最深的西太平洋马里亚纳海沟，都在北纬30°附近。美国的密西西比河、埃及的尼罗河、伊拉克的幼发拉底河、中国的长江等，均在北纬30°入海。大陆活跃板块在北纬30°这一纬度线上，奇观绝景比比皆是，自然谜团频频发生，如中国的钱塘江大潮、安徽的黄山、江西的庐山、四川的峨眉山、巴比伦的"空中花园"、约旦的"死海"、古埃及的金字塔及狮身人面像、北非撒哈拉大沙漠的"火神火种"壁画、加勒比海的百慕大群岛和玛雅文明遗址……

长江第一湾

可以说，在北纬30°这一纬度线上或附近，奇闻逸事，数不胜数。泰兴的地理位置是北纬31°58′~32°23′、东经119°54′~120°21′，很显然，它靠近北纬30°线。那么，长江断流的根本原因到底是什么呢？长江断流的"罪魁祸首"是谁呢？答案深藏在我国东部隐伏的一条神秘的古裂谷里。

这条古裂谷迄今鲜为人知，它历时久远，纵贯江苏、山东两省。实际上，长江两次断流正好重叠在这条古裂谷南部的同一段上。

"滚滚长江东逝水"，然而泰兴市境内的江水却陡然向南而去，长度达40多千米。沿着江段北上，有形成于数百万年前的我国第四大淡水湖洪泽湖，浩瀚的洪泽湖与古裂谷有着莫大的联系，另外，洪泽湖湖底还潜伏着一个与之面积相当的古盐湖，它大约形成于6700万年前，湖床奇迹般地镶嵌在这个古裂谷的谷底。

在古裂谷跨越的地方，除了有泰兴发生的长江断流现象之外，在山东省，它还制造了另一个"恶作剧"。山东省枣庄市徐庄乡的一个村子有一种奇怪的现象，该村一个池塘里的蛤蟆只鼓肚皮叫不出声；但是只要它们跑到别的池塘里，一换环境，便又可一展歌技，鸣叫不停。而如果生长在别处的蛤蟆一不留神到了这个池塘里，也都会变成"哑巴"。

因此，人们给这个村起名叫哑巴汪村，每年都有许多人来此观赏这一奇异的怪现象。位于大明湖与徐庄乡哑巴汪村之间的孔府孔林是全国重点文物保护单位,著名的旅游胜地。这里古木参天,万树成荫,可是却不见一只乌鸦栖息。地面杂草丛生,却见不到一条蛇。而在孔林周围的树林里乌鸦到处飞,周围地方的草丛里常有各种蛇出没。

通过研究,科学家们发现,孔府孔林和枣庄市徐庄乡的哑巴汪村正好处在长江断流段、苏北的串珠状湖泊向北延伸的地带上。难道这是巧合吗?不,它们之间一定有着内在的联系,那就是贯通两省深埋的巨大古裂谷,正是这个神秘的古裂谷控制了江水枯竭的江段,古盐湖也因它而形成,另外它还左右了一串湖泊展布的方向。

此外,科学家们还发现,巨大的古裂谷地下深处有大大小小纵横交错的地下河水网,地下水脉辐射的能量较之宇宙射线强度大好几倍,它能使人头昏脑涨,神志不清,以致丧失控制能力,也会使某些动物发生异常反应:青蛙变哑,蛇有了禁区,乌鸦不进入个别树林。随着这条东方裂谷不断为世人所知,相信还会有更多的奇特景观被发现,人们一定会在不远的将来彻底揭开东方古裂谷的神秘面纱。

黄河源头之谜

黄河横亘在中华大地之上,是一条伟大的母亲河,是中华民族的摇篮,是世界古代文化的发祥地之一。黄河因水中含有大量泥沙,颜色为土黄色,故而得名。它滔滔万里,奔流不息。一代代的学者对于黄河的源头进行过多次探索。李白曾说:"黄河之水天上来,奔流到海不复回。"黄河的源头真的是在天上吗?当然不是,那么黄河源于哪里呢?

"黄河落天走东海,万里写入胸怀间。"伟大的诗仙李白的诗句表达了中国人民对于黄河的感情。探索其源头也成为历代学者的追求。最早记录黄河的书籍是《尚书·禹贡》。《史记》中也有记载黄河的句子。古时候,黄河被称为"河",所以古书言"河出昆仑",也就是说,黄河是从昆仑山流出来的。那么,事实果真如此吗?

在古代,由于科技水平低等多种原因,人们一般只能到达星宿海。古书中描写星宿海"小泉亿万,不可胜数,如天空之星辰"。其实星宿海只是大片沼泽和小湖混合形成的低洼地带,并

黄河源头湿地

非黄河的源头。为了寻找黄河的正源,新中国成立后,曾多次派遣科考人员进行探索、考察。青藏高原南部水系复杂,水流错综纵横,有"江河源"之称。长江和黄河之间仅一山之隔,直线距离只有 200 米。而黄河源于何处,学术界对此一直没有定论。20 世纪中叶,对于黄河源头的看法主要分两种,一种观点认为黄河多源,扎曲、卡日曲、约古宗列曲都是其源头。第二种观点认为卡日曲最长,为 201.9 千米,应为其正源。

黄河河源地区有很多散乱的细流,在巴颜喀拉山间穿梭,因此人们难以辨认主河道。黄河的藏语名称叫玛曲,即孔雀河的意思。因为黄河河源周围有很多小湖泊,从高处远远望去,就像孔雀开屏。

现如今,甘肃省玛曲上游的约古宗列曲矗立着数十个"黄河源"石碑。很多游客前来观赏。2004 年,中国三江源考察队考察出黄河的真正源头应该是位于青海省卡日曲上游的那扎陇查河。从此算起,黄河全长 5778 千米,是世界第五大河流。

诗仙李白只是跟我们开了一个玩笑,或者说黄河的气势深深地震撼了他,使他发出"黄河之水天上来"的感慨。而科学的考察验证却让我们找到了黄河的真正源头。

黄河呈"几"字形之谜

黄河九曲,毕竟东流去。从地图上看,黄河的流经路线就像一个大大的"几"字。这在世界上是独一无二的。为什么黄河会呈现"几"字形呢?这还要从河流为什么会"拐弯"说起。其实河流会拐弯一直是很自然的现象,套用一名教师的话,叫作:"走弯路是自然界的一种常态,而走直路是一种非常态。因为河流在前进的过程中会遇到各种各样的障碍,有些障碍是无法逾越的,所以它只有取弯路,绕道而行。也正因如此,它才避开了一道道障碍,最终抵达了遥远的大海。"如此说来,黄河呈现弯曲形状是一种常态,但是为何会呈"几"字形,却要从黄河流经的地形说起。

黄河从兰州起,进入黄土高原,因地势阻挡,顺流北上,然后进入河套平原,分散开来。又因黄河峡谷的通畅而流向南方,在潼关遇到大山,改道向东,最后奔

黄河下游平原风光

流入海。这样就形成了一个天下无双的"几"字形状。

在古代典籍中，黄河是由大禹疏通治理的。所以，现在位于陕西和山西交界处的龙门也称为禹门口。然而，大禹只是古书中的记载，似乎他像神多于像人。他只得到中国历史的承认，而世界历史并不承认这个人的存在。也就是说，大禹开通黄河在外人看来是没有说服力的。

郑州黄河公路大桥

其实，你若仔细观察的话，一定会发现每一条大的河流都是由一条主流和若干支流组成的。一般情况下，河流的水主要来自雨水，此外还有地面水和地下水。故而，在河流形成之初就不会是笔直的。河流流动的时候，左右两边河水的流速也不会完全相同，这样对河岸形成的冲击力也不同。有些地方的河岸因坍塌而变宽，有的地方有树木、石头或其他东西阻挡因而流速变慢。

另外，河岸的组成物质也不尽相同。有的地方坚固，有的地方脆弱，这些都会导致河流发生弯曲，河床也会发生弯曲。历史上，黄河经历过多次泛滥，黄河也曾多次改道。河床弯曲之后，政府就会组织人民在黄河自然形成的弯曲的河道上修筑河岸。一般情况下，河岸一旦弯曲就会愈演愈烈。这就是水流的力量。大家知道，弯曲的河流中的河水流动方向是直指凹岸，表层水会从凸岸流向凹岸，底层水会从凹岸流向凸岸，形成横向运动。这样凹岸会受到更大的冲击，而凸岸的地方则水流缓慢，力量自然就很弱小。如此，在凹岸的一方泥沙被水流冲走，在凸岸的一方泥沙淤积下来。之后就会形成凸岸越凸，凹岸越凹。

黄河的弯曲除以上原因外，还有其独特的因素。在大约50万年前，黄河流经的地方并没有大河，只是星罗棋布着一些小湖泊或者小河流。大约5万年前，地壳开始运动，秦晋地区的小河和湖泊连通起来，形成南北走向的一条大河，后与内蒙古至宁夏的一段东西走向的河流汇合，这样便形成"Z"字形河流。随着时间的推移，"Z"字形河流不断壮大。最后，宁夏一带的水系也被纳入其中。这样，"几"字形的河流就基本形成了。

随着历史的变迁，黄河几经改道，但是这个"几"字形却从没有改变过，成为世界地理上的一朵奇葩。

金沙江拐弯形成之谜

金沙江大拐弯也叫月亮湾,位于云南德钦县奔子栏镇和四川得荣县子庚乡交界处,是举世闻名的一处大自然景观。金沙江是母亲河长江的上游,它和怒江、澜沧江等大河同发源于青藏高原的东北部。然后,三条河流几乎是平行地一起向南流淌。于是,青藏高原的东侧被切割成数列深邃的平行河谷。河谷与河谷之间耸立着一条条大致平行的高山,这就是横断山脉。在这三条河流中,金沙江最靠东边。流经云南省境内的石鼓村北时,金沙江忽然折转向东。此后又折转向北,形成了"Ω"似的大拐弯。那么,这种大拐弯是如何形成的呢?

数千年来,万里长江奔流不息,长江第一湾也使得到此的游客流连忘返。很多人对此弯形成的原因也迷惑不解,即使是世世代代居住在江边的村民也弄不清楚到底是怎么回事。世界上所有的大江大河都是弯曲的,其弯曲的原因主要是因为河水对两岸的冲击侵蚀强度不同。因而,河流总是在地球大地上画出一条条十分有趣而又平滑的曲线。但是也有一些特殊的情况存在,金沙江大拐弯的产生就十分突然,因而它有"长江第一湾"之称。一些学者通过对金沙江大拐弯的深入调查研究,提出了一些推断。

一种比较流行的看法是,许多年前,古金沙江原本和怒江、澜沧江一样向南流去。与此同时,古金沙江东面不远处的地方也有一条河流由西向东流淌,我们暂且称之为古长江。急湍的古长江水冲击和侵蚀着脚下的岩石,也不断地向西扩展。时间久了,古长江终于和古金沙江相遇了。它们相遇的地点就在石鼓村附近。两条大河相遇,会发生什么情况呢?

俗话说:"人往高处走,水向低处流。"古长江的地势比古金沙江的要低很多。滔滔不绝的古金沙江水就涌向古长江谷地,从而掉头向东流去。这样,古金沙江就成了长江的一部分。这种现象在地理学上叫作河流袭夺。

河流袭夺说还有一个有力的证据存在,在今天的金沙江石鼓大拐弯的南方,即人们认为当年金沙江流经的地方,还有一条小小的河流,叫作漾濞江。漾濞江的源头与石鼓的距离很近,并且它们之间还有一条宽阔的低地。那里虽然没有河流,可是仍然是一种河谷的形态。河流袭夺说的

金沙江第一湾

支持者认为,古金沙江被古长江袭夺之后,古金沙江的江水被袭夺,但其河谷还存在,并且还留下一条小河——漾濞江。

当然也有人不支持这种观点。他们认为根本就没有所谓的古长江袭夺古金沙江。金沙江之所以会形成今天这样的大拐弯,只不过与当地的地壳运动有关。他们发现,虎跳峡是沿着一条很大的断层发育起来的。金沙江在流淌过程中,碰巧遇到这条断层,于是河流不得不来一个大拐弯。

金沙江

河流袭夺说也好,地壳断层说也罢,这些现象都是发生在很久很久以前的事情,没有人见证过,即使留下一些蛛丝马迹,也被无情的风雨侵蚀得面目全非。所以,这两种观点争论了很多年,至今也没有争出一个所以然来。也许,等到再次发现一些蛛丝马迹的时候,人们才能揭开金沙江大拐弯的神秘面纱。

喀纳斯湖水变色之谜

喀纳斯之美多因喀纳斯湖,风光秀丽的喀纳斯湖有很多传说。比如,关于月亮湾的传说,月亮湾水面平波如镜,柔美温情,上下河湾内有两个酷似脚印的小心滩,很是奇特,脚趾脚掌清晰分明,一左一右错落有致,被当地人称为"神仙的脚印"。有人说这是当年西海龙王收复河怪时,为了用脚踩住河怪的静脉所留下的脚印;也有人说是嫦娥奔月时留下的最后一个足迹;还有人说这是当年一代天骄成吉思汗健步如飞,追击敌人时留下的脚印。神秘美丽的传说是前人对大自然神奇力量的一种崇拜、一种敬服、一种感悟、一种解读,同时也为我们今天的喀纳斯旅游增添了一抹神秘的色彩,增添了无限的魅力。

喀纳斯湖幽深的湖水除了有美丽的传说,也隐藏着很多谜。除了喀纳斯湖水怪之谜,最著名的就是喀纳斯湖的湖水变色之谜。

喀纳斯湖也称"变色湖"。春夏时节,湖水颜色会随着季节和天气的变化而变化。从每年的四五月间湖水开化到11月冰雪封湖这一时间段,湖水在不同的季节会呈现出不同的色彩。5月,冰雪消融,湖水幽暗,呈青灰色;到了6月,湖水则会随着周围群山的植物泛绿,呈浅绿或碧蓝色;7月以后为洪水期,上游白湖的白色湖水大量补给,湖水会由碧绿色变成微带蓝绿的乳白色;而到了8

月，因受降雨的影响，湖水呈现出墨绿色；进入九十月份，湖水的补给明显减少，周围的植物色彩斑斓，一池翡翠色的湖水光彩夺目。

关于湖水变色的原因，有关专家进行了深入探索。首先，季节变化会引起上游河水所含矿物成分多少的变化；其次，周围群山植物随季节变化的不同色彩倒映在湖中，以及阳光角度变化和不同季节的光合作用对湖水的颜色也有一定的影响。喀纳斯湖在七八月间变为白色的原因是：喀纳斯湖水来源于友谊峰南坡的喀纳斯冰川，当冰川作用于周围由浅色花岗岩组成的山地时，冰川掘蚀携带的花岗岩岩块经挤压会研磨成白色细粉末混合于冰层内，炎热的夏季夹带有白色细粉末的冰川融化，大量的呈乳白色的冰川融水和雨水进入喀纳斯河，流进阿克库勒的湖，即白湖。阿克库勒湖的乳白色水再流向下游汇入喀纳斯湖，湖水就会变成乳白色。每年12月封冻后，喀纳斯湖又会变为一面白色的水晶镜，当地牧民用爬犁在湖面上运送物品或进行滑雪滑冰。

另外，在不同的天气、从不同的角度去看喀纳斯，特殊的水质与天色和山色相互折射而产生不同的色彩。由于喀纳斯湖被群山环抱，在高原、蓝天、白云的大背景下，湖水受阳光和云团的映射，又将周围的山色反射在湖中，湖水会随着天空云朵的变化和阳光下山色的明暗交替，变化万千，斑斓流彩。

美丽的喀纳斯凭借着她神秘的传说和未解之谜，吸引世间人们竞"折腰"，人们在观赏美丽风光的同时，听着当地的古老民族述说一个个美丽传说，一次又一次地为她的魅力所折服。

黄果树瀑布成因之谜

黄果树瀑布是贵州第一胜景、中国第一大瀑布，也是世界最壮观的瀑布之一，属于国家5A级旅游景区。它位于中国贵州省安顺市镇宁布依族苗族自治县，是白水河（珠江水系打邦河的支流）九级瀑布群中规模最大的一级瀑布，因当地一种常见的植物黄果树而得名。

黄果树瀑布是世界最著名的瀑布之一，也是世界喀斯特地区罕见的巨型瀑布，它的具体位置是东经105°41′，北纬25°55′。瀑布高度为77.8米，其中主瀑高67米；瀑布宽101米，其中主瀑顶宽83.3米。黄果树瀑布属喀斯特地貌中的侵蚀裂典型瀑布。黄果树瀑布不只包含一个瀑布，而是以它为核心，在它的上游和下游20千米的河段上，共形成了雄、奇、险、秀风格各异的瀑布18个。这些瀑布形成了一个庞大的瀑布"家族"，黄果树瀑布是黄果树瀑布群中最为壮观的瀑

贵州黄果树瀑布

布，是世界上唯一可以从上、下、前、后、左、右六个方位观赏的瀑布，也是世界上有水帘洞自然贯通且能从洞内外听、观、摸的瀑布。明代伟大的旅行家徐霞客考察完大瀑布后赞叹道："捣珠崩玉，飞沫反涌，如烟雾腾空，势甚雄伟；所谓'珠帘钩不卷，匹练挂遥峰'，俱不足以拟其壮也，高峻数倍者有之，而从无此阔而大者。"1999年，黄果树瀑布群被吉尼斯世界总部评为世界上最大的瀑布群，列入吉尼斯世界纪录。

黄果树瀑布群的各瀑布各具风韵，造型十分优美，堪称世界上最典型、最壮观的喀斯特瀑布群，其周围还发育着许多喀斯特溶洞，洞内发育各种喀斯特洞穴地貌，形成了著名的贵州地下世界，具有极大的旅游观光价值。黄果树瀑布群是全国第一批国家重点风景名胜区。

瀑布飞泻入犀牛潭，水流依次经过三道滩、马蹄滩、猪龙潭、油鱼井、锅底凼、湾塘、冒水塘。黄果树大瀑布的形成和演化，反映出河流溯源侵蚀过程中喀斯特河段与非喀斯特区域的明显差异。河咀赖下游段为非喀斯特区。当溯源侵蚀裂点到达河咀赖上游时，由于喀斯特作用的参与，河水沿喀斯特裂隙下渗，排向裂点坎脚，经河水逐渐下渗、溶蚀、冲蚀、磨蚀，管道逐渐扩大，形成落水洞及地下河；当地表河注入落水洞水量的比例逐渐增大时，就形成了喀斯特地区特有的喀斯特地下裂点。这种情况继续发展的结果会使地表河谷最终被废弃从而变为干谷；在明流注入落水洞处，落水洞腔越来越大，于是沿地表干谷发育了成串分布的竖井及天窗，它们不断扩大、归并、垮塌，河谷裂点不断向上游推移，造成现今雄伟壮观的黄果树大瀑布和瀑布下游深切险峻的峡谷。

现存于瀑布之下的犀牛潭是瀑布的冲蚀坑，三道滩、马蹄滩、渔鱼井这三个深潭均是瀑布向上游推移时的历史遗迹，它们都是瀑布演变推移过程中曾经所处位置的残留冲蚀坑。这些深潭的形状、大小、深浅不一，说明瀑布后退过程是不均匀的，有时段性。它属典型的喀斯特侵蚀裂典型瀑布。据喀斯特发育的三

个时期分析，黄果树瀑布在乌江峡谷期时形成。据其具体的演化过程分析，用同期形成的洞穴进行对比，它是在同期洞穴塌落后造成河谷纵向裂点而成，因而可用同期洞穴堆积物绝对年代判断下限，用河谷发育期判定上限，其形成年代为10万~50万年前。

贵州黄果树瀑布牌坊

黄果树瀑布经过形成和演化，其位置与初期的位置相比，已经后撤到远离初期所在断层破碎带及溶蚀崩塌的严重地带。现存的瀑布壁，高、陡、完整，是逆向坡结构，由坚硬的厚层、中厚层白云质灰岩组成，岩层倾向上游，岩性均一，稳定性良好。

瀑布壁面上沉积有广厚的石灰华层，其物理力学强度虽然不大，却能防止水流对基岩表面的溶蚀、冲刷。瀑布壁上钙化的沉积速度快，据测算，平均每年沉积厚度达2厘米。

黄果树瀑布属喀斯特地貌中的侵蚀裂典型瀑布，最早因河床突然出现了一个裂点，经河水长年累月不断地冲刷和溶蚀，形成了一个落差，也就形成了瀑布的基本面貌，后因风雨溶蚀和雨水不断冲刷，又使原先形成的瀑布不断向后撤。据地质学家考证，瀑布形成了今天这种稳定的局面，曾有过3次大的变迁，它后撤距离长达205米，现今的三道滩、马蹄滩、油鱼井便是它后撤留下的遗迹，在地质学上，这一现象被称为"向岩后撤"。

对于黄果树瀑布的成因问题，可谓众说纷纭。有人认为它是典型的喀斯特瀑布，是由河床断陷而成的；有人则认为是喀斯特侵蚀断裂——落水洞式形成的。研究表明，黄果树瀑布前的箱形峡谷原为一落水溶洞，后来随着洞穴的发育、水流的侵蚀，从而洞顶坍落，形成瀑布。因此，是由落水洞坍塌形成了黄果树瀑布。由于一个瀑布的形成过程是与瀑布所在的河流的发育过程紧密相关的，故黄果树瀑布的形成过程需与白水河的演化发育历史结合起来考虑。这样，黄果树瀑布的发育过程大致可分成七个阶段：前者斗期、者斗期、老龙洞期、白水河期、黄果树伏流期、黄果树瀑布期和近代切割期。其形成时代从距今2700万年至1000万年的第三纪中新世开始，一直延续至今，经历了一个从地表到地下再回到地表的循环演变过程。

风景区内瀑布成群，洞穴成串，峰峦叠翠，植被奇特，伏流、溶洞、石林、石壁、峡谷比比皆是,呈现出层次丰富的喀斯特山水旖旎风光。河水从断崖顶端凌空飞流而下,瀑布对岸高崖上的观瀑亭上有对联曰:"白水如棉不用弓弹花自散,虹霞似锦何须梭织天生成。"此乃对黄果树瀑布的真实写照。但黄果树瀑布的形态也是因季节而有变化的,冬天水小时,它妩媚秀丽,轻轻下泻;到了夏秋,水量大增,那撼天动地的磅礴气势,简直令人惊心动魄。有时瀑布激起的雪沫烟雾高达数百米,漫天浮游,竟使其周围经常处于纷飞的细雨之中。瀑布后的水帘洞相当绝妙,134米长的洞内有6个洞窗、5个洞亭、3个洞泉和2个洞内瀑布。游人穿行于洞中,可在洞窗内观看洞外飞流直下的瀑布;每当日薄西山,凭窗眺望,犀牛潭里彩虹缭绕,云蒸霞蔚,苍山顶上绯红一片,迷离变幻,这便是著名的"水帘洞内观日落"。洞内还有一个冰制金箍棒。

贵州黄果树喀斯特瀑布群

在犀牛潭的瀑布溅珠上,经常挂着七彩缤纷的彩虹,随人移动,变幻莫测。古人说,"天空云虹以苍天作衬,犀牛滩云虹以雪白之瀑布衬之",故有"雪映川霞"的美称。黄果树下游6000米的天星桥,有相连接的三个片区,即天星盆景点、天星洞景点、水上石林景点。这里石笋密集,植被茂盛,水到景成。正是所谓的"有水皆成瀑,是石总盘根"。

黄果树瀑布激起的水花,如雨雾般腾空而上,随风飘飞,漫天浮游,高达数百米,落在瀑布右侧的黄果树小镇上,特别是艳阳高照之日,水雾蒙蒙,映出金色的光来,似真似幻,那街道似乎是金色大街,形成了远近闻名的"银雨洒金街"的奇景。

黄果树瀑布群中,除大瀑布外,还有众多的瀑布可供观赏。诸如瀑布群中瀑顶最宽的陡坡圹瀑布、潭面最长的螺丝滩瀑布、落差最大的滴水滩瀑布、形态最美的银练坠滩瀑布等。

黄果树附近的石头寨是著名的蜡染之乡,滑石哨是全国第一个布依族保护村。黄果树瀑布节期间将有万人传唱布依山歌、西部传统民

贵州黄果树瀑布徐霞客塑像

歌演唱会及黄果树文化藏品展、奇石博览会等，游人在这里可以尽情体验少数民族的传统与热情，另外节日期间还将有一系列精彩的活动在主会场和各分会场举行。

黄果树景区内风景秀丽、环境优美、空气清新（经省级环保部门测定每立方厘米的空气含负氧离子2.8万个以上）、气候宜人（每年平均气温16℃左右）。它不仅有悠久的历史文化，也有十分完善的设施，融休闲、度假、观光、疗养为一体，是旅游休闲的理想胜地。

黄河下游出现"假潮"之谜

假潮是黄河下游一种极为特殊的水文现象，发生于利津至河口一段。其表现是：该段的黄河主河槽内，在前无阻挡后无雍水的情况下，河水水位会骤然暴涨暴落，出现类似海水涨潮的现象，有时还会凭空隆起一溜水排，远远望去，就像海中翻浪，蔚为壮观，所以称为"假潮"。

"假潮"现象一般发生在冬、春季节（主要是每年的11月到次年的3月），夏季比较罕见。如果在平水期，没有上游和区间来水的情况下，出现水位、流量、含沙量陡然涨落的"假潮"现象，在几十分钟甚至几分钟内，水位会猛然上涨数十厘米，最大时可达1米左右，然后趋于正常。由于"假潮"往往来去匆匆，持续时间极短，所以发生此现象的准确时间难以预测，但是较为多见的时候是在河水流量为600~1000立方米/秒的平水期。2007年11月，黄河利津水文站曾监测到当年的最大假潮流量为1440立方米/秒。

当地百姓也把"假潮"现象俗称为"蹦溜"，意思是"突然间蹦跳起来的大溜"。据当地一位老人说，10多年前一次"蹦溜"发生时，他看见河水将停靠在西河口十三号坝的一艘500吨位的抽水船冲跑了3000米远，更令人称奇的是，"假潮"还将停靠在坝头的一只15吨位的单机木船抛掷到了埽面上。

那么，黄河下游为什么会出现"假潮"现象呢？对此，人们众说纷纭，莫衷一是。有人说是黄河入海口受海潮影响所致，有人说是地壳变动所为，也有人说是地震的前奏或来年发生更大洪水的预兆，还有人迷信地说这是蛟龙在疏浚河道……但不管怎么说，黄河河道内在无风

开封段黄河滩

无浪、自然平稳的水流状态下突然出现涨水这种现象，并伴随着震天的涛声，的确是罕见的一大奇观。

据黄河水文部门的专家分析称，"假潮"现象与黄河水质中的泥沙含量和水流流速有关。当泥沙含量较大而流速较小时，黄河中的泥沙就会快速下沉。而在沉淀过程中，泥沙就会在河道逐渐形成一种下游反比上游高的河道斜坡，当泥沙累积到一定程度，也就是说当河道斜坡超过一定限度后，河道中流向下游的水量会大大减少，但是来自上游的河水仍然不断涌入，这样就导致河水发生层层堆叠现象，即黄河流水逐步高涨，所以河水就会呈现向相反方向后退的现象。而人们从外表观察时，就好像潮水在上涌一样。这就是黄河所特有的"假潮"现象的成因。

其实，为了掌握"假潮"的变化过程，黄河及当地水文部门还组织了技术人员加强对"假潮"期间的水位、流量等水文要素的观测，密切注视水情变化，以便随时掌握、探寻"假潮"的变化规律，从而提高水文测验的精度，为人们提供翔实、准确的水文情报。

关于"假潮"现象，还有另外两种具有广泛基础的说法。一说是水流与河床之间相互作用中出现的共振现象；一说是天体运动造成类似海水潮汐的现象。

此外，最新研究结果发现，"假潮"是这样一种水文现象：由于沙波运动在湾道处因控导工程作用产生壅水和回水，从而引发水位、流速、含沙量在短时间内发生较大幅度的变化。

目前来说，"假潮"之谜尚没有权威性的科学定论，至今仍是未解之谜。

大理蝴蝶泉未解之谜

蝴蝶泉位于云南省大理白族自治州的苍山第一峰——云弄峰下，人们说它有"三绝"：泉、蝶、树。蝴蝶泉是方形泉潭，四周用透亮的大理石砌成护栏，面积有50多平方米。远远看去，它就像是一颗透明的镶嵌在绿荫之中的宝石。走近观看，泉水清澈见底，一串串银色水泡自沙石中徐徐涌出，冒出水面后还泛起片片水花。该泉涌水量在18.77升/秒上下，泉水的矿化度小于0.5克/升，属重碳酸钙、碳酸镁型水，无臭、无味。也就是说，泉水不仅水量稳定，水质也十分优良。1961年，

大理蝴蝶泉

大理蝴蝶泉的蝴蝶

郭沫若游览此地时曾手书"蝴蝶泉"三个大字，后被刻于泉边的坊石之上。

从古至今，有不少文人墨客、专家学者曾到此游览或考察，并留下了许多美丽的诗文。如明代地理学家徐霞客（1587—1641年）在《滇游日记》中写道："泉上大树，当四月初即发花如蛱蝶，须翅栩然，与生蝶无异。还有真蝶万千，连须钩足，自树巅倒悬而下及泉面，缤纷络绎，五色焕然。游人俱以此月群而观之，过五月乃已。"再如，清代诗人沙琛（1789—1822年）在《上关蝴蝶泉》一诗中这样描述蝴蝶泉："迷离蝶树千蝴蝶，衔尾如缨拂翠湉。不到蝶泉谁肯信，幢影幡盖蝶庄严。"

蝴蝶泉以其特有的奇观，每年都能吸引众多的游客来此旅游观光。那么，它有怎样的形成之谜呢？每年为什么会有大量的蝴蝶聚集于此呢？

其实，蝴蝶泉的形成得益于这一带特殊的环境条件。巍峨挺拔的苍山耸立如屏，山顶终年有积雪，夏天也晶莹剔透，不会消融。再加上植物茂盛，降水丰富，使这里成了一片生机勃勃的绿色地带。此外，总面积约240平方千米的洱海风光绮丽，四时如春，也是很著名的湿地。

因为蝴蝶泉所在之处西靠苍山，东临洱海，故而成了"宝地"。该泉处于洱海大断裂的北东盘，在地下水溶蚀作用下，该盘形成了众多的落水洞、溶洞，由于受大气降水和地表水补给的影响，故而形成了岩溶含水层。含水层中的地下水沿着溶蚀管道流动，在与冲、洪积物接触的部位由于受细粒松散物阻截，从而溢出地表，最终形成了蝴蝶泉。

蝴蝶泉边有一高大的古树横卧泉上，即著名的"蝴蝶树"。每年春、夏之交，特别是4月15日，大批蝴蝶聚于泉边，漫天飞舞。最令人称奇的是，万千彩蝶头尾相随，倒挂于蝴蝶树上，形成无数串，且会垂及水面，蔚为壮观。

苍山、洱海不仅为人类提供了观赏美景——"银苍玉洱"，而且为蝴蝶等昆虫的大量繁殖与生长提供了良好的自然环境。此外，好泉美水加上泉边的那棵合欢树，自然得到了蝴蝶的"青睐"，它们十分乐意光临此地。由此看来，蝴蝶成群也是因为受到这里特殊环境条件的影响。

不过令人惋惜的是，近10多年以来，人们已经很难看到美丽的"蝴蝶盛会"，虽然有时也有蝴蝶聚集，但数量已经很少，不如从前了。

据当地人说，蝴蝶泉边原有一蓬茨蓬，枝叶茂密、开白花、清香怡人，由于花枝缠在横斜泉面的树干上，蝴蝶迷于花香，故而沿着这些下垂的花枝连成串。如今茨蓬被除，泉面树干叶枯，加上田野大量使用农药，导致周围自然环境受到破坏，所以误伤了不少蝴蝶。如今，蝴蝶连须勾足悬于泉面的奇观久已不见。因此，人们要认真研究蝴蝶的生长规律，加强自然环境的保护，保持生态平衡，这样才可能会使迷人的"蝴蝶盛会"恢复如初。

间歇泉之谜

所谓"间歇泉"，是指间断性喷发的温泉，多出现在火山运动比较活跃的地区，被人们比作"地下的天然锅炉"。

在火山活动区域，炙热的熔岩会使周围地层的水温升高，甚至化为水汽。这些水汽遇到岩石层中的裂隙就会沿着裂缝上升，而当温度下降到汽化点以下时，水汽就会凝结成为温度很高的水。这些积聚起来的水，以及地层上部的地下水，每间隔一段时间就会沿地层裂隙上升到地面喷发一次，并循环往复……这就是间歇泉形成的过程。间歇泉每喷发一次，都会给人们带来雄伟而瑰丽的喷发奇观。

从间歇泉喷出的水中往往含有矿物质，当水分蒸发或重新渗入地表时，这些矿物质就会沉积下来。随着时间的推移，由于矿物质日积月累形成了各种奇怪的形状，有的像火山锥，有的像火山口，有的像圆柱……

通常情况下，间歇泉的形成除了应具备一般泉水形成所需的条件之外，适宜的地质构造和充足的地下水源才是形成间歇泉的最根本因素。此外，还要有另一些特殊的条件。

第一，间歇泉必须具备能源。在地壳运动比较活跃的地区，炙热的岩浆活动才能够为间歇泉提供能源，所以它只能位于地表稍浅的地区。也就是说，间歇泉只能出现在地壳运动比较活跃的地区，地下要有炙热的岩浆活动，而且距地表不能太深。

第二，间歇泉要有一套复杂的供水系统。这个天然锅炉里必须有一条深深的泉水通道。地下水在通道最下部被炙热的岩浆烤热，但同时受到通道上部高压水

新西兰彩色湖的间歇泉

柱的压力,所以不能自由翻滚、沸腾。同时,狭窄的通道也限制了泉水的上下对流。这样一来,通道下面的水就不断地被加热,不断地积蓄力量……当水柱底部的蒸汽压力超过水柱上部的压力的时候,地下高温、高压的热水和热气就会把通道中的水全部顶出地表,造成强大的喷发运动。之后,随着水温下降、压力降低,喷发就会暂时停止,而下一次新的喷发使得岩浆又开始在通道内积蓄力量,蓄势待发。

世界上有许多著名的间歇泉,如冰岛的斯托里间歇泉(大喷井)、斯特克罗尔间歇泉、美国的黄石公园间歇泉,以及我国的西藏间歇泉。

月牙泉为何没被风沙埋没之谜

月牙泉位于甘肃省河西走廊西端的敦煌市,古称沙井,俗名药泉。自汉朝起,月牙泉即名列著名的"敦煌八景"(西关遗迹、千佛灵岩、危峰东峙、党水北流、月泉晓彻、古城晚眺、绣壤春耕、沙岭晴鸣)之一。此泉南北长近100米,东西宽约25米,泉水东深西浅,最深处约5米。它由于弯曲如新月,故而得名,还享有"沙漠第一泉"之美誉。

关于月牙泉的形成原因,以及为何没被风沙埋没之谜,今人有四种解释。

其一,它是古河道残留湖: 此种观点认为,月牙泉是附近党河的一段古河道。在很久以前,党河的改道造成大部分古河道被流沙淹没,而月牙泉一段地势较低,地下潜流露出地表,从而汇集成湖。因为湖水不断得到地下潜流的补给,所以不会枯竭。

其二,它是断层渗泉: 这种说法认为,月牙泉南侧有一东西向的断层,由于断层上盘抬高了地下含水层,所以下盘降到附近潜水面时,就潜流通出成泉。

其三,它是风蚀湖: 也就是说,这片原始的风蚀洼地随着风蚀作用的加剧,在达到潜水面深度时,于新月形沙丘内湾形成了泉湖。环绕月牙泉的沙山南北高、中间低,所以自东吹进环山洼地的风会向上方走,风力作用下的沙子总是沿山梁和沙面向上卷,所以才不会刮到泉里。沙山呈脊状,月牙泉呈新月状,从而形成了沙泉共存的奇景。

其四,它是人工挖掘的湖泊: 此种看法称,月牙泉的形状酷似半轮新月,惟妙惟肖,可能是人工

敦煌鸣沙山月牙泉

刻意修饰的结果；此外，古籍中"沙井"的记载也提供了另一个证据，即月牙泉既然是"井"，也就是通过人力完成的。

目前，月牙泉在沙漠中的存在仍是未解之谜。

云南四大毒泉之谜

"云南四大毒泉"是指哑泉、灭泉、黑泉和柔泉。

哑泉：科学考察结果称，味道颇甜的哑泉应该是一种稀有的矿化泉。由于泉水中所含铜盐较多，呈弱酸性，所以初饮时会感觉有点儿甜。但是，饮入过多则会产生中毒现象，首当其冲的是声带，毒泉会使人的声音嘶哑，甚至"失声"成为哑巴。

云、贵、川一带自古以来就盛产铜矿物，所以深山泉水含有较多的铜化合物（铜盐），故而形成了"哑泉"。

目前，云南已发现了三处"哑泉"：一处在昭通地区的巧家县，一处在保山市的瓦窑镇，一处在临沧市凤庆县境内的澜沧江边。

史料记载，四川共有两处"哑泉"：其一据《宁远府志》称，在冕宁（今四川凉山彝族自治州）泸沽东五里处，原来泉侧还立有一碑，上面刻着"此处哑泉不可饮"七字；其二据《四川通志》称，"在小凉山（今凉山彝族自治州）十五里，至今穴存焉，人食之皆失声"。

此外，贵州省安顺市的红崖碑下也有一处"哑泉"。

哑泉有着特殊的科研价值和旅游价值，但就是不能饮用，人一旦喝了，就可能发生中毒事件。1947年，美国科学家在用硫酸铜溶液做实验时，发现了溶液中居然有好几种微生物，即氧化硫杆菌、氧化铁杆菌、氧化铁硫杆菌。这些微生物能够氧化、分解矿石，使其转化成溶于水的硫酸铜。这一发现证实了哑泉中存在铜盐的原因，同时也解开了"哑泉"之谜。

灭泉：灭泉其实是一种高温沸泉，即温泉。泉水水温在34℃以上才称为温泉，如北京的小汤山温泉，西安的骊山温泉，广东的从化温泉，广西的陆川温泉，重庆的南、北温泉，以及台湾地区的北投温泉、阳明山温泉，等等。其中，云南共有700多处温泉，为我国之最。

广西陆川温泉

云南腾冲"热海"

温泉的温度可高达100℃甚至以上，这时就会成为"沸泉"，由于它能够"杀死"生物，所以又被称为"灭泉"。云南省红河边上有一眼温泉的温度高达103℃，是温度最高的沸泉。滇西也有一个著名的沸泉，名叫"大滚锅"，泉水可以煮熟鸡蛋。此外，云南省腾冲的"热海"也是高温沸泉的典型代表，被誉为"天然地热博物馆"。该泉每年都会吸引大批游客前来旅游观光。

众所周知，水的沸点是100℃，但沸泉为什么会超过100℃呢？一般在标准大气压下，纯净水在100℃时就会沸腾，并发生汽化。但如果在高压条件下，沸点也会升高，人们经常使用的"高压锅"，利用的就是这个原理。

相对于从地层深处喷发出来的"高压高温泉水"——沸泉而言，"热源"就是地球内部能量的释放。由于地球内部温度分布不均匀，大约深度每增加100米，温度就会增高2.5℃。据勘测，地层深处的水温可以达到150℃之高。

黑泉： 人们一说到黑泉，就会心惊胆战，因为"人若溅之在身，则手足皆黑而死"。一般认为，这是剧毒动植物沤烂在泉中导致泉水带毒、颜色变黑的。在云、贵等地，人们已发现多处"黑泉"，如滇西腾冲市东南就有一处"扯雀塘"，意思是从上空飞过的雀鸟会被它"扯"下来中毒而死。此泉中不断冒出酸臭气体，刺鼻、刺眼，会使人头晕、恶心、身体发软，甚至呼吸急促致死。在毒泉四周，经常会发现死掉的鼠、猫、蛇和各种鸟类等。

据科学家解释，"扯雀塘"是火山活动的产物，是火山活动后期的一种"低温放气现象"，也就是说，塘口的气体中含有大量的硫化氢和其他有毒气体。也有科学家认为，黑泉中含有多种溴、碘等元素，溴溶于泉水但并不稳定，遇热溴蒸气就会逸出，对人体有很大的刺激性，可引起流泪、鼻出血、头晕直至窒息而亡。比如，军警经常使用的催泪弹就是根据溴的这种特性制造出来的。碘与金属氰化物遇热会发生反应生成剧毒——碘化氰，从而使泉水颜色变深，毒性更加厉害。这就是黑泉之谜。

柔泉： 柔泉是水温极低的一种冷泉。当然，古人所说的冷泉，与现在的冷泉有所不同。今人把水温低于当地平均气温的泉水称为冷泉。

冷泉的成因比较复杂，大多数专家认为它的形成与二氧化碳有关。地下水在地层中漫长运移时会溶解大量二氧化碳，当泉水流出地面时因为压力骤减，二氧化碳会从水中逸出,从而带走大量的热量,最终导致泉水寒冷如冰。

另一种观点认为,有的冷泉中含有一种叫作"芒硝"的天然硫酸盐,这是一种味辛、咸苦的泻药。史书记载,诸葛亮的部下在酷暑期行军时,由于口渴,在遇到冷泉后不择而饮,最后兵士们体内水火相攻,难以调节,连连下泻,"身躯软弱如绵而死"。柔泉的"柔"字,就体现了这种现象。

其实,大部分泉水都属于冷泉,是一种极其宝贵的自然资源。历史上有许多闻名天下的泉水就是冷泉,如北京玉泉、江苏镇江中冷泉、金山泉、山东济南趵突泉、江西庐山谷帘泉、浙江杭州虎跑泉,等等。其中,济南的冷泉最多,有72处,故而济南享有"泉城"的美誉。

此外,我国还发现了多处"汽水泉",这也是一种天然冷泉。这些泉水因含过量的二氧化碳,被誉为"天然汽水",它们还含有多种对人体有益的矿物质,因此成为畅销世界的保健饮料。例如,辽宁大连普兰店区的汽水泉,每小时喷水量达625千克,水中二氧化碳含量达3.6克/升。再如,山东的崂山矿泉,水中二氧化碳含量为2.3克/升,目前已是远销世界各地的著名品牌。

昆仑山"地狱之门"之谜

那棱格勒峡谷,即"昆仑死亡谷",有昆仑山的"地狱之门"之称,位于青藏高原昆仑山区。它海拔3200~4000米,南有昆仑山做天然屏障,北有祁连山阻挡风沙侵袭,东起青海布伦台,西至沙山,全长105千米,宽约33千米,面积约3500平方千米。

据传,生活在昆仑山的牧羊人宁愿自己饲养的牛羊因没有肥草吃而饿死在荒漠戈壁,也不敢进入昆仑山那棱格勒峡谷那个牧草繁茂的地方。这是为什么呢?因为峡谷里充满着阴森恐怖的死亡气息,会导致进入其中的人和牲畜等活物全部死亡。在死亡谷里,四处布满了狼的皮毛、熊的骨骸、猎人的钢枪及荒丘孤坟,这些无不向世人证明着它的神秘和惊悚。

1983年,青海省阿拉尔牧场的一群马因贪吃肥草而误入死亡谷。之后,一位牧民冒险进入谷地寻找马群。过了几天后,马群

那棱格勒峡谷

真的出现了,而那位牧民却消失不见了。后来,人们在一座小山上发现了他的尸体。当时,只见他衣服破碎不堪,怒目圆睁,嘴巴张得很大,双足赤裸,手中还握着猎枪。然而让人迷惑不解的是,他的身上竟然没有任何的伤痕或被袭击过的痕迹。

就在这起惨祸发生后不久,在死亡谷附近工作的地质队员也遭到了死亡谷的袭击。当年7月,其他地方已是酷热难当的夏天,而死亡谷附近却突然下起了暴风雪。当一声雷吼伴随着暴风雪突然而至时,地质队的炊事员当场就被吓得晕倒了。后根据他的回忆,当时他一听到雷响,顿时就感到全身麻木、两眼发黑,接着就完全丧失了意识。第二天,队员们外出工作时,惊诧地发现原来的黄土已变成黑土,如同灰烬,而动植物更是惨遭横祸,全部死在了死亡谷的暴风雪中。

接着,地质队迅速组织大家考察谷地。经考察后发现,死亡谷地区的磁场极为明显,而且分布范围很广,越深入谷地,磁异常值就会越高。所以地质队推测认为,在电磁效应作用下,死亡谷上空云层中放电,从而使这里成为多雷区。由此看来,进入死亡谷的人或动物是死于电击,而不是什么灵异事件。

地质队的这种推测,是当时连续发生的几个事件的最好解释。也许,这正是昆仑山"地狱之门"的秘密所在。

阿尔泰山通天石人之谜

阿尔泰山脚下一片辽阔荒原的山坡上,有一堆黑色的巨石,被人们称为"通天石人"。这是一堆铁陨石,如果用小铁锤敲击它,还能发出悦耳的音符。不过,有专家经过进一步分析称,这可能是一种叫作闪长岩的石头,含金属量很高,属于阿尔泰山的自然石。

王明哲在新疆从事了近40年的考古工作,对于这位考古专家来说,黑石头真正吸引他的地方是,其中一块石头上刻画有人脸,正是这种"石人"见证了亚欧大草原几千年来的风云变幻。其实,很多地方都埋着黑石头,从有的石头上还能隐隐约约辨别出简陋的人形。如果沿着阿尔泰山继续往北前行,在喀纳斯风景区的

阿尔泰山通天石人

一个叫阿贡盖提草原的地方，又会看到十几座石人矗立在旷野之中。

很早之前，石人就引起了人们的注意。除了新疆的天山和阿尔泰山之外，向东与之相连的蒙古国、南西伯利亚草原，以及我国的内蒙古部分地区，向西穿越中亚腹地，一直到里海和黑海沿岸，都有石人存在。这些石人没有国界的分别，成为北方草原上一道独特的风景线。

阿尔泰山风光

现在生活在石人地区的民族，如哈萨克、维吾尔、蒙古族等，他们都没有立石人的习俗。所以，石人的族属肯定是古代的某个民族。我国北方草原地区，历史上曾生活过多个游牧民族，先后有鬼方、塞种、匈奴、突厥、回鹘、蒙古等。长期以来，这些民族曾发生过频繁的迁徙和战争。那么，谁才是这些草原石人的主人呢？

据说，石人身后都有墓葬。当时专家们首先想到了到墓穴中去寻找证据，但是现实中保存完好的石人和墓葬非常少。以阿贡盖提草原上的石人为例，它们都是从不同地方挪移过来的，即使找到了类似的遗迹，出于文物保护的需要，专家们一般只进行抢救性挖掘，也就是说只清理那些被盗和被破坏过的墓葬，而不对新的墓葬进行挖掘。

游牧民族的葬俗本来就很简单，所以要在这种被破坏的墓穴里找到直接的证据非常困难。一时之间，石人"身份问题"成了难解之谜。

就在野外考古寻找证据的同时，专家们也把目光投入了历史资料当中。据《周书·突厥传》记载，突厥人死后要"于墓所立石建标"。这说明古代突厥人有在墓地立石的风俗，同时《隋书·突厥传》中还有另一记载，突厥人尚武好战，死后要"图画死者形仪及其生时所经战阵之状"。如果由此来推断的话，墓地立石之上刻画的可能正是墓主人自己的光辉形象。早在20世纪中叶，蒙古国境内挖掘出了一系列立有石人的古墓葬，墓中出土的碑文明确记载有这是突厥贵族墓葬的信息。

阿勒泰市文管所里的几尊石像，被认为是比较典型的突厥石人。它们有着共同的特点：左手握剑，右手执杯。王明哲认为，这种武士型石人正是突厥石人的典型代表，它们之所以握剑，很可能就是因为突厥人有尚武的风俗，而另一只手中托着的杯子，则是一种权力的象征。

王明哲还说,刻画石人的意义在于它可能具有通灵的作用。换句话说,即使人死后,只要石人不倒,他的灵魂就会依附在石人身上,永远不会消失。武士型石人,可以说与突厥人的一些生活习性完美吻合,但人们所发现的石人还远远不止这一种类型。比如,黑石头人像,它们的选材就十分特殊,刻画的也根本不是武士,似乎来自更远古的时代。

　　20世纪60年代,考古学家发现阿尔泰荒原深处还有一大片古墓葬群。这一墓葬群根据地名被称作"切木尔切克墓葬群"。其中,在一处典型的墓葬前,人们可以清楚地看到有五尊石人立于墓的东面,它们都是由黑色岩石雕成的,有些地方因糊着泥水而发黄了。此外,石人的脸廓和眼睛都呈圆形,面颊上还刻有三角状饰纹,其中一尊还是一个女性石人。

　　在切木尔切克墓葬群里,专家们一共挖掘了30多座墓葬。其中,出土文物里的一类陶罐引起了他们的注意:陶罐呈橄榄形,上面雕刻着水波样的弧线纹。经过比较研究,专家们认为陶罐属于一种"卡拉苏克文化"的范畴。大约在公元前1000年,卡拉苏克文化就出现了,但是突厥人生活于隋唐时代,它们至少有上千年的差距,因此黑石头石人当然就不可能是突厥人的遗存了。

　　那么,3000多年以前,是谁在黑石头上刻下了雕像呢?

　　据中国古代典籍《庄子·逍遥游》记述,有一极北之国叫作"穷发国"。同时,古希腊历史学家希罗多德在其著作《历史》中说,阿尔泰山下居住着一种"秃头人"。这里的"穷发"和"秃头"也许指古代某个有不留发辫习俗的民族,和黑石头上的雕像的典型特点不谋而合:那些黑石头石人圆形的头顶上没有任何发饰。

阿尔泰山的天水一色风光

　　希罗多德的著作中还描述道,秃头人长着"狮子鼻和巨大的下颚",这种脸型很像蒙古人种,在这些石人身上表现得淋漓尽致。希罗多德又说,秃头人是在山中看守黄金。而阿尔泰山的确自古以来就是金矿,学术界所说的草原丝绸之路又被称为"黄金大道"。由此看来,秃头人很可能在阿尔泰山生活过。

　　其实,中外古籍对新疆青铜时期(考古学上指人类利用金属的第一个时代,各地区的青铜时代开始时期不一,希腊、埃及始于公元前3000年以前,中国始于公元前1800年以前)的居民称谓,可以说多种多样。也许把新疆早期石人都归结为所谓"秃头人"的遗留物,是过于简单了。西方史料曾把亚欧草原的一些早期游牧部落称作"斯基泰人",而国内部分学者认为他们正是中国先秦史料中提到的"塞人",他们也在阿尔泰山、天山一带活动过。

也许,塞人和秃头人之间有着什么密切的关系,解开塞人之谜可能会解开通天石人之谜。

新疆草原石人之谜

在新疆北部的草原上,人们不时会看到一些石雕人像,它们神秘地点缀于群山草原之间。这些形态各异的石雕人被称为"草原石人"。

20世纪70年代,在新疆的博尔塔拉米尔其克大草原上,人们发现了一些矗立着的石刻人像,当地哈萨克族牧民称它们为"森塔斯"。这些神秘的石人不仅令牧民们疑惑不解,同时也引起了考古界的关注。

目前,新疆共发现有200余尊草原石人,它们大多数分布在北疆的阿勒泰、塔城、伊犁、昌吉、乌鲁木齐等地区,而南疆地区极少分布。

王博是新疆维吾尔自治区博物馆的研究员。他说,第一次听说"森塔斯"这个名字是在1976年,那一年他刚刚大学毕业。起初,为了解开石人之谜,他无数次穿行于大草原中,对石人的分布和类型特点展开了长时间的考察活动,足迹遍布北疆地区。

王博说,当地青河县阿尕什敖包乡有个村子叫阿塔勒克村,在此发现的石人被叫作阿塔勒克石人。在石人的背后,他还发现有一个用石头堆起来的乱石岗,石岗上裸露着一个用石板围成的长方形矮墙。那么,这些乱石堆和石板砌成的矮墙是做什么用的呢?它们下面又埋藏着什么样的秘密呢?它们和石人又有什么关系呢?

为了弄清楚这些问题,探究其真相,王博每发现一处石人,都要对这些石堆的形制、规模等进行详细的测量和分析,然后再进行类型学划分和比对。他在阿勒泰市切木尔切克乡喀依纳尔村西南发现了5尊石人。这些石人的雕刻风

新疆阿勒泰草原石人

格是一样的:圆雕,头顶圆形,脸面、眉毛、眼也是圆形。前三尊石人脸上有三角胡子,明显是男性石人,而另外两尊石人的雕刻风格与男性石人相似,但没有胡须,而且体态娇小、秀气,有女性的特征。

这些石人除了形态各异、雕刻风格相似之外,还有一个共同的特点,就是均面向东方。这些石人的背后,也有一个用石板砌成的长方形矮墙,长 55 米、宽 30 米,面积约 1650 平方米,矮墙的中心位置还有一块鹅卵形石头,石头上有凹坑,明显是人工磨制所成。

新疆昭苏草原石人

这些形态各异的石人为什么会有同样的雕刻风俗呢?

20 世纪 70 年代后期,王博还发现了另一种更奇怪的雕塑,它们多为柱状体,高均在 3 米左右。这种雕塑大都是以青色花岗岩或白色石英石做材料的,因此不同于一般的石人。它们的正面上部都刻有一个圆环,圆环下是一串橄榄形的连点;碑体正面雕刻着马、野猪和鹿的图案,有的还雕刻着弓箭袋和匕首;碑体的两个侧面上部还刻有三道斜线。

特别奇怪的是,有一尊近似于石碑的雕塑,在碑体正面的圆环下有一串橄榄形连点直线排列绕了碑体一周,而在连点下却刻着 5 个奇怪的动物图案,它们相互穿插关联,有机地结合在了一起。王博经过仔细观察后发现,这些动物的身子像鹿身,特别是鹿角显得非常醒目,而它的嘴却像仙鹤的嘴。他分析判断说,这种动物显然不是现实中的动物,很可能是一种夸张的象征性艺术。后来在考察岩画的时候,他发现有一些鹿的图案与柱石上的图案极为相似,因此就将它命名为"鹿石"了。

另外,在什巴尔库勒的大草原上,王博也发现了 30 多处这样的鹿石。这些鹿石的造型特点虽然与石人相差甚远,但它们却和石人有一个共同的地方:它们的背后都有一个石堆,只是鹿石后面石堆的规模要比石人后面的石堆大得多,有的石堆甚至超出石人几倍、几十倍。

其中,最为典型的巨大石堆高约 15 米,占地面积 200 多平方米。石堆周围是用石头镶嵌的一个圆圈,从石堆到石圈,由东南西北四个方向镶嵌出 4 条直线,像是太阳的放射线一样同时在四个方向立起了 4 个鹿石。

什巴尔库勒有 30 多座类似的石堆。像这样的鹿石和石堆,在北疆的其他地区也有发现,但以青河县什巴尔库勒最为集中。据不完全统计,阿勒泰青河县境内的草原石人,已发现的有 17 尊。

草原石雕人像大致可分为两种类型:一种是只凿出人的脸庞的石人,另一种是凿出了人的头部、颈部和服饰乃至兵器的石人(后期的石雕人像还凿出了石人手持的喝酒器皿)。这些石雕人像身后,一般会有形状各异的石制古墓。出于研究和保护的需要,现在这些石人大部分已被保存在新疆各地的博物馆。

近 100 年来,中外学者对石人进行了大量研究,不少人认为这些石人可能是古代突厥人的遗存,因为石人身后多数会有墓葬,和突厥人的习俗不谋而合。但是,草原石人之谜目前还没有科学的、权威的解释。我们相信,总有一天人们会揭开石人神秘的面纱。

黄土高原形成之谜

黄土高原位于中国中部偏北,海拔 1500～2000 米,面积约 40 万平方千米。这里是中国最大的黄土沉积区,除少数石质山地外,其余都是深厚的黄土层,黄土厚度为 50～80 米,最厚达 150～180 米。

黄土高原

关于黄土的来源,即黄土高原形成之谜,长期以来,中外学者有过不同的争论。其中,以"风成说"比较著名,也为人们所广泛认同。这种观点认为,黄土来自西北部和北部的甘肃、宁夏和蒙古高原以至中亚等广大的干旱沙漠区。上述这些地区的岩石,白天受热膨胀,夜晚冷却收缩,在风化作用下逐渐被粉碎成大小不等的石块、沙子和黏土。同时,这些地区每逢西北风盛行的冬春季节,多出现沙尘天气,狂风骤起,飞沙走石,遮天蔽日。这样一来,粗大的石块被残留在

黄土高原上的农村

原地成为戈壁，较细的沙粒落在附近地区，并渐渐聚成片片沙漠。而其中细小的粉沙和黏土，则纷纷飞向东南，当风力减弱或遇到秦岭山地阻拦后便停积下来，经过几十万年的堆积就形成了现在这样浩瀚的黄土高原。

黄土高原的形成和青藏高原的隆升加快了侵蚀和风化的速度，于是在高原周围的低洼地区堆积了大量卵石、沙子和更细的颗粒。每当大风骤起，西部地区便形成飞沙走石、尘土弥漫的景象。被卷起的沙和尘土依次沉降，颗粒细小的粉尘最后降落到黄土高原区域，这就是黄土高原上一条条荒凉地带形成的主要原因。

那么，青藏高原是怎样隆起的呢？这是因为印度板块向北移动与亚欧板块碰撞之后形成的。当印度大陆的地壳插入亚洲大陆的地壳之下时，就把后者顶托起来，从而使喜马拉雅地区的浅海消失了，喜马拉雅山开始形成并渐升渐高。青藏高原也是在印度板块的挤压作用下隆升起来的。然而，这与黄土高原又有什么关系呢？

东西走向的喜马拉雅山及青藏高原形成后，挡住了印度洋暖湿气团的北移，久而久之，导致了中国西北部地区越来越干旱，于是就渐渐形成了大面积的沙漠和戈壁，而这些沙漠和戈壁就是堆积起黄土高原的那些沙尘的发源地。青藏高原体积巨大，240万年以来，它的高度不断增长着。由于它正好耸立在北半球的西风带中，且宽度约占西风带的1/3，从而把西风带的近地面层分为了南、北两支。南支沿喜马拉雅山南侧向东流去。北支这支高空气流常年存在于3500～7000米的高空，由于它是从青藏高原的东北边缘开始向东流动的，故而成为搬运沙尘的主要动力。同时，青藏高原的隆起导致东亚季风也被加强了，从西北吹向东南的冬季风与西风急流一起发生作用，于是黄土高原就被制造了出来。

但是，科学家发现也有许多现象是"黄土风成学说"所无法解释的。比如，黄土中粗粉沙含量由西北向东南递减，黏土的含量却从西北向东南递增，这种自西北向东南的有规律的排列呈叠瓦阶梯状的分布过渡，而不是平面模糊过渡。有人说，这种叠瓦阶梯状的分布过渡更像是受洪水作用而形成的。

再如，专家们还对黄土高原的黄土标本进行了取样化验，发现黄土高原在最初的时候并不是"黄土"。专家们曾特意到黄土高原西部的甘肃静宁县、秦安县、定西市等地采集黄土高原 6 个典型地质剖面的黄土标本,从中获得了 700 余块孢粉样本和 209 块表土孢粉样本。这近千份孢粉样本大约记录了公元前 4.6 万年至今黄土高原植被的变迁过程。

专家通过对碳 14 的测量,在 6 个典型剖面中共测得年代有 34 个。经过分析发现,从黄土高原采集的 20 克样品中最多分离出孢粉颗粒达到 1112 粒,最少的则不足 50 粒。从对孢粉的分析来看,人们发现了松、云杉、冷杉、铁杉、栎、菊科等数十种植物的孢粉。由此看来,在 4.6 万年的历史中,有一多半的时间,黄土高原是森林和草原的成分在相互消长。这段时间里,黄土高原先后经历了草原、森林草原、针叶林及荒漠化草原和荒漠等多次转换。这就是说,它们显示了 4 万多年以来,黄土高原的环境和植被发生的巨大的变化过程。

不管怎么说,黄土高原形成之谜还需要人们进一步考察和研究来揭示。

神堂湾深谷之谜

神堂湾位于湖南省西北部武陵源区的天子山自然保护区,是一块充满神秘色彩的半圆形深峪洼地。据明万历年间(1573—1620 年)编写的《慈利县志》记载,它原名叫神堂寨。此处三面都是悬崖绝壁,只有一面山上有一道缺口,可向湾底俯瞰。湾内深谷深不见底,神秘莫测,更令人惊奇的是,只要人们走近湾边,耳际便会隐隐约约响起鸣锣击鼓、人喊马嘶的声音,仿佛千军万马正在厮杀鏖战。

神堂湾当地流传着许多令人毛骨悚然的诡异传说,这从一句俗语就能看出来:"宁下鬼门关,不下神堂湾。"在众多恐怖的传说中,最令人汗毛倒立的还是峡谷下传出的恐怖声音。过去相当一段时间内,没有人敢下到神堂湾的最底层,因此长久以来它一直蒙着一层神秘的面纱。尤其让人震撼的是,每年大年三十晚上,人们总会听到神堂湾里鼓乐齐鸣、人声鼎沸,犹如千家万户聚在一起欢度节日一样。

对于这些怪声,人们众说纷纭。有人说,当年向王天子率众将士跳入了神堂湾,所以,那一阵阵的喧闹声是向王和众将士在过除夕夜。也有人说,神堂湾深不可测,里面"藏龙卧虎",喧闹声是那些动物发出的。还有人说,神堂湾的石头有磁性,不仅录下

神堂湾御笔峰

了当年向王与官军作战的声音，也录下了狂风暴雨、雷鸣电闪的声音，在一定的条件下，这些声音夹杂在一起被放了出来。

据当地民俗专家说，这些诡异的声音已在神堂湾谷底回响了上百年。神堂湾所在的天子山，因山高林密，动物种类非常丰富，仅脊椎类野生动物就有195种，鸟类就有91种。也许，怪声是动物发出的集体吼叫。

神堂湾石碑

地质资料表明，3.8亿年前，张家界还是一片浩瀚海洋。漫长的地质变化过程中，河流带来大量泥沙沉积在这里，于是形成了520米以上的石英砂岩。后来沧海桑田，张家界地质形态就显现了出来。因为石英砂岩含有磁性，所以神堂湾深谷的怪声会不会是这里的岩石记录下来的呢？

为了彻底搞清楚神堂湾深谷的秘密，一位叫长风的长沙人带着自己的几个朋友来到此地探险。据测算结果称，神堂湾深度为1650米左右，分9个台阶，每个台阶间高度不超过300米。因此，长风等人可在每个台阶处固定绳索，然后继续下行。按照既定原则，他们带的最长的绳子是300米，先由一人顺绳而下，探明路线；其他人可依次下来，再抽掉绳索，进行固定。不断重复以上方法8次，就可以直下到谷底。

长风是第一个下谷的人，其他人跟随其后。两个小时后，他们才顺利到达第三台阶。下到第四个台阶，他们做了原地调整后，就开始描绘神堂湾地图。当然探底还要继续，随着下行深度的增加，两侧峡谷已经变得越来越狭窄，不过功夫不负有心人，9小时后，他们终于到达了谷底。这一路下来，他们并没有看见传说中那些已经成精的危险动物。更让人失望的是，传说了百年的神堂湾谷底，竟然什么都没有，所有诡异谣传就像泡沫，顷刻间化为乌有。

长风团队从神堂湾谷底返回后，宣告了探底活动的成功。第二天，长风马不停蹄地来到长沙，把自己精心描绘的神堂湾构造图递到了地理专家手中。从绘制的地图上看，神堂湾呈水桶状，上面小、中间大、下面小，是一个葫芦状的空间地貌。它的四周都是绝壁，最底端是很窄的峡谷。

根据这张神堂湾地图，专家又结合许多声学专家的意见，最后给出了一个科学的答案：神堂湾深谷的百年诡异之声，源于其独特的世所罕见的地质构造。因为这是个喇叭形峡谷，峡谷里的风声、水声、雨声如果混杂在一起，不断撞击绝壁就会产生回响,人们形成听觉误差后就以为是所谓的人马厮杀之声。其实,这只是自然界的一种很正常的声学现象。至此,神堂湾深谷之谜终于大白天下了。

神奇的高原地热现象

地热资源来自地球内部,这种能量资源被称为地热能。地球是一个庞大的热库,蕴藏着巨大的热量,它们一旦渗出地表,就形成了地热。火山喷发就是地球在释放热量,喷出的熔岩温度高达1200℃~1300℃。一般情况下,火山喷发会形成天然温泉,其温度大多在60℃以上,有的甚至高达100℃~140℃。地热能不仅是一种可再生能源,而且是清洁能源,因此它具有十分广阔的开发前景。

青藏高原是中国地热活动最强烈的地区,拥有中国第一的地热蕴藏量。这是因为青藏高原处于亚欧板块和印度洋板块两大板块交界处,地壳活动频繁,释放出了很多能量。位于青藏高原的西藏,各种地热显示几乎遍及全区,已发现700多处,而可供开发的地热显示区就有342处。西藏的地热总热流量为55万千卡/秒,据考察,这里绝大部分地表泉水温度超过80℃,所以地热资源的发电潜力超过了100万千瓦。

自20世纪60年代起,我国开始对青藏高原的地热资源进行研究与开发。西藏地热资源主要用来发电,其发电总量占拉萨电网的30%左右。此外,地热在住房取暖、蔬菜温室、医疗、洗浴等方面都有广泛的用途。

西藏的地热资源主要分布在藏南、藏北和藏西。其中,知名度最高的羊八井是中国最大的高温湿蒸汽热田。这里的地热显示主要有温泉、沸泉、间歇喷泉、热水河和放热地面等,它们有以下几个主要特点。

其一,温度高。西藏的地热显示点中,超过沸点的目前已发现有36处。

其二,类型多。例如,羊八井热水塘属于水热爆炸类型;昂仁县切热乡搭格架间歇泉是间歇喷泉类型,它也是中国已发现的最大间歇温泉;萨嘎县达吉岭乡如角藏布的一支流是高原沸泉类型,这种地热类型多分布在冈底斯山一带;措美县布雄朗古和萨迦县卡乌泉塘属于沸泥泉类型;此外还有地热蒸汽类型,多分布在冈底斯山及念青唐古山南麓一带。

西藏羊八井地热

其三，分布广。西藏的地热显示区分布广泛，在境内各县均有发现，但比较集中分布于藏东"三江"地区、阿里地区和雅鲁藏布江谷地。

其四，放热强度大。西藏地热放热强度位居中国首位，而有些地热显示区的天然热流量能达到 107~108 卡/秒。

其五，矿化度复杂。西藏各地蕴藏着丰富的地热发电潜力，由多到少依次为：日喀则地区，16 万千瓦；阿里地区，9.2 万千瓦；山南地区，8 万千瓦；拉萨地区，4.7 万千瓦；那曲地区，2.7 万千瓦；昌都地区，0.75 万千瓦。由此可以计算出，其总发电潜力为 40 多万千瓦。

青藏高原风光

喜马拉雅山之谜

喜马拉雅在梵文中的意思是"雪的故乡"。其最高峰是珠穆朗玛峰，在藏语中的意思是"世界的圣母"。而尼泊尔教徒则称之为"娑伽摩沓"，即海洋上面的极巅。高耸入云的喜马拉雅山脉横亘东西，逶迤绵延，雪峰林立。极高的海拔使喜马拉雅山成为一处很奇异的圣地，而且伴随它的还有很多未解之谜。

喜马拉雅山分布在中国西藏和巴基斯坦、印度、尼泊尔和不丹等国境内，其主要部分在中国和尼泊尔交界处。其最高峰为珠穆朗玛峰，海拔 8844.43 米。它银装素裹，如女神一样俯视苍生，保护她脚下的人民。在喜马拉雅山地区的人们，深受这座大山的影响，神话、宗教、政治、文化、经济等都与这条山脉息息相关。

喜马拉雅山脉的南北两侧自然条件差异很大，动物和植物的种类截然不同。这种奇异的现象让人不得不惊叹大自然的神奇魔力。在喜马拉雅山脉，垂直自然带十分明显。在短短数十千米的距离内，相对高度竟然能相差达 6000~7000 米。喜马拉雅山脉的东、中、西各段也有明显的不同。东段较为湿润，以山地森林为主；西段较为干旱，分布着山地灌丛草原和荒漠。

喜马拉雅山的顶峰终年白雪皑皑。若是有风来袭，则雪花飞舞，形成一个奇妙的童话世界。在这个奇妙的童话世界里，还有一群善于劳作的人民。他们在河谷阶地和缓坡上开垦耕地，修筑梯田。他们还把土地分为三个等级，优质地、中等地和劣质地。他们开挖渠道，引用雪水灌溉。通过600余年的农业发展，人们积累了丰富的实践经验。他们可以根据冰雪消融引起的河流水量的变化来判断气候。

那么，喜马拉雅山脉是如何形成的呢？地质学家的科学探索考察证实，早在20亿年前，这里原本还是汪洋大海，被称为古地中海。经历了漫长的地质时期，直到3000万年前的新生代第三纪末，那时这个地区的地壳运动使山体总的趋势下降，在海底堆积了很厚的岩层。后来一次强烈的造山运动发生，地质学上称为"喜马拉雅运动"，这一地区逐渐隆起，最后形成了最为壮阔的山脉。考察证明，喜马拉雅的构造运动至今尚未结束，山脉仍在缓缓地上升，地壳活动仍没有停止。1934年，在尼泊尔及印度比哈尔发生了使上千人丧生的大地震，其震中就位于珠穆朗玛峰正南的恒河海沟下。

喜马拉雅山雪景

山体呈现金字塔形状的珠穆朗玛峰巍然耸立，是群峰之首。一些有关它的传说故事，在我国藏族同胞和尼泊尔人民中流传。据西藏佛经记载，藏王下令把这个地区作为供养白鸟的地方。

为了登上世界最高峰，无数的探险家为之疯狂。在登山的路上，一些攀登者永远地留下来了，然而他们的精神已经登上了珠穆朗玛峰！

新疆坎儿井之谜

坎儿井的意思是"井穴"，在新疆维吾尔语中则叫"坎儿孜"，简称"坎"。相对于内地各省，坎儿井的称呼多种多样：陕西叫作"井渠"，甘肃叫作"百眼串井"，山西叫作"水巷"，还有的地区叫作"地下渠道"。早在司马迁所著的《史记》中，就已经有了对坎儿井的记载，不过当时叫"井渠"。万里长城、坎儿井和京杭大运河并称为"中国古代三大工程"。

作为荒漠地区的一种特殊灌溉系统，坎儿井在新疆吐鲁番地区普遍存在，这里现存的坎儿井多是清代以来陆续修建的。目前，在吐鲁番已发现的坎儿井总数达1100多条，全长约5000千米。

坎儿井是一种很古老的水平集水建筑物，适用于山麓、冲积扇缘地带，主要是开发利用地下水、截取地下潜水来供应农田灌溉和居民用水。从坎儿井的结构来看，它大体上由竖井、地下渠道、地面渠道和"涝坝"（小型蓄水池）四部分组成。

那么，坎儿井最早发源于什么地方、什么时候呢？关于新疆坎儿井的起源问题，学界目前基本上有"传入说"和"自创说"两种观点。其中，"传入说"又分为"国外传入说"和"国内传入说"两种：

国外传入说：这种观点认为，坎儿井是17世纪时由波斯（今伊朗）传入新疆的，有两个证据可以说明这一观点：其一，名称基本相同。坎儿井一词，维吾尔语叫作"坎儿孜"，波斯语叫作"坎纳孜"；其二，有人物为证。

新疆坎儿井

早在清乾隆四十五年（1780年），波斯人苏里曼（Solimen）就来到吐鲁番，修建了一座集水的砖塔，也就是现在的苏公塔。

相应地，人们也提出了反驳意见：第一，名称虽然相同，但也有可能是新疆传入波斯的；第二，人物虽然可为证，但距今只有180多年，而新疆当地人说早在300—400年前当地就已经有了坎儿井。

国内传入说：这种观点认为，坎儿井先是由今陕西大荔经敦煌传入新疆白龙堆沙漠地区，然后传入吐鲁番。证据有三个：

其一，有史料为证。据《史记》记载，西汉武帝时期（前141—前87年），今陕西大荔就有了井渠。《汉书·西域传》上也有记载，西汉屯军敦煌攻打乌孙时，在今白龙堆沙漠东南土山脚下，取用过卑鞮侯井（大井六通渠）的泉水；其二，老坎儿井的名称，挖坎儿井的工具名称及已发现的古坎儿井中的古物都说明坎儿井是汉人先开挖的。例如，不少坎儿井的名称有汉文化特征：钱生贵坎、西门坎、东门坎、大长水坎……又如，挖坎儿井的工具名叫单辘、马辘等。再如，鄯善二堡修水库时，发现地下坎儿井中有铜制水烟袋；其三，1957—1959年，苏联水文地质专家B.H.库宁来新疆考察，根据他的调查评论，吐鲁番的坎儿井与苏联中亚和伊朗一带的坎儿井的结构和经营方式均有所不同。

但是，这种说法也存在如下漏洞：第一，陕西井渠和新疆坎儿井也有一定区别，前者是输送地面水的工程，后者是开发利用地下水的工程；第二，挖坎儿井的工具是汉语名称，只能说明是汉人发明了挖井工具，不一定能证明坎儿井的历史，此外，汉人姓名或名称的坎儿井也不一定是最早的坎儿井；第三，坎儿井中挖出的铜制水烟袋,不能够充分证明坎儿井历史较早且为汉人所开挖。因为吐鲁番地区风沙大,坎儿井埋没的时间早,也不一定就是最早的坎儿井。

自创说:这种观点认为,坎儿井是当地各族劳动人民自己创造的。证据有三个:

其一,起初,劳动人民利用泉水灌溉土地,后来在掏挖和延伸泉水的过程中,他们发现要增加水量,越长越深就会形成明渠。但是,明渠越深土方越大,且冻结、坍塌易为风沙埋没,所以又发展为钻洞延深取水,于是形成了最早的廊道。然而将廊道延伸后,出土运土又会困难,继而产生了易出土的竖井,随着时间的推

新疆坎儿井暗渠

移,最初的坎儿井形成了;其二,由于当地自然条件极为干旱,地面水源非常缺乏,客观条件迫使人们开发利用地下水源,这样才能保证农业生产发展和居民生活用水的正常需求。相对而言,天山南北其他地区则就没有吐鲁番这样突出的自然条件,所以很少开采利用地下水;其三,吐鲁番当地早在汉朝以前就有坎儿井了,距今已有2000多年的历史。

但是,这种观点也有缺陷:第一,说新疆坎儿井有2000多年的历史,比陕西井渠还早,尚无可靠的文献资料为证;第二,坎儿井的名称与中亚一带的工程的名称有相似点。

不管怎么说,目前还没有关于坎儿井的权威的、科学的解释。有人也认为它是在综合条件下形成的,要以"自创说"为主、"传入说"为辅。

罕王井数百年不枯之谜

一口水井,改变了一个民族的命运,成为一个王朝的源头。几百年前,如果这口水井不曾被开凿和修建,清王朝就可能不会出现。甚至还有人说,大清之所以叫作大清,就是为了颂扬这口碧水清清的水井,它就是传说中的罕王井。

辽宁省抚顺市新宾满族自治县是清王朝的发祥地,清太祖努尔哈赤的故乡就在这里的赫图阿拉老城。那口神奇的罕王井掩映在赫图阿拉老城稀疏的树林中。

那口被传得神乎其神的罕王井,看上去似乎和别的水井没有什么区别,但

是几百年来，它却从来没有干涸过。

16世纪50年代末期，努尔哈赤出生在赫图阿拉老城内的塔克世故居。依照习俗，在努尔哈赤年满18岁时，他必须离开自己的家庭，独自生活。他曾经先后打下过几个属于自己的地盘。所以当努尔哈赤44岁的时候，他的手下有将近10万之众，可谓兵强马壮。此时的他本应该继续开疆拓土，可是出人意料的是，他却回到了自己的出生地。

据抚顺市社科院新宾满族研究所研究员曹文奇介绍，当时老城只有四五口水井，源流不长，再加上水有点儿苦涩，于是寻找水源便成为当务之急。当地流传着这样一个故事，努尔哈赤亲自带领士兵寻找水源，有一天在草丛中发现了一只野兔，努尔哈赤认为野兔生存的地方周围一定有水，便命令士兵跟着野兔。可是野兔跑到了一棵大榆树下突然不见了，努尔哈赤立即命令士兵前去挖井，果然在挖到两丈深的时候，井水喷涌而出。那么，这口水井为何至今仍没干涸呢？

努尔哈赤

新宾满族自治县内的其他几口水井，和罕王井同属一城，但在经历了几百年的寒暑之后，早已在旱涝的轮番折磨下耗尽水源，干涸湮没，消失在荒村旷野，只有这口罕王井至今没有干涸。

辽宁省第十地质大队曾经对罕王井做过十分详尽、细致的调查。工程师王声喜说："赫图阿拉老城周围群山环绕，山上繁茂的植被像无数不动声色的导管，永不停歇地将充沛的雨水渗入地下，平静的老城地表之下其实流动着看不见的汪洋。"那为何老城里其他几口井早已干涸了呢？

从赫图阿拉老城的城墙上远远望去，一条曲折蜿蜒的河流缓缓地流淌着，这条河叫苏子河，是新宾满族自治县内一条十分重要的河流。罕王井刚好就在苏子河边。苏子河断裂带宽足有1000米，由于地壳的变迁，这条断裂带上发生了一系列构造裂隙，这些裂隙狭窄得无从寻觅，却正好被罕王井准确洞穿。正是这些裂隙内部所饱含的丰富的裂隙水给罕王井提供了充足的水源。

罕王井占据众多的得天独厚的水源条件，集地表水系、区域植被、地质结构等顶级地下水储存与循环条件于一身，优越的地理条件造就了罕王井的奇迹。

另外，罕王井不仅是一口不干涸的古井，还是一口甘甜无比的古井，一口能带给人健康的古井。2002年，辽宁省地矿部门对罕王井进行了仔细的科学鉴定，发现罕王井井水中含有大量的矿物质，其中偏硅酸和锶的含量较多，偏硅酸可以抑制动脉硬化，锶可以降低心脑血管的发病率。所以，常年居住在赫图阿拉老城的居民因为长期饮用罕王井井水，很少有患上心脑血管疾病的，于是健康井又成了老罕王给他的子孙后代们留下的最珍贵财富。

抚顺赫图阿拉老城的罕王井

大自然的鬼斧神工造就了罕王井的神奇。当然，历史也为罕王井留下了朦胧、神秘、美好的一抹光晕。据说，在这口井边虔诚地许下心愿，就可能在现实的生活中美梦成真。或许这只是老罕王的传奇在民间投下的一点心理暗示，但是，它也给人们带来了希望和健康。

为什么能在青藏高原上发现海洋生物的化石

众所周知，青藏高原不仅是世界上最大的高原、最高的高原，也是最年轻的高原。青藏高原面积约为250万平方千米，平均海拔超过4500米。其境内喜马拉雅山、冈底斯山、唐古拉山、昆仑山、阿尔泰山、祁连山等巍峨耸立。珠穆朗玛峰更是世界最高峰。青藏高原雄踞地球之巅，号称"世界屋脊"。在"世界屋脊"上，你能欣赏到美丽的风景：无数蔚蓝的湖泊镶嵌在广袤的草原上，美丽的雪峰倒映其中；岩石的缝隙里喷出热气腾腾的泉水……在这美丽的高原上，有人曾发现过海洋生物的化石。那么，为什么会在青藏高原上发现海洋生物的化石呢？难道青藏高原曾经是海洋？关于这一点，还得从青藏高原的形成说起。

早在二三亿年前，青藏高原地区原本是一片大海。后来由于强烈的地壳运动，大海消失，形成了古生代的褶皱山系，古祁连山和古昆仑山产生。而原来的柴达木古陆相对下沉，形成大型的内陆湖盆地。经过1.5亿年的漫长中生代，长期的风化腐蚀使高山被磨平，石沙则进入盆地里。

地壳运动没有停止，在新生代以后，变得更加活跃，一些古老的山脉因此急剧上升，重新成为巍峨耸立的大山。据地质学家探究，距今4000万年前的喜马拉雅山区是一片汪洋大海，那里生活着很多海洋生物。它原本属于下降区，厚达千米的沉积岩层里埋葬了很多海洋生物。印度洋板块不断北移，与亚欧大陆板块相撞，原本是海洋的喜马拉雅山区成为褶皱，从海底升起，青藏高原也随之升起,"世界屋脊"开始出现在世界上。

青藏高原的崛起,对亚洲东部地区的自然地理环境产生了深刻的影响。气象研究专家称,在夏季,高原会诱发西南季风,因而我国东部的夏季风能长驱北上,从而带来大量的降雨;在冬季,因高原的存在,西伯利亚会产生高压空气,强烈的冷空气席卷南部地区。可见青藏高原对我国气候有很大的影响。

青藏高原珊瑚化石

有位游客在微博上称自己到青藏高原旅游,说是在那里捡到了海洋生物化石,并拍下了照片:浅黄色的石块上印着绿色的海洋植物。其实,这些并不是化石。化石里的生物是没有颜色的。在青藏高原上发现海洋生物化石,并不是不可能的事情。因为青藏高原在很久之前就是一片汪洋大海。

对以上说法也有人提出了不同意见。他们认为青藏高原上的海洋生物是龙卷风带来的。在海洋上形成巨大的龙卷风很正常,这些龙卷风携带着海洋生物到达青藏高原,然后海洋生物便遗留在青藏高原上。天长日久,这些海洋生物就形成了化石。不过,这种说法还有待考证。

古代碣石之谜

"东临碣石,以观沧海。水何澹澹,山岛竦峙。树木丛生,百草丰茂。秋风萧瑟,洪波涌起。日月之行,若出其中。星汉灿烂,若出其里。幸甚至哉,歌以咏志。"这是魏武帝的《观沧海》。其实不仅曹操在碣石上观赏过沧海,秦始皇、汉武帝等帝王也来过这里。碣石在《说文解字》中的解释是"碣,特立之石也";《尔雅》中的解释是"碣石者,碣然而立在海旁也"。也就是说,碣石是在海边的比较特别的石块。当然这种石块比较大,不然人不可能站在上面。那么,这些帝王曾经站过的碣石到底在哪里呢?

2000多年来,关于碣石的具体地点的说法有很多种,比如河北昌黎县碣石,山东无棣县碣石,辽宁绥中县碣石……人们各持己见,争论不休,使之成为历史上的一个谜案。

1984年,辽宁省的考古工作者发布了一条消息,再次掀起了讨论碣石位置的高潮。他们称，在今距离秦皇岛山海关数千米的绥中县发现了秦汉建筑遗址，并指出此地便是当时举行观海等重大活动的地方。这个重大发现为解开碣石位置之谜找到了方向。

从景观上看，在绥中到秦皇岛长约40千米的海域内，海平线呈直线状，海滩不是泥沙，海中耸立着很多孤崖、石柱。这些由礁石等组成的碣石景观颇有"虎视何雄哉"的雄伟气魄。从史籍上来看，《史记·秦本纪》《汉书·武帝本纪》等记载了秦始皇和汉武帝东巡时登临碣石的情况。东汉人文颖还对碣石作了注解："在辽西……"《水经注》《新唐书·地理志》等书中记载的都是同一地点。也就是说，碣石位于辽西的海湾中是有据可查的。

曹操

辽宁省考古工作者在发现山海关外渤海边的秦汉建筑遗址之后，发表了一篇文章《辽宁绥中县姜女坟秦汉建筑遗址发掘简报》。文中称，这次发现的大型宫殿遗址很可能是秦始皇东巡时的行宫和汉武帝东临碣石时的观海台。据此，有人推断认为距离宫殿不远处海面上的巨石"姜女坟"，其实就是当年的碣石。不过也有人持反对意见，他们认为位于"姜女坟"以北，在北戴河海滨的鹰角岩才是真正的碣石。鹰角岩又称鸽子窝，足有15米高，登临其上，的确可以远观沧海。除此之外，还有人认为在北戴河海滨到金山嘴半岛海蚀崖下的一块名叫"南天门"的巨大石块才是曹操登临的碣石。

虽然1984年的考古发现给寻找碣石位置指明了方向，然而两块，甚至多块碣石的出现，致使到底哪一块才是当年帝王登临的碣石成了未解之谜。也许，当年秦始皇和汉武帝所登的碣石和魏武帝、李世民登临的碣石不是同一块；也许，当年本就有两块或者多块碣石，它们之间的距离并不远；也许……不管如何猜测，帝王们真正登临的碣石是哪一块都不太重要了。在现今发现的碣石上，人们能欣赏到大海的美景，足矣。

河北昌黎碣石山风光

长白山上"干饭盆"之谜

"干饭盆"是一种山中谷地,是环形的山围起来的就像饭盆一样的山谷,而且谷中没有水。长白山有四处有名的"干饭盆"。其中最著名的是白山市江源区大阳岔境内原始森林中的那个,位于东经126°50′,北纬42°。在这个"干饭盆"里,谷中有谷,盆中有盆,峰回沟转,像百慕大三角洲一样神秘和恐怖。不熟悉的人进去很容易迷失方向,从而被"闷了干饭",即失踪。

在"干饭盆"里经常迷路,是人人皆知的事情。迷路的方式也基本一样,不论怎样向前走,不论你走出多远,最后你都会回到原点。迷路者走的路或是椭圆形或是圆形,所以不论怎么走都会回到起始点,总是走不出去。行人如若判定了一个方向,事实往往是相反的。那么,"干饭盆"为何如此神秘?

长白山地区流传着这样的一则民谣:"干饭盆,闷死人,坏人进去就断气,好人进去吓掉魂。""干饭盆"内部像八卦迷宫一样,因为它不是一个盆,据说有"九九八十一"个。并且在盆地,磁场会发生偏转,生物钟会紊乱。罗盘、指南针,在里面都会失灵。

"干饭盆"名字的由来还有一段传说。相传在很久之前,这里的山和别处的一样,没什么区别。有一个叫金良的小伙上山挖人参,一日遇见了一个饿昏过去的老头。金良就把自己带的饭送给老头吃。老头吃完之后,什么都不说就走了。第二日,金良又遇见了那个老头,再一次把自己的饭给他吃。老头又是什么话都不说就走了。第三日,老头吃完饭,给了金良一个饭盆。原来这个老头是神仙,前些天都是在考验金良。他告诉金良,只要向饭盆里添一些水,它就会自动煮出来一盆干饭。之后,金良就用这个"干饭盆"做饭吃,再也不愁吃了。他的嫂子知道了这件事情,就逼迫金良把饭盆让给自己,金良不从。他的嫂子就冲上去把饭盆抢了过来。金良便往回抢。他的嫂子就把饭盆扣在金良的头上。只听一声巨响,干饭盆四分五裂。耸立的大山出现了很多山谷,形似盆状。金良的嫂子在盆状的山谷里迷了路,再也不能出去,最后被饿死了。金良却被那个老头领出了山谷。

长白山门口

这只是个传说,不足为信,那么这些山谷是如何形成的?有人认为,"干饭盆"是远古时期的陨石群降落下来砸出来的。由于古陨石本身就有磁场，人进去之后，自身的磁场会受到干扰，从而使生物钟紊乱，不能清楚地辨别方向，也会影响大脑思考。

还有人说，"干饭盆"里的地下森林会产生一种能够使人产生错觉的气体。而且"干饭盆"内多瘴气，它们弥散于森林间，把"干饭盆"营造成一个"云雾山"。

长白山"干饭盆"景区

也有人说，其实"干饭盆"没有那么神秘，只是这里环境比较特殊，周围的景物很相似。进去的人心情紧张，心生杂念，甚至"心魔丛生"，从而使自己迷失了方向。他们还举了一个例子：一个从没有进过"干饭盆"的小姑娘，她无意间闯入"干饭盆"去采山菜。她心无杂念，一边采菜，一边行走，竟安然无恙地穿过了"干饭盆"。

一些从"干饭盆"探险回来的人描述："在'干饭盆'里，气压特别低，一进去就会感到头昏脑胀。指南针一到'盆'里就会失灵，加上森林茂密，很难寻找出路。一旦迷路，只能等待救援。我们有一次就是迷路了，被困了一宿。在'盆'里，我们能听到外面村寨的狗叫声，却走不出去。最后还是外面的人把我们找回来的。"其实长白山地区的人们一直对"干饭盆"敬而远之，很少有人进去，只有不明就里的人才会进去。

长白山地区在亿万年前是大海，"干饭盆"里的石头有很多是因地壳运动从海底产生的。也许古代的陨石便隐藏其中，也许这些石头下面会有一种不同于地磁的磁场……不过，这些只是猜测，至于是否是这样，还有待进一步的科学考察。

大清龙脉鹿鼎山存在之谜

鹿鼎山位于吉林省长春市九台区沐石河镇桦树村的八台岭，武侠大师金庸在其封笔之作《鹿鼎记》中写到了鹿鼎山，并说山中藏有八旗重宝，是"大清龙脉"所在。当然，这仅仅是小说中想象力的发挥而已，是推动故事情节的需要，并非真事。

其实，鹿鼎山的确是一座名副其实的"宝山"。它面积1.6平方千米，拥有山、岭、坡和平地等多种地形。其森林覆盖率达80%，稀有原始树种就有10多

鹿鼎山

种。这里野生动物繁多，鸟类更是不可计数，还有各种山禽等，是一片天然的动物乐园。

当地人说，鹿鼎山是大清王朝的龙脉，龙头在莽卡满族乡境内的松花江边，龙尾在九台境内的东湖。山岭一侧有一个"狐仙洞"，民间传说洞内住着"狐仙"。据说，"狐仙"要在人世红尘中修行善果，做很多好事后才能圆满得道成仙。于是，"狐仙"就投胎转世为韦小宝，为大清建立了很多功德，最终"飞山成仙"。

这个传说在鹿鼎山方圆百里流传已久，很多人对其深信不疑。于是每当逢灾遇难，当地人就会虔诚求助"狐仙"，因而此处长年香火不断。去往狐仙洞的登山路共有877级台阶，传说是"狐仙"韦小宝的成仙之路，被当地百姓称为"神路"。人们说，谁能有顽强的毅力登上山顶，就会感动狐仙，心想事成。

此外，鹿鼎山还有一个著名的"仙台岭"。当地人说，登上仙台岭山顶，就能够祈福求平安，只要鞠一下躬，拍一下手就可得到保佑。向东可去除疾病；向南可保佑子孙后代兴旺发达；向西可保佑事业有成，消灾免祸；向北可去除障碍，在人生关键时刻遇到贵人。主峰峰顶上还有一个天然"圣水池"，人们说以手蘸水，然后向天弹指，就可心想事成。

由此来看，鹿鼎山在当地人心目中具有非常神圣的地位。

人文景观之谜

RENWEN JINGGUAN ZHIMI

衡山禹王碑之谜

"岣嵝山尖神禹碑,字青石赤形模奇。科斗拳身薤倒披,鸾飘凤泊拏虎螭。事严迹秘鬼莫窥,道人独上偶见之,我来咨嗟涕涟洏。千搜万索何处有,森森绿树猿猱悲。"此诗出自唐朝大文学家韩愈之手,所描述的对象正是禹王碑。

禹王碑位于岳麓山云麓峰左侧的苍紫色石壁上,面东而立。因为最早发现于衡山岣嵝峰,故又称"岣嵝碑"。黄帝陵、炎帝陵和禹王碑,被文物保护界誉为"中华民族的三大瑰宝"。据传,石碑是大禹治水成功后亲自撰写并镌刻的。今人所见石碑,是宋人何致所摹刻的。

石碑镌刻在崖壁上,高1.7米,宽1.4米。碑上刻着奇特的古文字,字分9行,共77个。字形像蝌蚪,不同于甲骨文、钟鼎文,也不同于籀文蝌蚪,总之,很难辨识。有人说它是蝌蚪文,有人说是鸟篆,也有人说是道士们伪造的一种符箓(古文字专家郭沫若曾花三年时间解读,但仅识得其中三个字)。碑文末行空处,有寸楷书"古帝禹刻"4字。1935年建石亭加以保护,亭侧是清代欧阳正焕(1709—1760年)书写的"大观"石刻。现为湖南省重点文物保护单位。

关于禹王碑,最早的文字记录出现在晋人罗含的《湘中记》:"岣嵝山有玉碟,禹按其文以治水,上有禹碑。"后来,南朝宋人徐灵期在《南岳记》中如此写道:"云密峰有禹治水碑,皆蝌蚪文字。"这二人对石碑所在位置的描述存在分歧。但至少可以推断出,西晋时期就已经有禹王碑的传闻了。

南宋史家张世南在《游宦纪闻》中详细地记述了这样的事实:南宋嘉定五年(1212年),何致过长沙,游历至南岳,始摹碑文,刻碑于岳麓山峰。

"明朝三大才子"之一的杨慎在《禹碑歌》一文中对禹王碑进行了释读,企图解开其"身世之谜"——

衡山禹王碑

承帝日咨,翼辅佐卿。洲诸与登,鸟兽之门。参身洪流,而明发尔兴。久旅忘家,宿岳麓庭。智营形折,心罔弗辰。往求平定,华岳泰衡。宗疏事衰,劳余神堙。郁塞昏徒。南渎愆亨。衣制食备,万国其宁,窜舞永奔。

杨慎可以说是破译禹王碑的第一人,由于时代局限性,它的释文也存在一些漏洞。仁者见仁,智者见智,杨慎的释文是否符合原碑的含义,一切还有赖于考古专家的进一步发掘。禹王碑是一块瑰宝,它的光芒永远闪耀在历史长河中。

历史上,大禹治水之时,"七年闻乐不听,三过家门不入",早已成为千古美谈。禹王碑的碑文,记述和歌颂的正是大禹治水的丰功伟绩。关于这块石碑,还有着这样的故事:

据传,大禹的父亲鲧(黄帝的后代,姓姬,字熙。昌意之孙,颛顼之子,大禹之父)曾被尧选中治水。他治水时采用的是造堤绳坝的办法,在长达九年的艰辛努力后,非但没有解除水患,反而使水患扩大。因为鲧治水不力,舜继位后,就把鲧杀于羽山(今山东郑城东北)。舜又根据四方部落推举,用鲧的儿子禹治水。

子承父业,大禹开始挑起了治水的重担。头七年,他也没有取得什么成效。但他没有放弃,在一边与老百姓一起凿山挑土的同时,一边寻找着治水良方。当他听说黄帝曾把一部以金简为页、青玉为字的治水宝书藏在了衡山上后,就马不停蹄地赶到了衡山,开始寻找。由于治水心切,他就杀了一匹白马,祷告天地,接着便睡在山峰上一直不起。

到了第七天晚上,他梦见一位自称"苍水使者"的长胡子仙人,授予他金简玉书的藏地密图。醒来后,他按照梦中密图所示,果然找到了这部宝书。接着,他日夜钻研,精心求解,终于找到了开渠排水、疏通河道的好方法。于是,他开始率领百姓凿山开石、疏通河道,将洪水引入江河,最终汇进大海。大功告成后,禹就把金简玉书送回到原来的地方,仍用磐石压盖起来,并在岣嵝峰上刻了一块石碑。

后来,人们就把大禹杀白马进行祭祀的山峰叫作"白马峰",把掘出宝书的山峰叫作"金简峰",把那块石碑叫作"禹王碑"。这在东汉赵晔所著的《吴越春秋》一书里即有记载:"禹登衡山,梦苍水使者,投金简玉字之书,得治水之要,刻石山之高处。"

衡山禹王碑碑文

破译禹王碑的第一人：杨慎

关于禹王碑的碑文，也有这样一个传奇故事：大禹将洪水治好后，当地的长沙百姓欢呼雀跃，对其感激万分，于是纷纷要求在岳麓山顶上立碑，以此来纪念大禹的治水功绩。大禹十分谦虚，开始时不肯答应，但长沙先民执意为之，否则就不放他回北方。盛情难却，大禹只得答应百姓的请求，但同时也提出了一个条件：碑文要刻得如天文一般奇古难认，百姓概不能相识。接着，长沙先民就指派最好的石匠，将大禹提供的77个字样全部镌刻在岳麓山顶的石壁上。

此外，还有另一个美丽的传说。大禹治水几百年之后的某天早晨，一位老道士云游至岳麓山。当老道士发现石壁下有奇特的碑文后，就一个字一个字地仔细辨认了起来。从早晨一直到傍晚，老道士总共认出了76个字，开始兴奋不已。待他正要考证最后一个字时，突然感到脚下一股冰凉，双脚好像浸在了水中一般。于是低头看了一下，果然发现自己正站在水中，等他再回身一望，只见洪水就要齐天而来。当时，他吓得面如土色，瞬间就把所有考证出的碑文字样全忘记了。奇怪的是，此时那洪水也随着他记忆的消失而一下子全退了。望着退去的洪水，老道士心有余悸，但又恍然大悟：碑文一定是天书，百姓不能辨识。下山后，老道士就通告全城说，禹王碑上所写的是天书，百姓不得相认，否则就会招致洪水。

当然，传说终究是传说，但大禹治水在《国语》《韩非子》《史记》等典籍中都有记载。

斩蛇碑有何特异之处

斩蛇碑位于江苏省丰县王沟镇三十里庙村，是后人为了纪念汉高祖刘邦揭竿而起、推翻暴秦而立的碑。

汉高祖刘邦"斩白蛇起义"早已是千古流传的佳话。对于这一事件，在司马迁所著《史记》中的《高祖本纪》一篇里是这样描述的："高祖以亭长为县送徒骊山，徒多道亡。自度比至皆亡之，到丰西泽中，止饮，夜乃解纵所送徒。曰：'公等皆去，吾亦从此逝矣！'徒中壮士愿从者十余人。高祖被酒，夜径泽中，令一人行前。行前者还报曰：'前有大蛇当径，愿还。'高祖醉，曰：'壮士行，何畏！'乃前，拔剑击斩蛇。"

公元前206年，刘邦称帝，即汉高祖，开启了大汉帝国的篇章。后来，人们为纪念刘邦的斩蛇之事，便在他斩蛇处修建了一座庙宇，并将其命名为"白帝子庙"，而将斩蛇处的河沟称作"斩蛇沟"。白帝子庙位于江苏丰县城西，因为离县衙有三十五里零八步，所以人们也将此庙称作"三十五里庙"，后简称为"三十里庙"。庙宇之中建有三间大殿，前带走廊，并有院墙、门面。庙门前立了一块石碑，即"斩蛇碑"，上面详细记述了建庙的原因、经过、位置及意义。

汉高祖刘邦

明嘉靖五年（1526年），黄河决口，丰县顿时成了一片汪洋大海，白帝子庙毁于一旦。后来，人们又在原庙址的前面建了一座"土地庙"。清嘉庆元年（1796年），黄河再度决口，由于"三十里庙"首当其冲，故而村落和庙宇在大水中荡然无存。此后，人们再没有起庙，但"三十里庙"的村名一直沿用至今。

秦汉时的三十里庙是一片荒野涧泽，有诗为证："翳荒漠漠夕阳斜，衰草凄凄无寒鸦。路断人稀野烟少，蛇虫狡兔共为家。"自从白帝子庙建成后，不时有人来这里祭拜。人们重新建成"三十里庙"后，开辟出了斩蛇沟、丰西亭等景点，吸引了络绎不绝的旅游者和烧香求神者。随着时间的推移，由近及远，"三十里庙"的声名产生了辐射作用。于是各色人等齐聚于此，发展壮大起了一个热闹非凡的庙会。渐渐地，一些商人、无业游民及周围邻村的人家，都来到此处安家落户，有的开荒种地，有的做起了买卖。这样，一个村落就自然而然地形成了，在刘邦传说故事的影响下，人们将这里命名为三十里庙村。

新中国成立后，这里的人民走出了沼泽，过去的"斩蛇沟"被他们开挖成了50米宽的"白帝河"，昔日的荒坡秃岗也变成了名特优农副产品的生产基地。与过去的沼泽地相比，三十里庙村确实是"换了人间"，同样的，有诗为证："雷雨蛟龙久发祥，妖蛇何事触锋芒；酒催怒气飞红电，血溅平沙结紫霜。此夕兴亡占两帝，莫如中共谱新章；而今重访神灵地，桑麻氤氲看牧羊。"

关于刘邦"斩白蛇"的故事,还有这样的传说:白蛇被斩后,血流满地。刘邦带领众人向前走去,突然碰到一位老妇人,她一边在路旁啼哭,一边拦住刘邦的去路。刘邦于是问其缘故,老妇人说:"我儿子是'白帝子'(白蛇),现在被'赤帝子'(暗指刘邦)所杀,我要你还我儿子的命来!"刘邦听后虽然颇感诧异,但不打算搭理她。由于赶路心切,就敷衍老妇人说:"这里是荒郊野泽,怎么还你儿子的命呢?还是到平地时再还吧!"刘邦说完,就带领人众向西南匆匆而去。野史认为,刘邦对老妇人所说的话,预言了汉平帝时期的"王莽篡朝"。当然,这只是迷信的东西,而历史却是不以人的意志为转移的。

刘邦斩蛇碑

惊马槽幽灵惊魂之谜

惊马槽位于云南省陆良县一处幽深的山谷。自从20世纪80年代开始,生活在这个山谷附近的村民经常会听到战马嘶鸣、兵器相碰的声音从山谷中传出,这种奇怪的现象被当地人称为"阴兵过路"。"阴兵"就是死去的士兵,之所以这么说,是因为这里曾是古战场。

相传三国时期,为平定南方少数民族叛乱,诸葛亮率军南下,来到了陆良。某天,蜀军与南蛮王孟获在战马坡交战。为此,孟获还特意请精通法术的八纳洞洞主木鹿大王前来助阵。木鹿大王来到战马坡后,就命令手下官兵挖了两条山路,也就是山谷,长不到40米、宽不足1米。南蛮军使用诱敌深入的办法,将蜀军引到此处。当号角响鸣后,只见虎豹豺狼、飞禽走兽乘风而出,吓得蜀军魂飞魄散,毫无抵挡之力,随即退入山谷。可是就在此时,意外却发生了。突然,蜀军马惊人坠,纷纷不由自主地倒了一地。南蛮军乘机追杀,蜀军死伤惨重。隐蔽在密林中的这条山谷就是当年木鹿大王派人挖的坑道,后来人们便叫它"惊马槽"。现在,它也是村民们上山、下山的唯一通道。

在人们发现惊马槽的奇异现象后,这条普通的山谷变得越来越神秘了:本来只是在傍晚或深夜时才能听到的怪声,后来在白天也能听到了。于是,人们纷纷传言:惊马槽里闹鬼了!

惊马槽的这个消息不胫而走,很快从当地传了出来,也引起了地质专家们的广泛兴趣和关注。人们开始进行考察验证,各自提出了自己的看法,代表性的观点主要有以下两种。

其一,惊马槽有录音功能。一开始,人们持这种观点。他们认为,惊马槽的地层以石英岩为主,这是自然界中一种普通的矿物,它的主要化学成分是二氧化硅。因为二氧化硅具有很好的传导性,所以它常被人们用于制造成各种电子元件,安装在录音机中。由于这里岩石中的二氧化硅具有录音作用,因此,惊马槽相当于一个录音机,仍然保留着古战场的声音。

诸葛亮

为了证明这一说法,研究人员曾对惊马槽的岩石样品进行了矿物鉴定和化学分析。出乎所有人的预料的是,惊马槽的岩石中只有极少量的磁铁矿,大量的是石英矿物质。那么,没有足够的磁铁矿石,惊马槽又是怎么发挥出录音功能的呢?其实,这种奇怪的自然现象除与岩石有关外,也与天气有着特殊的关系,特别是打雷、闪电的时候。当地村民说,确实在电闪雷鸣的天气里,惊马槽的怪声会更加刺耳。

按照常识,惊马槽如果具有录音机的功能,应符合录音时应该具备的条件:一是声源,惊马槽有古战场上的声音;二就是电流,闪电时产生的静电;三是磁场,地球本身就是个大磁场;四是用来录音的磁带,也就是磁铁矿。虽然惊马槽这里只有少量的磁铁矿岩石,但它同样可以相当于带有磁粉的胶带。由此看来,惊马槽有录音功能,似乎是合理的。

但是,长期从事地质研究的云南省工程师金德山并不认同这种观点。相应地,他提出了自己的假说:惊马槽既然可以录音,那就也可以抹音,如此,古战场的声音说不定早就被别的声音取代了,但为什么能长期保留下来而没有消失呢?也许,"录音"一说是无稽之谈。

其二,"阴兵过路"是风吹造成的物理现象。持这种观点的人,主要有中国科学院声学研究所的李晓东主任及其他专家。李晓东认为,惊马槽天然状态的磁铁(岩石)导磁性比较乱,而且是无规则的。而我们通常所说的磁带,它的导磁性是经过处理的,有非常良好的性能。既然没有声音进入岩石的可能性,加上它本身缺少录音机磁带这个条件,所以村民们在惊马槽听到的怪声并非古战

场留下的声音。

从形状上看,惊马槽好像是啤酒瓶的瓶身,两边直上直下,入口小。我们平时如果吹一下啤酒瓶,就可以听到刺耳的声音。其实,这只是一个简单的物理现象,力学上叫作"共振",声学上叫作"共鸣"。因为啤酒瓶口收拢之后,瓶身就变成一个腔体,所以当声音通过风的传播作用到达瓶身内壁上时,这个作用力就会在瓶壁表面产生振动。如果瓶壁表面振动的快慢与声音传播速度一样,快慢相同的两个东西碰到一起,就会叠加起来,于是原来很微弱的声音就会被放大。因此,风吹进惊马槽后产生的怪声现象,与吹啤酒瓶的情况是完全一样的。也就是说,风声是被放大的。然而,惊马槽的风声为什么听起来是马叫的声音呢?对此,李晓东是这样解释的:

孟获

战场上的厮杀声是非常复杂的,而惊马槽的声音却比较简单,有时强有时弱,并没有复杂的结构。可能在某些频率上,这种声音跟马声或者其他什么声音比较接近,再加上人的想象,人们便认为这是战场上战马嘶鸣的声音。

由此看来,这是一种声学现象,就是风声发生了共鸣、回音现象。这个结果虽然让人感到有些意外,却在情理之中。例如,漆黑的夜晚,有狂风暴雨、电闪雷鸣时,如果风吹进一间空荡荡的房屋,便能发出让人毛骨悚然的声音。同样的,所谓的"阴兵过路"也是这个原因。现在,惊马槽旁边修了一条公路,人们很难再听到怪声了。

陆良惊马槽

龙兴寺神秘脚步声之谜

龙兴寺是一座千年古刹，位于湖南沅陵。2006年的一天，湖南沅陵县博物馆（龙兴寺所在地）的工作人员曹忠球在值夜班时，突然听到了一种奇怪的声音，当时他吓得后背发凉。他在龙兴寺已经工作了17年，还是首次碰到这种怪事，他说："（声音）像脚步声，但又不是皮鞋的声音，好像是棉鞋的声音，节奏感很强。"此后几天，他都听到了这种令人恐惧的声音。

过了没多久，曹忠球的一位姓郭的同事在晚上加班时，也听到了这种诡异的声音。他说，一天晚上，他清晰地听见有个人从台阶上走下来，可当他冲出房门去看时，外面却空荡荡的，一个人影也没有。

于是，龙兴寺惊现"神秘脚步声"的消息便传开了，一时间，整个博物馆没人敢在晚上值班了。那么，古刹怪音究竟是怎么回事呢？

对此，人们开始纷纷作出了各种猜测。有人说是僵尸复活，因为博物馆所在的龙兴寺是一个古代建筑群，古寺里展出的一些文物中，就有从元代古墓里挖掘出来的男尸。但事实上，僵尸是不可能复活的。有人说，半夜的脚步声是老鼠或者大型动物在捣乱。但工作人员经过仔细搜索和检查后，也否定了这种说法。

后来，经过专家们的实地勘察和调查，终于解开了古刹"闹鬼"之谜：原来天气发生变化时，龙兴寺的木结构房屋的温度和湿度也会随之发生变化，最终产生变形而发出声音。

古建筑专家在对龙兴寺进行考察研究后，是这样解释的：龙兴寺地处湖南西部山区，面朝沅水和酉水两条大江。南方地区，夏天天气潮湿，秋天变得非常干燥，在夏秋之交季节，由于温度和湿度变化很大，木结构建筑的木材在此影响下，通常会发生变形或者开裂、弯曲。也就是说，木材发生了热胀冷缩的物理现象。如果两个建筑之间变形的幅度不一样，就会产生错位。错位之后的木材之间会发生挤压、膨胀，如果积蓄了足够力量，就会发生断裂或者位移，并伴随着发出一些声响。因此，博物馆工作人员夜里听到的嚓嚓声，就是木结构房屋

沅陵龙兴寺

变形发出的声音。

其实，人们在生活中总会遇到这样的情况。比如，在冬天，由于屋里屋外温差很大，加上空气比较干燥，家里的木地板或者是家具有时候会突然发出"啪"的声音。还有，公路、铁路、桥梁等，在每一段的衔接处都要留一点儿空隙，这是为了防止在季节更替、温度湿度发生变化的时候，热胀冷缩现象使道路发生位移和变形。

扬州二十四桥之谜

提到扬州二十四桥，人们都会想到唐代诗人杜牧的诗："青山隐隐水迢迢，秋尽江南草未凋。二十四桥明月夜，玉人何处教吹箫？"另外还有南宋词人姜夔的《扬州慢》："二十四桥仍在，波心荡，冷月无声。念桥边红药，年年知为谁生？"而当我们说到二十四桥，就无法回避一个千古之谜：它究竟是一座桥，还是二十四座桥？

二十四桥的芳名，流传千载，得益于杜牧的名诗。其实，关于二十四桥的得名，来自一个美丽的传说。据传，唐代有人在一个月光如水、清风徐徐的夜晚，见到24个风姿绰约、风华绝代的仙女，身披薄纱，玉手托箫，轻启红唇，飘上一座小石桥，舒缓柔美的乐曲，便从24支箫管中缓缓地流淌出来。明代齐东野人编撰的《隋炀帝艳史》比传说稍微真实些。书中记载隋炀帝与萧后一同去一新桥赏月，炀帝见同游去的有24位宫女，于是便将新桥命名为二十四桥。还有一种说法是：20世纪50年代末，在扬州出西门向北行1500米和2500米处，分别有一石桥和一木桥，两相近桥头的距离约24步，村里的长者都认为这儿就是二十四桥。在他们小的时候，都有被长辈牵着小手"数数过桥"的经历：跨过一座桥，从一个桥头走向另一个桥头，步步走来，一般都数到24步。根据这种说法，二十四桥那就是两座桥的统称。

还有人认为大名鼎鼎的二十四桥实际上从来就不存在，关于二十四桥的说法，都是子虚乌有的，它只是唐代扬州桥梁的总称而已。

古往今来，多少风雅人士都试图探个究竟，但至今未有令人信服的结论。综合起来，大致有如下说法。

杜牧

第一,"二十四桥"就是一座桥,因二十四美人吹箫传说而得名"二十四美人桥",也称"二十四桥"或"廿四桥"。到了清代,人们逐渐倾向于那原是一座桥的名称。清代扬州人李斗在《扬州画舫录》中写道:"二十四桥即吴家砖桥,一名红药桥","跨西门街东西两岸"。

扬州二十四桥远景

第二,根据《汉语音韵学导论》一书拟唐音"二""十""四""桥"分别与"阿师桥"音同。并且,如果从扬州方言看,"二十四桥"与"阿师桥"的古音也很相近。因"阿"古音为a(见王力的《汉语语音学》),"二"古代的北方方言也为a。所以从这方面来说,扬州"二十四桥"为"阿师桥"的谐音,并考证沈括记载的阿师桥,为今城北的螺丝湾桥。

第三,"二十四桥"是指分布在扬州地区的24座桥梁。南宋的王象之在《舆地记胜》中则记载:"所谓二十四桥者,或存或亡,不可得而考。"认为"二十四桥"乃实实在在24座桥梁的还有沈括,不过,这位北宋科学家在《梦溪笔谈》中详细记载的二十四桥的桥名和地理位置,实则仅23个,且其中下马桥出现两次。而唐代扬州城里极负盛名的禅智寺桥、月明桥、红板桥、朱雀桥、扬子桥等,沈括均没有将之列入其中,这引起后人无尽猜测。南宋王象之则明确指出二十四桥是24座桥的总称,他在《舆地记胜》中称"二十四桥,隋置,并以城门坊市为名。后韩令坤省筑州城,分布阡陌,别立桥梁,所谓二十四桥者,或存或亡,不可得而考"——虽然言之凿凿,但对桥名没有提及。

第四,"二十四桥"是古代扬州桥梁的编号。在古诗中以序号称桥的不乏其例,就唐代扬州而言,对桥的编码也是有案可稽的。唐朝施肩吾《戏赠李主簿》诗中有"不知暗数春游处,偏忆扬州第几桥"之句。唐人张齐《寄扬州故人》诗中有"月明记得相寻处,城锁东风十五桥"之句。

第五,"二十四桥"在诗文中是虚指而非实指。"泛指、代指说"则认为,中国文人向来对数字的概念持含糊、朦胧的关注方式,只求能用在诗文中恰当地表达出自己的意思即可,并不会去强求准确的数字。譬如"山路十八弯""七十二变化""三百六十行"等,并非确数,而杜牧很可能用二十四桥泛指遍布扬州的多处桥梁。即"二十四桥"既非24座亦不是一座,只是泛指扬州小桥多罢了。因为杜牧常常喜欢用数字入诗。如《江南春》:"南朝四百八十寺,多少楼台烟雨中";《赠别》:"娉娉袅袅十三余,豆蔻梢头二月初";《遣怀》:"十年一觉扬州梦,赢得青楼薄幸名"；《村舍燕》："汉宫一百四十五，多下珠帘闭琐窗。何处营巢夏将半？茅檐烟里语双双"等。由此可见，杜牧喜欢用数字，尤其喜欢用约数。因为它为约数，不是实数，更谈不上是专名。另外，也有人认为杜牧诗中的"何处"二字，也在清楚地传递着这样一个信念：二十四桥绝不是一座桥。而另一种可能即二十四桥是某座桥的代称，又如姜白石，就同样写过"曲终过尽松陵路，回首烟波十四桥"的诗句，这十四桥应当是代指垂虹桥了。

扬州二十四桥

当然，也有人指出"二十四桥"借指扬州，泛指扬州的繁华或是专指扬州美人，这些似乎也有一定的道理。总之，众说纷纭，莫衷一是，凡此种种，不一而足。

江南温婉秀色、古城扬州的魅力被唐代著名诗人杜牧名扬千古的诗篇勾画得夺人魂魄，令人神往。在人们心目中，它是扬州这一"淮左名都"的"城市之光"。或许，我们永远无法解开"二十四桥"之谜，但是恰恰是这种无解的谜团和朦胧的面纱，才更让人对盛世扬州充满着眷恋，而唐诗意境中的绰约古城，更显得曼妙无比。

泰山上无字碑之谜

"功高百世何胜记，宇内常留无字碑。"无字碑多指为功业隆重或德行秽败而难以用文字状述者所立的没有文字的碑，后亦用以为典，认为丰碑自在人心，人们对立碑人自有评价。历史上共出现了五块"无字碑"，即泰山无字碑、布达拉宫无字碑、谢安墓无字碑、秦桧墓无字碑和乾陵无字碑。虽然这些无字碑年代不一，但泰山无字碑历史最悠久、地位最高、寓意最深远。

泰山玉皇顶玉皇庙门前的无字碑，高6米，宽1.2米，厚0.9米，位于玉皇顶的大门下，登封台的北边。碑身上段稍细，顶上有覆盖，碑色黄白，两面无字。不过有人说它是无字碑，也有人说它只是石表或石函。正所谓："秦始皇泰山立无字碑，解者众多。或以为碑函，或以为镇石，或以为欲刻而未完，或以为表望，皆臆说也。"

"始皇焚书立碑说"认为，明清两代，有不少人认为是秦始皇所立，立碑意在焚书。他们以赋诗吟咏来表述上述看法。明代王在晋曰："东海长流石未枯，山灵爱宝隐元符；纵教烈焰焚经史，致使秦碑字也无。"清代乾隆皇帝也曾断言："本意欲焚书，立碑故无字；虽云以身先，大是不经事。"

当然，还有其他的看法。根据《史记·秦始皇本纪》的记载，秦始皇统一中国后的第三年，"上泰山、立石、封、祠祀……刻所立石，其辞曰：'皇帝临位，作制明法，臣下修饬。二十有六年，初并天下，同不宾服。亲巡远方黎民，登兹泰山，周览东极。'"由此可见，秦始皇在泰山所立之碑确实是有文字的，并不是无字碑。再者，从时间上推测，焚书之举是在公元前213年，因此不可能在6年前就有了焚书的计划，并为此立无字碑。还有一些人认为，此碑原是有字碑，经长期的风雨侵蚀，碑体渐渐风化剥落而成无字碑。但观察现存的无字碑，风化的情况并不严重，而且它在宋代已被称为无字碑了，所以这一看法也不能使人完全信服。

泰山无字碑

另外，据《史记·封禅书》记载，元封元年（前110年），汉武帝前往泰山封禅。"东上泰山，泰山之草木叶未生，乃令人上石立之泰山巅，上遂东巡海上，四月还至奉高，上泰山封。"可见，汉武帝确实曾在泰山顶上立过石碑。但"立石之泰山巅"并不一定有"刻所立石"，史书也没有"刻所立石"的记载。这可以推测武帝所立的是一方无字碑，这方无字碑与现存的无字碑位置相似，也是在泰山极顶，因此说"无字碑"为汉武帝所立，是有根据的。

但好大喜功的汉武帝为何要立一块无字碑呢？相传这还与秦始皇有关。传说秦始皇在泰山封禅时，傲慢无礼、狂妄自大地对待泰山神，泰山神决定小小惩罚一下这位傲慢的皇帝。在秦始皇登山途中，暴风骤雨呼啸而来，把秦始皇淋成了一个落汤鸡。后来，在秦始皇病死的前一年，一块巨大的陨石从天而降，落在泰山前。有人在陨石上刻了七个字：始皇帝死而地分。果然，秦始皇死后不久，陈胜、吴广掀起农民起义。汉武帝听说这个故事后，诚惶诚恐，不敢在泰山神面前狂妄自大，又无法言状他对上天的尊敬，于是便为自己立了一块无字碑。清代著名学者顾炎武"岳顶无字碑世传为秦始皇立，按秦碑在玉女池上，李斯篆书，高不过四五尺，而铭文并二世诏书咸具，不当有立此大碑也"，是在考证了《史记·封禅书》和《后汉书》后得出的结论，后考之宋以前亦无此说。因取

《史记》反复读之,知为汉武帝所立也。中国著名历史学家郭沫若登泰山时写有《登泰山观日出未遂》一诗,诗中"磨抚碑无字,回思汉武年"的诗句,也肯定此碑是汉武帝所立。现在原诗已刻成石碑立于无字碑的一侧,明代张铨的诗碑"袖携五色如椽笔,来补秦王无字碑"与之相对。

泰山天街牌坊

也有人猜测,汉武帝较为骄傲自大,认为自己的功德绝非一块小小的有字石碑所能言表,于是便立了一块无字碑。"不著一字,尽得风流",真可谓此时无声胜有声。

无字碑高耸泰山之巅,式样独特,宛如一根擎天石柱伸向天空,庄严稳重。在泰山2500余处石刻当中,无字碑是集珍贵、奇妙、千古之谜于一身的一块无言的石书。但为何这块体积虽高大,却其貌不扬的无字碑能成为帝王封禅泰山的标志呢?这块没有任何字迹的石碑经专家考证认为,的确是中国古代帝王泰山封禅祭天的标志物,而这也正是无字碑最珍贵的价值所在。

中国古代帝王到泰山封禅,一个主要目的是巩固统治,宣扬君权神授,即自己是上天的儿子,也就是天子。站在泰山之巅就犹如在天上,掌控天下,这正是皇帝天子们所期望的,而有着无穷无尽无限同样含义的"无"正好能与天空相匹配。因此,帝王就立无字碑作为祭天的标志和象征。

更有人认为,是自然和人为原因形成的无字碑。郦道元《水经注》中就记录了不少这样的古碑,如九嶷山大舜庙前的石碑,晋阳城南介子推祠的石碑等,正对应了"今文字剥落,无可寻也""文字缺落,无可复识"的说法。还有出自大名鼎鼎的明建文皇帝的侍读大学士方孝孺之手的苏州玄妙观无字碑,那也是明洪武四年(1371年)方孝孺写的一篇记,银钩铁画,大气磅礴。但之后因方孝孺违抗圣命,不肯为明成祖朱棣草拟登位诏书,因此被杀,连立在玄妙观里石碑上面的手书也未能幸免,被全部铲除,成了无字碑。

古训言:"人过留名,雁过留声。"多少人为

泰山石敢当

了留名,费尽心机自己树碑立传。那无处不见的墓志铭,可谓花样百出。而无字碑却因其无字而夺人眼球,引出如此多的臆想和猜测。然而,不论是古人的种种猜测,还是今人的大胆想象,无字碑的身世还是一个众说纷纭、莫衷一是的千古之谜。然而这也正是泰山无字碑的魅力所在,就像一部永远读不完的书,为人们讲述着一个天、地、人之间的奇妙故事,也为后人留下了无尽的遐想。

沧州铁狮子铸造之谜

河北民间将沧州铁狮子与定州开元寺塔、正定隆兴寺菩萨像并称为"河北三宝"(俗语说的"沧州狮子定州塔,正定府的大菩萨")。沧州的别称"狮城"也由之而来。沧州铁狮子,当地俗称"镇海吼",位于沧州市政府驻地东南偏北16.5千米,坐落在东关村西0.5千米处。铁狮身高5.78米,长5.34米,宽3.17米。1961年,它被国务院列为第一批全国重点文物保护单位。铁狮子已成为沧州的市徽,铁狮头内有"窦田、郭宝玉"字。左肋有"山东李云造"五字。铁狮腹腔内铸有《金刚经》文。然因年代久远,字迹多漫灭不全。铁狮子右项及牙边皆铸有"大周广顺三年铸造"字样,据此可以断定它铸造于五代后周广顺三年,即公元953年。这说明我国劳动人民很早就掌握了这样精巧的塑造艺术。背负巨盆相传是文殊菩萨莲坐,狮身向南,头向西南,两左脚在前,两右脚在后,呈前进状。栩栩如生的铁狮是我国大型的精巧铸铁工艺,也是我国著名的古迹,距今已有1000多年的历史,充分显示出了我国古代劳动人民的智慧和艺术才华。

姿态雄伟、昂首阔步的"铁狮子"代表着中国古代人民高超的铸铁水平,而且也给后人留下许多不解之谜。人们考察后发现,铸造这个狮子需要8万多斤铁,但据考证,当时的铁产量全国不到百万斤,沧州附近似乎并没有铁矿,这在当时应该是非常消耗人力和财力的,那究竟为何要铸造这个铁狮子呢?抗日战争时期,日本人想把铁狮子运走,打算锯割分块后运到日本再拼装,他们敲下了铁狮子嘴巴下面一块铁拿到日本化验后,发现竟然无法熔化、无法焊接,所以铁狮子便逃过一劫。

沧州铁狮子

沧州铁狮子碑

相传清代嘉庆年间（1796—1820年），有阵怪风竟然把狮子刮倒了，而且此时的铁狮子所在地已经荒凉，无人管它，直到光绪年间（1875—1908年），一位妇人吊死在铁狮子倒后翘起的左前腿上，才引起世人注意。当时也没有大型吊车，人们只能在旁边挖坑，让它侧身翻立于坑中。

或许是我们的善意没有被狮子接受，或许是我们不了解铁狮子的习性，反正每次给铁狮子做保护措施都会出现点儿"瑕疵"。1957年，人们曾经给铁狮子建了一个亭子，想给它遮风挡雨，可是没有想到狮子身上竟然长锈了。原因是铁狮子晒不到阳光，氧化加速了，于是后来只得又拆掉亭子。本来现在的狮子是立在土里面的，为了体现它的威武，人们给它搭建了一个高台，让它能傲视远方，可没有想到狮子腿部慢慢出现了裂纹，为了缓解裂纹面扩大，人们只得又给狮子四周加固了不少支撑。

铁狮子体积和重量巨大，是我国最大的铸铁艺术品，那么其体态究竟有多高大？其总重量到底是多少？原来，传说铁狮总重量约40吨，1984年为保护狮身为其移位时，经过准确称量，铁狮的总重量为29.30吨。铁狮高大的躯体，面南尾北，昂首挺胸，怒睁双目，巨口大张，四肢叉开，仿佛正疾走乍停，又好似阔步前进。其威武雄壮的气势，栩栩如生的姿态，与其头部铸有的"狮子王"三个大字非常匹配。历代文人都为之赞叹讴歌。"飙生奋鬣，星若悬眸，爪排若锯，牙列如钩。既狰狞而躞蹀，乍奔突而淹留。昂首西倾，吸波涛于广淀；掉尾东扫，抗潮汐于蜃楼"，清代文人李云峥的《铁狮赋》，绝妙而生动地描述了铁狮子的雄姿和气势。

关于铁狮子，还有个神秘的传说，这也是铁狮子为什么又叫"镇海吼"的原因。相传，在很久很久以前，沧州是一处风景优美、土地肥沃的鱼米之乡。从它临海的一面，远远地望去，海碧天蓝。再加上此地气候温和，人又勤劳，所以家家户户安居乐业，日子过得幸福美满。

但是有一年谷子正黄梢的时候，海面上突然刮起一股黑风，卷着海浪，像虎叫狼嚎一样咆哮着直扑沧州城。眼看着船翻桅折，房倒屋塌，庄稼被海水吞没。黑风恶浪凶猛，老百姓来不及躲避，人也淹死了不少。那情景真叫惨啊！

后来人们发现原来是一条恶龙在兴妖作怪。它看着沧州这地方好，就一心想独吞这地方做它的龙宫。就在恶龙兴妖作怪、残害黎民百姓之时，人们猛地听到一声像山崩地裂一样的怒吼。只见一头红黄色的雄狮从海边一跃而起，像鹰抓兔子一样，"嗖"的一声，冲向大海，直取恶龙。海面上顿时水柱冲天，狂风大作，龙腾狮跃，雄狮和恶龙从天黑一直厮杀到黎明，恶龙招架不住，掉头就跑。它边跑边想："我占不了这块地方，也叫这地方好不了。"于是它一边跑着一边吐着又苦又咸的白沫。雄狮在后面紧追不放，一直到东海深处，逼着恶龙收回了淹没沧州的海水，这才罢休。恶龙在逃跑的路上留下了一条深沟。传说，这条深沟就是现在的黑龙港河，而白花花的盐碱，据说就是那条恶龙吐出的白沫。

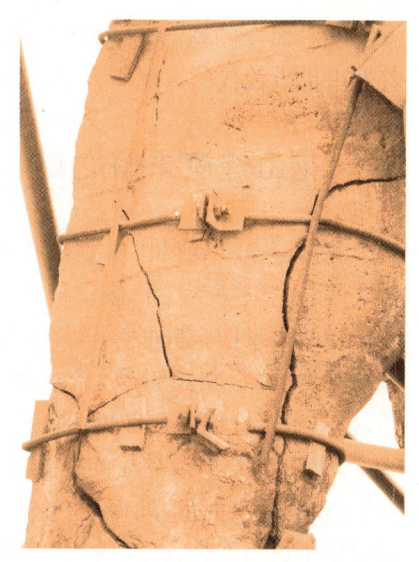

沧州铁狮子局部

恶龙跑了，海水退了，沧州一带的老百姓才免于一场更大的灾难，又能安居乐业了。人们为了感谢为民除害的雄狮，就请来一位叫李云的打铁名匠，带领着九九八十一个手艺高超的徒弟，用了九九八十一吨钢铁，铸造了九九八十一天，最终就在当年雄狮跃起的地方，铸成了这尊活灵活现、非常雄伟的铁狮子。

那条恶龙虽然没死，可是它一望见这头铁狮子，就浑身发软，爪子发麻，再也不敢兴妖作怪了，所以，后来人们就把这尊铁狮子叫作"镇海吼"。

关于铁狮子的用途，历来存在多种说法，古今不一。一说是后周世宗北伐契丹时，为镇沧州城而铸造的铁狮。另一说则认为铁狮位于沧州开元寺前，腹内有经文且背负莲花宝座，所以应为文殊菩萨的坐骑。还有人根据铁狮的别名"镇海吼"，推测是当地居民为镇海啸而建造的异兽。铁狮子的铸造采用的是"泥范明浇法"，铸造时其身上还留有很多铭文。据《沧县志》记载，相传周世宗柴荣北征契丹罚罪人所铸，"以镇州城"。可是，后来的考据家分辩说，周世宗素不信佛，罚罪之说不足信。一般认为此说比较可信，是当地一个有名的传说。古时沧州一带濒临沧海，海水经常泛滥，海啸为害，民不聊生，当地人为清除这一无情的水患，自动集资捐钱，他们请来当时山东有名的铸造师李云铸此狮以镇遏海啸水患，并取名"镇海吼"。狮身外面铸有捐钱者的姓名。因而这个说法流传广泛又比较合乎情理。

不管铁狮子有着怎样的过去，但时间记录了它的一切，只待我们继续去探索发现。而今的铁狮子,依旧威风凛凛、威武雄壮,矗立在沧州当地,时刻守护着这里世世代代的人民。

花山谜窟未解之谜

花山谜窟,以前叫"古徽州石窟群",位于安徽省黄山市城区篁墩至歙县雄村之间。它呈哑铃状形态分布在新安江两岸,以新安江为纽带,连接起了花山和雄村两大景区,是国家4A级风景名胜区。它集自然景观和人文景观于一身,包括青山绿水、田园景致、千年谜窟、奇峰怪石、摩崖石刻、石窟、庙宇、古建筑等,极具游览价值和科考价值。

北纬30°是一条神秘的纬线,这个区域内出现了许多世界奇观,像百慕大、金字塔、狮身人面像、死海、撒哈拉大沙漠、神农架野人……不例外的是,花山谜窟也位于这条地带,被誉为"北纬30°神秘线上的第九大奇观""规模之恢宏、气势之壮观、分布之密集、特色之鲜明、国内罕见,堪称中华一绝"。千百年来,它一直暗藏在新安江屯溪段下游南岸连绵不断的山体中,绵延江岸两边长达5000米,共有36座石窟,目前仅开发出两座,即2号窟和35号窟。

与国内外其他著名石窟相比,花山谜窟的不同之处在于:它不是天然溶洞,而是古人通过人工开凿而成的规模宏大、形态奇特的地下宫殿群。据考古和地质专家研究,石窟遗址区面积达7平方千米,开凿时间为西晋年间,距今已有1700多年。规模如此巨大的石窟,带给人们一系列谜团:历史上为什么没有任何关于石窟开凿的记录?开掘的持续时间有多长?石窟的用途、石料去向如何?开掘者身份是怎样的?

花山谜窟的谜团扑朔迷离,因而引发了人们的各种猜想。目前,相对比较成熟的看法就有20多种。以下是代表性的观点。

越王勾践伐吴的秘密战备基地说。 目前,这是对石窟形成年代最悠久的一种猜想。《史记》记载,公元前494年到公元前473年,越王勾践"十年生聚,十年教训"。当时,伐吴越军总数为49 000人,全部在外秘密训练而成,地点有可能是在花山谜窟。

屯兵说。 据《新安志》记载,三国时期,孙权为铲除黟、歙等地的山越人,派大将贺齐屯兵于溪

花山谜窟景区

水之上，后改新安江上游这些水域为"屯溪"。以此来看，这似乎印证了花山谜窟是贺齐屯兵和储备兵器弹药的地方。

采石场说。 这是最普通的一种用途说。徽州地区分布有许多做工精巧的古民居、古桥、古道，还有渔梁水坝等古老的水利工程。巧合的是，花山谜窟恰处于新安江边，石窟里的大量石料可能是通过新安江而运输到徽州各地作为建材的。

花山谜窟一角

徽商囤盐说。 为了囤放食盐等大量的货物，人们开凿了石窟。徽商自古以来名扬天下，其中尤以明、清时期的盐商更为出名。古徽州的对外运输渠道即是新安江，所以说石窟可能是徽商的仓库。

功能转化说。 这些石窟并非某一朝代、某一时期一次性凿成的，而是经历了漫长的开凿历程。最初，人们可能是为了采石，但后来又将它用作避难、屯兵、储粮等用途，石窟的功能前后发生过变化。对于同一石窟中石纹凿痕不同、花纹图案不同的现象，似乎可以用这种假说来解释。

环保巢居说。 按照中国先民在人居环境上追求朴素环保的理念，为了营造出冬暖夏凉的栖息地，人们贡献了两大发明：北方的窑洞、南方的石窟。前者掘土坡为房，后者凿石山为屋，不占肥田沃土，不破坏山坡山形，不毁坏山坡植被。因此这种假说认为，石窟内有房子、走廊、石桥、厅堂、石水池、石水窖等，是人类生存生活的基本条件。

十三陵说。 这种观点认为，花山谜窟的石料是用来修建十三陵的：石料通过木排载运，沿新安江至杭州入京杭大运河，最后直抵北京。相应地，人们提出的主要依据是，明定陵地下宫殿石壁上铭刻着"石料来自徽州，木料来自柳州"的字样。但是，根据地质学家考察，明定陵所用石料均为汉白玉和花岗岩，而花山石窟的石料均为红麻石、白麻石，两地石料材质是截然不同的。

此外，关于花山谜窟的假说，还有"皇陵说""晋代说""临安造殿说""方腊洞说""九黎氏部落说""青铜器工具说""外星人建造说"，等等，凡此种种，不一而足。归结起来，人们对花山谜窟之所以众说纷纭、莫衷一是，主要是因为毫无可堪查询的文献资料记录。

为了破解花山谜窟的未解之谜，2005年11月4日，人们举办了首届"花山谜窟国际论坛"。60余名中外专家齐聚黄山，他们分别来自美国、英国等6个国家及中国各大机构,多为历史、考古、文化、文学、旅游、地质、地理、传播、宗教、环境等领域的权威人士。专家们实地考察后,对"花山谜窟"开掘年代、地质地理学考察与结构成分、技术考古方案设计、军事与宗教学探秘研究、申报世界文化遗产方案等议题展开了深入研讨。

这次会议在经过多学科、多层面、多视角的探讨后,发表了《第一届花山谜窟国际论坛宣言》。论坛期间,与会专家学者提出了构想、建议和对策,达成了一个重要的共识:"花山谜窟是黄山的,是中国的,也是世界的";花山谜窟今后的发展思路是:要以可持续发展为基点,以可持续发展为主轴,以可持续发展为规划;花山谜窟的新定位是:依托优势、放眼世界,立足打造世界品牌;还有,不要急于破解花山谜窟的"千年谜团",要坚持科学性、保护性、渐进性的研究规划。

花山谜窟索桥

2007年,第二届"花山谜窟国际论坛"召开,来自美国、日本、英国、法国、韩国及中国等10多个国家和地区的80多位专家学者和企业界代表参加了论坛。这次会议有四个专题:花山谜窟的传播国际化、整合营销,与徽文化结合,大揭秘系列策划及申报世界文化遗产。通过这次论坛,人们对花山谜窟的科学价值、历史价值和美学价值有了进一步的认识。

虽然花山谜窟之谜至今还未解开,但花山谜窟的保护性开发却不容迟疑。目前,有些洞窟已经出现少许风化裂缝现象,而频繁的空气流动也会对洞窟造成侵蚀等。有关专家建议,对尚未开发的洞窟要加强规划,保护在先,建立必要的法律保护机制。

岳阳楼谁人建造之谜

岳阳楼位于湖南省岳阳市的西门城头。它依偎在洞庭湖畔,自古享有"洞庭天下水,岳阳天下楼"的美誉。它与湖北武汉的黄鹤楼、江西南昌的滕王阁、山东蓬莱的蓬莱阁并称为"中国四大名楼",并与前三者合称为"江南三大名楼"。现在的岳阳楼沿袭的是清光绪六年(1880年)时的建制。1988年,岳阳楼被国务院确定为全国重点文物保护单位、国家重点风景名胜保护区;2001年,被核准为首批国家 4A 级旅游景区；2011 年，岳阳楼的君山岛被确立为国家 5A 级旅游景区。

相传，岳阳楼为三国时的东吴所建。东汉末年，孙权命令手下大将鲁肃镇守巴丘，操练水军。在洞庭湖与长江连接的险要地段，鲁肃建成了一座巴丘古城。建安二十年（215 年），他又在巴陵山上修筑了"阅军楼"，目的是训练和指挥水师。阅军楼临岸而立，如果登临而上，洞庭全景可尽收眼底，气势蔚为壮观。这座阅军楼就是岳阳楼的前身。两晋和南北朝时，阅军楼被称为"巴陵城楼"，唐朝时期才开始称岳阳楼。

岳阳楼

在 1700 余年的历史长河中，岳阳楼屡修屡毁又屡毁屡修。

北宋庆历四年（1044 年），滕子京被贬至岳州（今洞庭湖一带）任知州。当时，岳阳楼已坍塌。第二年（庆历五年），滕子京动员广大民众重建了岳阳楼。这件事在滕子京的朋友，即文学家、改革家范仲淹所写的《岳阳楼记》中有记载。这篇脍炙人口、千古传诵的佳作，更使岳阳楼名扬四海，尤其是其中一句代表了中国古代文人士大夫忧国忧民精神的名言，被不知多少人引用了多少次："先天下之忧而忧，后天下之乐而乐。"

明崇祯十一年（1638 年），滕子京重修的岳阳楼在战火中毁于一旦，翌年重修。清朝时曾多次对其进行修缮。光绪六年（1880 年），知府张德容对岳阳楼进行了一次大规模的整修，将楼址内迁了 6 丈多（20 米左右）。新中国成立后，政府多次拨款对岳阳楼进行了维修，重建了三醉亭、仙梅亭等古迹，还修建了怀甫亭、碑廊。

关于岳阳楼谁人建造之谜，还有一个美丽的传说。

唐开元四年（716 年），张说（667—730 年，文学家、政治家）被贬岳州。当时，他决定张榜招聘名工巧匠，在鲁肃阅兵台旧址修造一座"天下名楼"。于是，有一位名叫"李鲁班"的潭州青年木工应聘而来，被张说选中设计图纸。可是，谁知李鲁班摆弄了一个月的时间后，设计出来的图纸只是一座过路小亭。张说很不满意，于是限李鲁班在七天之内一定要拿出楼阁图纸，并且要与洞庭出水形胜相得益彰。

正当李鲁班一筹莫展之时，一位白发老人走了过来。老人问明缘由后，便把他的包袱打开，指着编有号码的木头，对李鲁班说："这些小玩意儿，你若喜

《岳阳楼记》雕屏

欢，不妨拿去摆弄摆弄，或许会摆出一些名堂来。若是还差点儿什么，就到连升客栈来找我。"

李鲁班接过小木头，便开始独自研究起来。他摆了又撤，撤了又摆，果然构思成了一座十分雄壮的楼型。听了李鲁班的传奇故事和他最终设计的图纸，大家十分高兴，都说这是祖师爷显灵，要向白发长者道谢。人们后来找到白发老翁，向他打听情况，他说自己是鲁班的徒弟，姓卢。接着，他在洞庭湖边留下了写有"鲁班尺"3个字的木尺，一阵风后就消失不见了。工地上正在造楼的人群看到这一情景，纷纷跪下，朝老者离去的方向叩头不止。不久之后，一座气势恢弘的新楼拔地而起，像一位将军耸立在洞庭湖畔。

黄鹤楼命名之谜

黄鹤楼位于湖北省武汉市武昌的蛇山上，始建于三国吴黄武二年（223年）。它是"江南三大名楼"之首、"国家旅游胜地四十佳"之一、国家5A级旅游景区，享有"天下绝景""天下江山第一楼"的美誉。历代文人墨客在游览黄鹤楼后，留下不少脍炙人口的诗篇。如李白的诗句"黄鹤楼中吹玉笛，江城五月落梅花"，崔颢的诗句"黄鹤一去不复返，白云千载空悠悠。晴川历历汉阳树，芳草萋萋鹦鹉洲"，都已经成为千古绝唱。

黄鹤楼巍峨耸立，由于和对岸的晴川阁隔江对峙，相映生辉，故被称为"三楚胜境"。据唐代《元和郡县图志》记载："孙权始筑夏口故城，城西临大江，江南角因矶为楼，名黄鹤楼。"由此来看，它是为了军事目的而建的。晋灭东吴后，三国归于一统，该楼逐渐失去其军事价值。随着江夏城的发展，黄鹤楼逐步演变成为一座被官商行旅称为"游必

黄鹤楼

于是""宴必于是"的观赏楼。

关于黄鹤楼名称的起源,有"因仙得名说""因山得名说"两种观点。

"因仙得名说"又分为两说:一说是曾有仙人驾鹤经过此地,遂得名"黄鹤楼";另一说与《极恩录》中记载的一个典故有关,认为黄鹤楼原是一家酒店。

相传在黄鹄矶这个地方,有一个姓辛的人开了一家小酒馆。

黄鹤楼前牌坊

由于辛氏心地善良,兢兢业业,所以生意做得十分红火。一天,一位衣衫褴褛的道人来到了酒馆,辛氏热情地招待了他,并且分文未收。道人一连几天来这里饮酒,而辛氏都没有管他收钱。后来的一天,道人在酒馆喝了酒后,因为兴致很高,便在墙上画了一只黄鹤。然后,道士两手一拍,黄鹤竟然成真,从墙上飞了出来,在酒桌旁展翅起舞。

接着,道人对辛氏说,画只黄鹤是为了跳舞助兴,替辛氏招揽生意,以报其款待之情。奇闻很快传了出去,人们开始纷纷结伴而来,到辛氏酒馆饮酒观鹤。这样一来,酒馆生意越做越好,银两越赚越多了。一连10年,辛氏发了一笔大财。为了纪念好心的道人和神奇的黄鹤,他就用10年赚下的钱在黄鹄矶上建造了一座楼阁。起初,人们将其称为"辛氏楼",后来改称为"黄鹤楼",还把道人和黄鹤的画像也供奉在了楼里。

"因山得名说"认为,黄鹤楼是因为建在黄鹄山上而得名。在古代,"鹄""鹤"二字虽异声而互为通用,所以"黄鹤"就是"黄鹄"的转音。"因山得名说"为黄鹤楼的得名奠定了地理学的基石,因而历代的考证也都持这种观点。

从北宋至20世纪50年代,黄鹤楼还曾作为道教的名山圣地,是吕洞宾传道、修行、教化的道场。这在《道藏·历世真仙体道通鉴》里有记载:"吕祖以五月二十日登黄鹤楼,午刻升天而去。故留成仙圣迹。"而《全真晚坛课功经》中是这样描述的:"黄鹤楼头留圣迹。"

绍隆禅寺"活地"之谜

绍隆禅寺位于江苏省镇江市的五峰山下,始建于唐宝历年间(825—826年),重建于宋绍兴年间(1131—1162年),后又被毁。明朝初年,经比丘尼募化,于万历十四年(1586年)重修,称为"莲觉寺"。清康熙二十三年(1684年),康熙皇帝首次南巡来到莲觉寺,由于看到这里三面环山,气势雄伟,如入仙境,便赐莲觉寺为"灵觉宝寺"。康熙二十八年(1689年),康熙皇帝再次南巡来到灵觉宝寺。他在敬香礼佛之时,突然发现了一块龙地,而整座寺院像是龙脉,"非高僧大德者不可居之"。于是,他便将灵觉宝寺赐给金山为下院,并亲笔题写"灵觉宝寺"匾额一块和一副包柱匾:上有奇突山峰,下显真像龙脉。

在绍隆禅寺,一直流传着"活地"的传说。"活地"位于寺内最北边的建筑忏悔堂(原藏经楼),长2.5米,宽1.8米,高9.6厘米,上面铺着罗地砖。这块近5平方米大的地方,每年都在微微隆起。由于地面自然升高,四角的罗地砖已被撑裂,分开了。

绍隆禅寺

寺内古柏参天,樟木成行,紫竹婆娑,风景宜人。寺庙监院法华法师已经入寺近20年了,有关"活地",他讲述了这样的故事。"活地"在全寺的中轴线上,这里的人习惯称它为"龙地"。当年,一位高僧云游到了五峰山山脚下,于荒郊野外中,他突然发现了这块"活地",认为这是"龙舌",是块风水宝地。于是,便决定将寺庙建在龙头之上。后来,该寺又在唐宋时期重建。

千百年来,"活地"一直都在长高。如果抬起砖头的话,就可以看到下面的土壤看起来与普通土壤无异。那么,"活地"为什么会长个呢?其实,关于"活地"长个之谜,人们已经争论了多年,但至今没有定论。当然,这一奇闻也引来了众多游客来这里观光旅游。

据寺内僧众说,"活地"平均每年以1~3厘米的速度微微隆起,使得铺在上面的地砖自然升高,给他们做佛事行走带来不便。一般来说,每10年左右,他们就不得不铲一次土。可是,铲平几年后这里又会凸起如初。

近年来,"活地"魅力更是大增,每年都吸引着数万名游客慕名而来,也有专家学者来做考察研究。据镇江市国土资源局新区分局地质矿产科赵科长说：此前有不少专家进行过鉴定并认为，寺院所在地区有丰富的膨胀土资源。那么，既然是膨胀土导致"活地"隆起的，可为什么仅仅局限于这块方桌大的地方，而其他地方却没有隆起呢？对此，专家也说不清楚，称很难解释。

2010年夏天，同济大学地下建筑与工程系教授蒋明镜来到绍隆禅寺考察。蒋教授用自己携带的目前国际上最先进的地下震动测量仪对"活地"进行了测量。在经过周密、细致的现场勘测后，他根据采集到的数据分析结果称，绍隆禅寺位于圌山和五峰山之间，地下水位较高，岩石风化、膨胀、山体作用等多方面因

绍隆禅寺塔林

素综合在一起后，形成了一股源源不断向上生长的动力，于是就产生了"活地"这样一种自然奇观。然而，这一说法仍然遭到不少人的质疑。

镇江当地人赵金柏一直热心于"活地"的研究，早在20世纪90年代他就为绍隆禅寺拍过电视宣传片。他说，蒋教授的解释引来了很多人的激烈讨论，目前包括他在内仍有不少人对这一说法表示怀疑，他们觉得"活地"这一现象至今还无法作出最科学的解释。

现在，有一种最新的观点认为，风化作用使岩体疏松、体积增大，导致地面隆起，而两侧山体运动对其交界处的岩石产生了挤压作用，这最终为"活地"的持续隆升提供了动力源。

千百年来，绍隆禅寺众僧尼把"活地"作为"镇寺之宝"，以"活地"为荣，甚至把"活地"看得比自己的性命还重要。因此，他们常年都会用最好的罗地砖覆盖其上，并在上面搁放佛桌用来掩护，这种做法被他们世代相传。由于保护周到，寺庙虽历经沧桑，"活地"却始终未受到任何破坏。

"活地"虽然仍然还是未解之谜，但我们相信，总有一天谜底会大白于天下。

景山坐像之谜

1978年2月的一天，我国的返回式遥感卫星拍摄到了一张景山公园园林的景观照片，看上去酷似一尊闭目盘坐的人像。不管是五千分之一的影像图，还是两万五千分之一彩色红外影像图，形象都很逼真。这张图片是沿着天安门中

景山坐像

轴线一直往北的,最后才在紫禁城以北展现出一个神奇的图像:方方正正的镜框处在四周,中间像是一位老者。

这张图片是在中国空间技术研究院的一间暗室里冲洗出来的。当时,夔中羽正在冲洗着底片,这是一张比普通照相机使用的"120"底片宽几倍的底片。夔中羽说,用遥感卫星拍摄北京的机会并不多,因此大家都期待着一睹首都北京在这个卫星片子上的风采。

作为中国测绘科学研究院的研究员,夔中羽是我国最早从事遥感基础理论的研究人员。早在20世纪70年代,他就参加了遥感卫星对地面的拍摄研究工作,由他设计的感光材料现已经应用到了航天和航空领域。

因为长期从事航天遥感片的识别判读工作,仔细观察照片已经成了夔中羽的一种职业敏感,因而奇怪的图形、变色的物体都会成为他感兴趣的目标。这张底片,由天安门往北看,沿着中轴线,在紫禁城以北展现出一个神奇的图像,四周是方正的镜框,中间酷似一位老者的坐像。当时,夔中羽感到十分震惊。于是他连忙招呼同伴过来观看,大家都能够辨认出确实是一个近似人像的图形,外围还有一个相框,老人处于紫禁城北端景山公园的位置上。

大家仔细辨认发现,这个图像的边框是由景山公园四周的内外围墙构成,近似于最美的黄金分割比例。人像的面积为0.23平方千米,如果这真是一幅人像的话,毫无疑问它将是世界上最大的用人工的建筑组成的人像。

于是,"景山坐像之谜"开始吸引众人的目光,他们试图从各个角度进行破解。

张富强已在景山公园工作了20多年,一个偶然的机会,当他阅读了夔中羽先生撰写的有关景山坐像的文章后说,景山坐像是不是古人有意为之还不能过早地下定论,人们必须找到有力的证据来说明。

张富强接着说,这证据就是要寻找有关能够反映古代景山整体建筑格局的宫城图纸。为此,他踏上了找寻图纸的路程。功夫不负有心人,经过一番努力,他终于找到了一张清康熙十八年(1679年)的宫城卫戍图。从这张宫城卫戍图上,张富强惊奇地发现,景山的寿皇殿和今天的位置也不一样,而是向偏东了10多米。这到底是怎么回事呢,为什么它会和现在的格局不一样呢?

其实,这张工程图并不十分清楚。于是,张富强就按照原图的比例进行放大,重新绘制了一张寿皇殿的建筑平面图。经过整理、删繁就简之后,这张图纸才开始变得清晰起来。

同时,经过对照其他历史资料,一个想法在张富强的头脑中随即产生:景山当时保持着明代建筑的整体格局,因为清康熙年间(1662—1722年)并没有对景山寿皇殿建筑群和其他建筑群进行改造。也就是说,在乾隆年间(1736—1795年)以前,使用着的一直是明代的寿皇殿。从构图的角度上,如果说在古代的时候,人们就把寿皇殿的建筑群设计成古代人像的一个脸型,那么为什么在康熙十八年的这张图上并没有显现出来呢?

据史料记载,清乾隆十四年(1749年),寿皇殿建筑群曾经进行过改造,它从五开间改成了九开间,与太庙的规格是一样的。那么,这次改造将寿皇殿搬到中轴线上,会不会有这样一种记载,表明寿皇殿建筑群改造与老人坐像有关系呢?如果有,它会记在哪里呢?

人们首先想到了寿皇殿两侧,因为那里各有一座碑亭。历史上,真正进过这个碑亭的人极少,到底这个碑文写的什么内容,也没有人提到过。这样一来,寿皇殿两侧碑亭里的文字记载就成了了解建造寿皇殿建筑群是否与坐像有关的重要线索了。

北京市园林局园林文化专家耿刘同曾经说过,中国人的历史感责任感是很强的,做一件事情一定要向后人有交代。比如,古人搞一个建筑,什么时候建的,由谁建的,花多少钱,哪一年重修,在工程完成以后,都会有记载,或者把它刻在碑上。

景山寿皇殿琉璃门

按照耿刘同的观点,如果寿皇殿是刻意改建的,那么依照古代建筑的习惯,一定会有相关的碑文对其进行记载的。那么,乾隆皇帝究竟知不知道,曾经在他的脚下有一尊体态雍容面带微笑的坐像呢?然而,自从乾隆皇帝建成这个碑亭以来,很少有人真正目睹过碑文的全貌。它的考证,对张富强来说,无疑会是困难重重。

2003年下半年,趁着对寿皇殿两侧碑亭进行维修的忌讳,作为景山的一名管理人员,张富强进了碑亭。他仔仔细细地阅读了一遍碑文,并做了记录。经过严密的分析,碑文记述的只是寿皇殿建造的目的和它的意义,并没有涉及任何关于建寿皇殿和整体寿皇殿做成一个人形的图像的内容。

实际上,古建筑中也有按照人的意愿实现建筑格局的。比如,颐和园的前身是清逸园,清逸园在万寿山的东部的山顶上,也就是现在景福阁的那个位置上。再如,原来的一座宗教建筑叫昙花阁,乾隆那个时候就建了一座昙花阁供佛,这个昙花阁的平面是一朵六瓣的花的形状,与昙花相像。明确地讲,那时候确实是仿造的。

为了证实自己的看法,夔中羽曾经写信给溥杰先生和他的亲属,询问景山建筑是否与人像有关。回信的结果是,他们这些亲属当时在清宫当中没有议论过这样的事情。这就说明整个清朝对景山是否有这张人像是不清楚的。那么,会不会是造这张像的人有意地把这张图纸故意隐藏起来而不让人知道呢?可惜的是,这样的依据也一直没有找到。

后来,有学者找到了一张乾隆十五年(1750年)的京城全图。从这张图上看,寿皇殿的两侧都有许多房屋,西侧有700多间房屋,东侧有100多间房屋,还有两套院落。如果东西两侧的房屋和院落同时存在的话,对景山人像的形成也会有一些影响。对于景山人像是否是古人有意为之,不少专家学者也提出了看法,并且到景山公园进行了实地考察。

罗哲文先生是国家文物局古建筑专家组组长,著名建筑大师梁思成的爱徒,他从事中国古典园林建筑艺术研究已有60多年,在中国建筑界有着崇高的威望。他认为,关键问题是古人当初设计或改建景山园林的时候,是不是有意识地把它做成一个人像。可是目前仍然找不到当初的设计图纸,在许多文献资料上也查询不到:这就是谜之所在。但是,景山人像作为探索话题是有意义的,

景山辑芳亭

起码令人感兴趣。

也有学者认为,景山是不是个坐像,在我们人类思考问题的过程中已经变得不是特别重要了,重要的是我们有没有一个科学的态度,有没有一种科学探索的思维。正如面对一座山时,搞地质的人首先想到的是这个岩石是什么年代形成的;画山水画的人,首先想到的是要用中国画的哪种画法去表现它更合适;作为一个牧民,首先想到的是这个地方是放牛好还是放羊好;假如是一个搞军事的人,首先想到的是这山是易攻还是易守……实际上,这只是看问题的一个角度而已,角度不同,结论也会不同。

目前,景山坐像之谜仍没有定论。到底它是有意为之,还是偶然的巧合,重要的是,人们要选取一种科学的解析方法进行考察。我们期待着谜底揭开的那一天。